貴州文庫編輯出版委員會

〔乾隆〕獨山州志

第一册

〔清〕劉岱 修
艾茂 謝庭薰 纂

一九六五年貴州省圖書館複製油印本

貴州出版集團
貴州人民出版社

圖書在版編目（CIP）數據

（乾隆）獨山州志：全二册 /（清）劉岱修；（清）艾茂，（清）謝庭薰纂. -- 貴陽：貴州人民出版社，2019.1
（貴州文庫）
ISBN 978-7-221-15030-1

Ⅰ.①乾… Ⅱ.①劉… ②艾… ③謝… Ⅲ.①獨山縣—地方志—清代 Ⅳ.① K297.34

中國版本圖書館 CIP 數據核字 (2018) 第 288990 號

貴州文庫編輯出版委員會

貴州文庫

［乾隆］獨山州志（全二册）

Qiánlóng Dúshān Zhōuzhì

〔清〕劉岱 修
艾茂 謝庭薰 纂

責任編輯 張秋菊
助理編輯 何文龍
裝幀設計 何萍 創世天際
文庫名題寫 戴明賢
文庫名治印 董紹偉
責任印製 尹曉蓓
出版發行 貴州出版集團 貴州人民出版社
地址 貴陽市觀山湖區會展東路 SOHO 辦公區 A 座
印刷 深圳市新聯美術印刷有限公司
版次 2019年1月第1版第1次印刷
開本 787mm×1092mm 1/16
印張 71.375
書號 ISBN 978-7-221-15030-1
審圖號 GS（2019）699 號
定價 426.00 圓

貴州文庫編輯出版委員會

出版説明

《貴州文庫》是收録和整理貴州古近代歷史文獻（包括少數民族文獻）的大型叢書。該項目旨在系統發掘貴州歷史文化資源，通過頂層設計和規劃，形成貴州歷史文獻的經典集成，以推進貴州優秀文化的廣泛傳播，推動多民族文化大發展大繁榮，建設多彩貴州民族特色文化强省。

《貴州文庫》收録時限自今貴州省境有文獻始，至公元一九四九年九月三十日止。所收文獻分爲漢文文獻和少數民族文獻兩大類，前者包括貴州籍人士的著述與客籍人士關乎貴州的著述，後者包括用少數民族文字記載的文獻、用漢文記載的少數民族文獻和少數民族口傳文獻。編纂分爲整理點校、原版影印以及兩種紙質本數據化三種形式，出版爲漢文文獻精裝點校、精裝影印、綫裝影印，少數民族文獻精裝整理翻譯、綫裝影印五個系列。漢文獻板塊：點校整理系列、精裝影印系列共編爲四百餘册，綫裝影印系列數十種。少數民族文獻板塊：整理翻譯系列若干册，綫裝影印數十種。數據庫則收儲紙質出版物全部内容。

《貴州文庫》的編輯出版，是貴州文化發展史上具有里程碑意義的重大工程，它將爲提升貴州文化自覺自信奠定堅實的文獻基礎，將爲實現貴州經濟社會發展新跨越提供精神動力和文化支撑。

貴州文庫編輯出版委員會

二〇一七年四月

貴州文庫總序

貴州省山高水遠，歷史悠久。原始社會，孕育過古人類；文明時代，涵養了各民族。文化多彩，絢麗獨特。

各民族生聚於斯，敬畏自然，和睦相處，安頓心靈，富於智慧，并留下珍貴文獻：少數民族口碑文獻如苗族史詩《亞魯王》《安王與祖王》等；刻畫文獻如《侗族古法十二條》《雷公坪石刻殘片》等。此外，各民族或用自創古文字，書寫《宇宙人文論》《正七經》等；或借用漢字，書寫《賈理》《占堆多堂》之類。

建省之前，漢文獻偶論此域：如《史記》《漢書》《後漢書》《華陽國志》中提及的『牂牁』『夜郎』『竹王』等。此後，本土人外出求知，或延賓傳道，外地人或以宦游，或以遣戍，或以貿遷，或以流寓，紛紛踏入山門，遂有專注於山川道里著述之出現，如《宋史·藝文志》録有《思州圖經》一卷、《珍州圖經》三卷，元代還有《順元路安撫司志》《黄平府志》等，後《大明一統志》卷七十二引文有《遵義軍圖經》二則，可惜都因兵燹蟲蠹、天灾人禍，有意損毀、無意遺棄等，現已湮滅無迹。永樂十一年（一四一三）貴州建省以後，山門洞開，文教勃興，本省人才蜂起，著述漸豐。如孫應鰲崛爲南中心學巨擘，楊文驄詩書畫馳名江左，鄭珍領清詩三百年之『王氣』，陳田甄録一代明詩。外省士人駐足，更使氣象一新，如王陽明貶謫，著居夷之集；洪亮吉督學，作水道之考，等等，不煩枚舉。僅民國《貴州通志·藝文志》所著録本籍人士著作，經、史、子、集各類，就有一千八百六十三部之多。

於是有心志者更致力於鄉邦文獻之搜集整理：歷史方面，自明代以來修纂志書者，都對貴州書籍圖録進行過全面搜尋利用；詩歌一門，則有清代甕安傅氏父子蒐輯『黔風』三種，銅仁徐槼采編《全黔詩萃》，獨山莫氏、遵義黎氏等輯纂《黔詩紀略》前後編，等等。全面文獻整理，則始自民國之續修通志。總纂任可澄先生，清楚意識到貴州文化自信必需『於文字歷史發揮而光大』，於是專設機構，徵輯編印《黔南叢書》。原規模爲二十集二百七十六種一千零九十八卷，但終因戰亂、經費等困擾，僅出版六十八種二百一十八卷而止。

中華人民共和國建立，省域歷史文獻工作得到關懷，但前期中心工作措意於政治，後期致力於經濟，文獻成績雖有，而終顯零散。近年以來，中央主導於前，空前重視優秀傳統文化之繼承弘揚，强調文化自覺自信；而貴州緊隨其後，挾政治穩定、經濟騰飛之勢，文化工作不斷提升，人文精神得以提煉。以往被遮蔽誤讀而自卑之西南邊省貴州，正以嶄新之面貌、磅礴之氣勢走向前臺。

盛世修史。二〇一六年三月，在省委、省政府領導下，啓動了大型古籍文獻叢書《貴州文庫》的編纂，這是建省六百多年來未有之盛事。期以歷史經驗，創新貴州敬畏自然、珍惜資源的『天人合一』傳統，保持貴州恒志新知、精進力行的『知行合一』精神，建設多彩貴州民族特色文化强省。

兹事體大，於是由省委、省政府主要領導任顧問，分管領導牽頭，有關部門參與，群智衆力，共襄偉業。本叢書既要取先行各省之優點，又有貴州本土之特色；既徵漢族典籍，又采含少數民族文獻；以中華人民共和國成立之前爲時限；科學規劃，頂層設計，搜采無遺，精抉細擇；標點校勘，簡體橫排；遴選珍善版本，原樣再造；另擇文獻價值高、亟須保護性傳承的文獻，影印保存；同步建立『貴州古籍數據庫』，等等。初纂巨製，任重道遠，當抱弘毅之志，知難而進，誓成此編，爲實現貴州經濟社會發展新跨越提供强大精神動力和文化支撑。

任可澄先生曾懷『與中原文獻之邦絜短量長』『與歐美富强之國并驅争先』之决心編輯《黔南叢書》，『於文字歷史發揮而光大之』。今文庫之纂輯，繼往開來，百年遺願，當代可償。撫今追昔，有文字不可表達者。

是爲序。

貴州文庫編輯出版委員會

二〇一七年四月

編纂凡例

一、《貴州文庫》精裝影印系列（下稱『本系列』）收録文獻時限自今貴州境内有文獻始，至一九四九年九月三十日止。

二、收録範圍爲黔籍人士個人著述與非黔籍人士關乎黔地的重要著述及黔地官修史志，主要收入刻印本（含其複製本）、稿鈔本，所收作品與點校本容許少量重複。

三、收録原則爲寬明、清，嚴民國；刻本衆多的，選刊刻、校讎精良者。

四、本系列不編序號，出齊後與點校本一并編次書名、作者名索引。

五、本系列成書尺寸與點校本保持一致，原則上每種單獨編爲一册，但若單品種篇幅較小，可數種合印爲一册。

六、各書均在首册前排印編委會、總纂、出版項目總執行名單，出版説明，文庫總序，編纂凡例等。爲統一體例，前述部件均繁體直排。

七、各書卷首前均放置影印説明一篇，簡述該書修纂者情況、主要内容、版本價值、學術價值、文獻價值，亦繁體直排。

八、本系列以系統性搶救、保護、傳承貴州珍貴文獻爲第一要義，對底本頁面僅作必要之修補。

目次

影印説明

乾隆《獨山州志》，清劉岱修，艾茂、謝庭薰纂。

劉岱，字瞻園，湖北宜城人，拔貢，歷任武英殿校書、兵馬司副指揮、鎮寧州知州，乾隆二十八年（一七六三）調任獨山州知州。

艾茂，字鳳岩，又字穎心，貴州麻哈人，乾隆十五年（一七五〇）舉人，十六年（一七五一）進士，授檢討，充國史館兼《文獻通考》纂修，主講雲南五華書院五年、貴山書院九年，著有《易經人道集義》《貴山書院集講》《貴山新草文集》《寶珠堂集》。

謝庭薰，字自南，一字蘭谷，號韶莊，貴州貴陽人，乾隆十八年（一七五三）舉人，歷官畢節教諭、獨山學正、永寧訓導、江蘇松江府婁縣知縣。著有《洗心泉集》二卷、《是春堂詩文鈔》五卷。

本志爲現存最早的獨山志書，志共十卷，前有陳筌、魏涵輝、陳有光、劉岱、艾茂、王希曾等序及報明修輯志書申文、采訪告示、申報志稿詳文、檄發志稿牌文、修輯銜名、凡例等，實為一卷。志凡十，每志一卷，分題：卷一聖訓，卷二天文志（星野、氣候、祥异），卷三地理志（輿圖、建置、疆域、山川、古迹、關梁、風俗、場市、村落、苗蠻、方言），卷四營建志（城池、公署、學校、典禮、書院），卷五食貨志（賦役、倉廒、物産），卷六秩官志（職官、名宦、土官），卷七武備志（營制、師旅），卷八人物志（選舉、鄉賢、孝義、文學、隱逸、列女），卷九藝文志（敕、疏、議、頌、考、序、碑記、記、傳、文、論、賦、詩），卷十雜記。各志均冠序引，以見本篇要旨，末附『論曰』，評議人物史事，反映纂者觀點。

原書刊印后，流傳極少，咸豐兵燹，『刊板毁滅，書亦零落』。今原刻僅貴州省博物館、故宫博物院有藏，貴州省博物館一部已有殘缺，係鈔補配齊。中國國家圖書館有曬印本，係據原刻重印本複製。貴州省圖書館、獨山縣檔案館藏有鈔本。

一九六五年，貴州省圖書館以北京圖書館（今中國國家圖書館）藏據原刻（後印本）曬印本爲主，參照貴州省博物館藏刻本（初印本）、獨山縣檔案館藏鈔本及本館所藏鈔本進行複製。複製時對曬印本中部分明顯的錯别字予以校正，并附『校勘記』於書末；初印本及後印本有出入之處，則加紅字注於書眉。

此本據貴州人民出版社藏一九六五年貴州省圖書館複製本影印。爲保持文獻原貌，加之限於出版形式，書中有歷史局限性的表述及觀點一仍其舊，不作處理。

貴州文庫編輯出版委員會

二〇一八年十二月

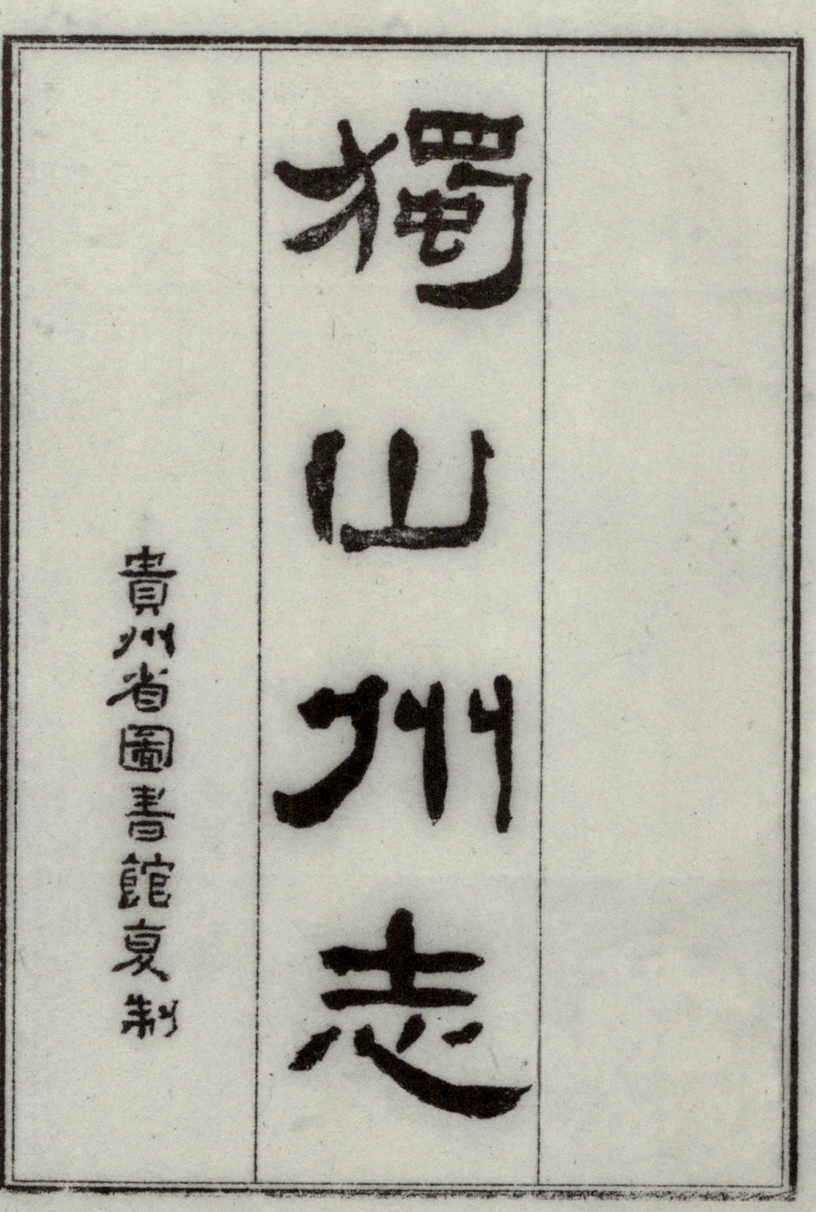

獨山州志

貴州省圖書館复製

獨山州志複製説明

獨山州志，十卷，清知州劉岱修，艾茂、謝庭薰纂，竣稿於乾隆三十三年四月，十一月付梓，次年成帙。原書版框高五·六市寸，寬四市寸，現以北京圖書館藏據原刻（係後印本）晒影本爲主，並參照貴州省博物館藏刻本（係初印本）、獨山縣檔案館藏鈔本、本館所藏鈔本進行複製。

複製時對晒影本中部份明顯的錯别字，已予

校正，爲了便於讀者參考，附「校勘記」於書末，初印本及後印本有出入之處，則加紅字注於書眉，如有不妥之處，請讀者批評指正。

承北京圖書館、獨山縣檔案館借給藏本，謹此致謝。

貴州省圖書館

一九六五年十二月

敘

周禮外史掌邦國之志職方掌天下之圖故凡郡州縣皆有志書州縣無志不獨往事無稽即忠孝節烈亦泯没不傳於後世其所關者甚鉅也黔屬古西南夷崇山悠繆苗狆雜居隋

唐以前皆服處要荒外宋元之季漸
通中國然猶分裂割據叛服靡常豕
突狼奔仍與禽獸無以異我
朝定鼎以來剗平禍亂蠻烟瘴雨一洗
而廓清之于是改土歸流設官分守
沐浴詠歌休養生息蓋百年于兹矣

乙酉冬余奉

簡命視學茲土甫入境欲訪其山川風土

沿革建置而不可得乃徧徵州縣各

志究亦百無二三焉未嘗不嘆紀載

無徵傳聞失實雖屬邊荒僻壤文獻

不存亦以司其土者因陋就簡不以

修明爲己責也越二年而獨山州牧
劉君乃以新修志稿告厥成獨山舊
爲土司地明改州治隸於都匀雍正
五年開闢新疆於古州爲近固黔中
一巖邑也澹園劉君以夢澤名材用
資保障莅事六載政通人和百廢具

舉公餘之暇復憫舊志散軼急謀考訂而更新之彼都人士亦皆鼓舞奮興樂襄其美草稿甫脱即郵正於余其中綱舉目張條分縷晰無不犂然各當於人心俾世之循覽是編者皆知今之總總林林桑麻雞犬即昔干

戈兵麰之所擾攘也令之墉墉仡仡星羅碁布即昔虎豹豺狼之所盤據也令之炳炳麟麟雲蒸霞蔚即昔鳥言卉服險棘侏𠌯之難與通曉也他如山川生其秀麗人物發其華滋何莫非

聖天子武功丕振文教遐敷恩普德洋淪
肌浹髓而賢有司復能宣化承流盡
其職於下故風俗日臻於隆而轉移
不自知其速然則讀斯志也可以油
然而興矣豈獨訂訛補缺備一方之
掌故云爾哉是爲序

時

乾隆三十三年歲次戊子仲夏月督

學使者武興陳筌撰并書

序

自溶江泛棹溯獨山江想見浪水淵源南流至欝林東至蒼梧又至高要由番禺入海浩然氣象俯仰憑眺漢武使馳義侯發夜郎精兵下牂柯江會番禺故事如在目前道經三脚圭

渡合江至九名九姓一帶元都掌蠻
地令曰獨山州士誦讀民耕織華風
井井囊時魋結風景無復存焉蓋
聖天子德洋恩普化行無外闢草昧而文
明之已百餘十年于兹矣己丑春州
牧劉君以新修州志呈余釐正兼請

序余為披閲一過其發凡起例考義
選詞大抵援據乎元史明史續文獻
通考内開設獨山以來事實而參酌
乎山川景物州人士家藏稗乘核其
實一要於當而總根柢乎貴州通志
一書按貴州通志在前明創自謝督

學東山嗣增訂於劉中丞渠宿侍御

應麟江中丞東之迨我

朝采風型俗修明典籍則曹衛閣張四

大中丞相繼增訂至若郭青螺黔記

田蒙齋黔書二作典雅詳明又通志

根柢也其在各郡邑志乘缺畧統計

不過十之二三焉蓋莫不以文獻無徵除通志記載而外考訂實難也夫古之君子在天下則心乎天下之治在一邑則心乎一邑之治其職業之崇卑敷化之遠近不同而其孜孜焉本經術飭吏事維世教興民行則一

昔王元美茅鹿門抱其才嘗恨不獲
居史局劉牧向以成均諸生往來
殿
廷天祿石渠見聞繁富令志獨山矢
公矢慎固將筆已往之忠孝爲方來
之勸戒匪徒物色山川備一方圖籍
已也其亦幸成外史之一局乎余嘉

是書既成而邊方風教蒸蒸日上也

于是乎書

時

乾隆己丑歲仲春月貴州分巡貴東

古州等處兵備道隨帶阜異加一級

軍功加三級紀錄二十次魏涵輝撰

蜀山川志 敍

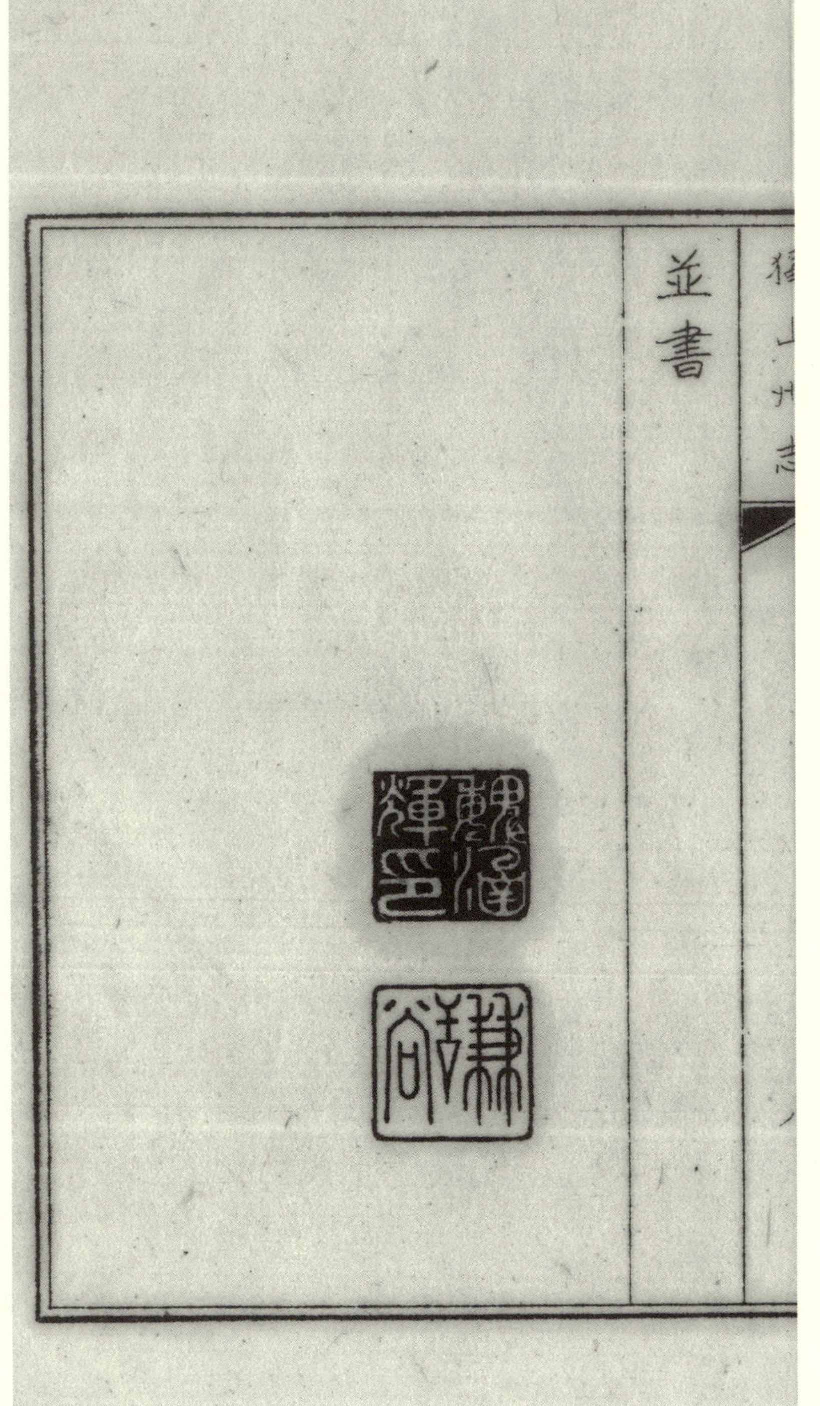
獨山州志
並書

敘

郡之西南百四十五里許羣山蜿蜒奔赴中峙一峯雄視乎瑧峨劍水之間而州因以名獨邑在匀屬洵稱沃壤間嘗煙消雨霽登龍山憑高遠望欲弔右丞襄敏帥師平定之遺蹟而

文獻無徵未嘗不悼嘆於元明之已
事也戊子孟春余奉檄勘秋審案得
以觀風於其境往來蘭花鬮鳳飲河
諸道路見其人魚魚雅雅而地亦樸
茂蓋涵濡於
聖天子作育之德化也久矣州長澹齋劉

君稽古有獲其政宅以肆其風和以

清簿書暇取前牧王希曾莫舜鼎舊

稿與都人士共加蒐輯得成厥志八

册而問敘於余余曰善余甫下車詢

雲往事不得是舉也正余之所欲有

事者也獨陽爲黔中邊陽舊屬新添

葛蠻都雲安撫及粤之思明路數百年來文章政事之得失林巒巖谷之佳麗日月星辰風雷水火之祥異以及鳥獸草木之花實忠孝廉節之大蠻奴鼓腹之景僅掛十一於舊志其泯滅而無傳者何可勝道得是書悉

一一不朽閲斯志者誠勉爲端人正
士他日亦得附名簡編非吾之所厚
望耶昔李吉甫作元和郡國志謂執
此可以善治兹編志獨邑即所以敦
治獨邑之具也噫蘭亭不遭右軍則
勝蹟蕪没於空山况人物風俗之大

歟後之司牧者覽斯編而得政治之
資其將有感於斯言是爲敘
時
乾隆己丑歲仲春貴州都匀府知府
軍功加三級紀錄二十次陳有光撰
并書

敘

易大傳曰上古結繩而治後世聖人易之以書契原夫文字之興無非記事之用記曰外史掌三皇五帝之書傳曰左史能讀三墳五典志之所從來遠矣孔子删書斷自唐虞洪荒典册罔傳來許又因魯史作春秋春秋魯志也劉知幾之言曰書記言春秋

記事是已維時宋鄭之史皆謂之志
漢司馬遷史記分五體其記事之體
曰書班固漢書易書曰志沿及歷代
曰記曰典曰錄曰說稱名各殊體例
相倣陳壽三國王邵齊史統以志名
唐宋而下一切大著作秉之天子分
命儒臣任其役國史而外復有一統
志合天下各道路行省郡邑卷帙纂

集而成蓋自古一州一邑莫不有志

其職即古外史小史之職其書即古

晉乘楚檮杌魯春秋之書凡以供天

子輶軒之採而薈萃成書以昭一統

無外之規模者也然則州邑之有志

州邑之志之宜修其事可謂亟而其

責可謂重矣洪維我

盛朝

聖聖相承德威遠播九舞八蠻罔不率俾

乾隆乙酉歲

聖天子以西陲底定疆域式廓迺

命臣工重修

大清一統志將以垂示奕葉為千古未有之典章部牒至黔分行下獨陽尅期待覆岱檢州所有册籍僅黔省通志一部所載獨山事寥寥無幾乃牒

學蒐贇序所藏亦復無異賴學博謝
君自南李君聖言極意洛訪於紳士
家得前牧莫君舜鼐繼明牧王君希
曾所修州志殘稿數十頁雖首列門
類乃其事實仍復寥寥然以視通志
則已增矣岱手自編輯益所未有敬
謹申覆不禁喟然歎曰彼西陲古獵
狁單于西北以外苦寒地為從來中

國天子所不得而臣令皆入版章垂
志乘人物風土莫不載之簡編昭
大聖人超前軼後遠畧在昔士燮著錄劉
昞載書而令交趾儌煌殊俗之鄉磊
落英才粲然盈矚以令相方豈唯君
臣疆隔直雲泥路阻矣獨陽蕞爾邊
方界黔雲西南裔闢於元撫馭於明
迨我

國家設官定制城池學校以次修舉聲名文物彬彬稱盛奈何山川景物不殊而忠孝節義事業文章寂寞無聞不惟無以仰答明詔將風俗其何以勸而膺此邦民社寄者亦究何以前知其郤興竅而批導之無難耶岱由安莊牧調此邦四載矣其於地方山林川澤風土民情平

陂不同形質畢不同好亦既默識而心藏之矣史通不云乎十室之邑必有忠信欲求不朽弘之在人爰商之兩學博即令抄申冊更為討尋古籍諏繹耆耇庶以勒成州志一書於以信今而傳後可乎兩學博唯唯有同心越二年率樂輸人士以開館請岱嘉其志具文詳報惟念岱學本固陋

幼業制藝文字受制軍簡邸濟齋史
溧陽撫軍崔君玉文宗開敬菴張星
指數夫子知選植之江漢書院繼遴
入成均復列濟齋敬菴君玉暨鄂虛
亭吳雨民陸凫川鶴芝仙鍾聞軒數
夫子門墻飫聆易象太極性道文章
緒論試教冑子咨充
西清校錄藉以窺天祿石渠四庫之富

親令時諸館閣韓歐文章之盛重修
三通古籍奉大總裁覺川夫子命代
校史館諸前輩校訂謬誤粘簽外復
分門校對益稍稍有所得今一行作
吏垂十五六年矣江淹有言修史之
難無過於志謂其為憲章所繫非老
於典故者不能為鄭夾漈謂志之大
原起於爾雅歷代史書雖踵班固作

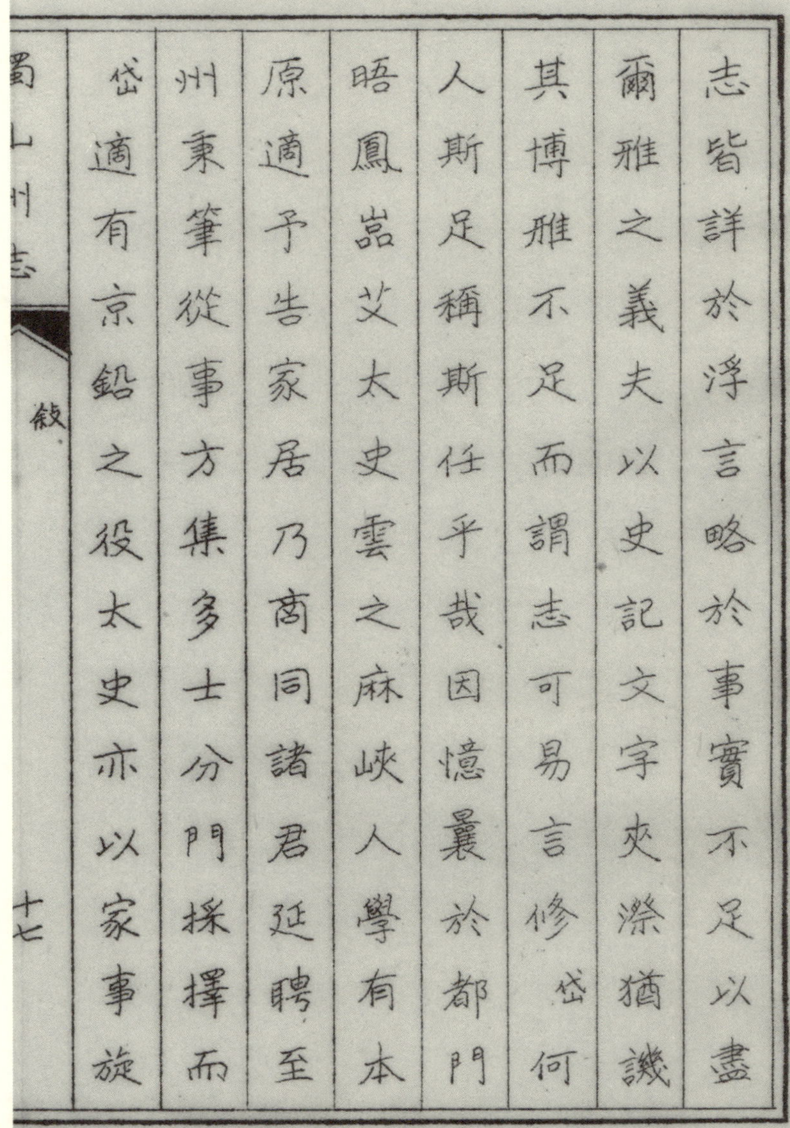

志皆詳於浮言略於事實不足以盡
爾雅之義夫以史記文字夾漈猶譏
其博雅不足而謂志可易言修岱何
人斯足稱斯任乎哉因憶曩於都門
晤鳳嵒艾太史雲之麻峽人學有本
原適予告家居乃商同諸君延聘至
州秉筆從事方集多士分門採擇而
岱適有京鉛之役太史亦以家事旋

峡既京鉛停運岱復来獨陽則太史
返志局矣脱稿後屬岱核實岱竊以
職任攸繫不敢以謭陋不文謝公餘
之下與謝李二君乙夜批討或理盡
於篇中無妨省文約字或事溢於句
外不惜繁説縟詞雖或有時如昔人
所云矜其美詞愛而弗棄不過微有
改易要之一名一物隻字片語務求

真而確以當於人心之公而後即安

編成十卷以天文地理營建食貨秩

官武備人物藝文八門爲綱内分星

野氣候祥異輿圖建置疆域山川古

蹟關梁風俗場市村落苗蠻方言城

池公署學校典禮書院賦役倉廒物

産職官名宦土官營制師旅選舉鄉

賢孝義文學隱逸列女勅疏議頌考

序碑記記傳文論賦詩四十六門爲目而首之以
聖訓終之以雜記庶幾一州信史矣謹裝潢成函遵例呈
學憲鑒定謬蒙獎許命登棗梨是役也艾太史以館閣才敷經籍之膏腴俾獨陽景象耀於光明煥然一新復得謝李兩學博偕二三稽古士蒐羅

折衷不遺餘力俾岱得有所藉手乎
心靜氣擬議增損於其間均非偶然
雖然要亦不失乎記事之旨而已昔
軒轅時倉頡沮誦作文字以代結繩
之陋令獨陽以魋結侏離邊裔刻木
示信與結繩等雖自有明改流迄於
昭代文教遐宣而典章未備賴諸君子
苦心惓惓終能輔州牧纂集成帙志

乘之垂何敢上擬古人然其旨無而
之有謂比之倉沮始制文字可也傳
曰天地久長風俗無恒後之視今亦
猶今之視昔然則踵事增美不能不
有望於後之君子是爲序

時

乾隆三十四年歲次己丑仲春月貴
州都匀府獨山州知州加二級隨帶

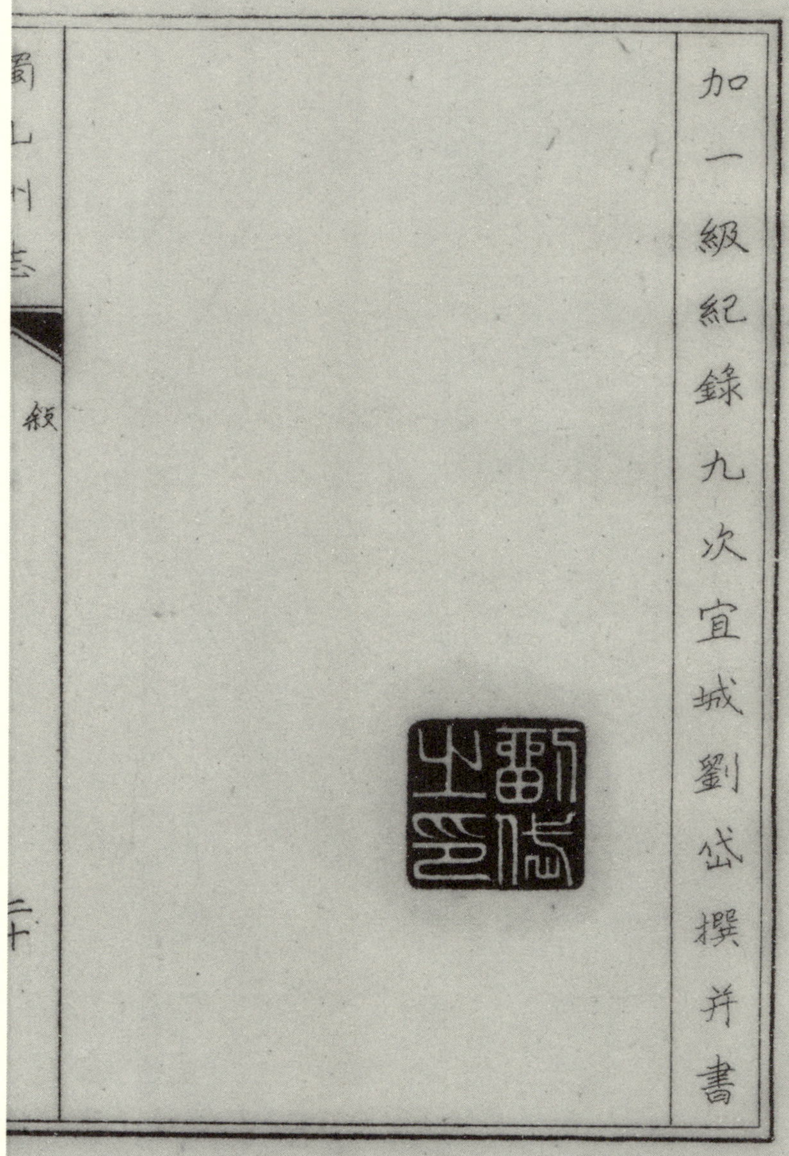
加一級紀錄九次宜城劉岱撰并書

獨山州志

三

敘

天下事有難行者得其人以舉之而事竟有成如志書一事必考據精確詳畧得宜乃能傳世昔在大雅不免貽譏故修志之難與作史等顧昔人謂修志難修黔志尤難蓋黔始通於

莊蹻鑿於唐蒙地理水經山川罔載
故尤難也余謂黔志難獨陽志尤難
獨陽改州最後設學較遲風氣初開
稽考無自不更難歟曩者州牧莫公
與博學向公網羅散失勒成一書事
在康熙四十一年世遠年湮殘篇斷

簡寢以荒廢嗣是牧茲土者如成都
陳公昌黎閻公具博雅才慨然有修
廢補缺之意俱以蒞任未久日不暇
給豈天時人事尚有待歟抑殘缺失
敘考訂之難也刺史劉公澹園以漢
川選士肄業成均校書

武
英殿繼向歆之舊業搜天祿之秘藏
魯魚帝虎多所引證一時虎觀石渠
諸前輩服其精確書成議敘由指揮
擢用外任其調繁獨陽也撫字七載
百廢俱興念封守之不易慨典籍之
遺亡毅然以修志為己任因延博學

謝李二公暨諸紳士集議曰有州而無志是無州也有志而不修猶無志也獨山外連粵界内控新疆幅幀濶矣身爲民牧而户口之不知疆域之不理山川之不考因革損益之不稽風土人文之不悉將欲起化維風補

偏救弊其道無由不出户庭而知通
塞不歷山川而識險要厥維志哉舊
籍猶存新事可採諸公多士各出見
聞匡我不逮其事固可立舉也僉曰
修哉公因設局延余至共商厥事憶
余昔在詞垣承乏通考館纂修官總

裁爲陳星齋先生余晉謁請教先生

曰書不云乎詞尚體要時則甫修三

月以讀禮歸未能受而卒業是役也

亦惟是稍參末議取證高明與謝李

諸公參互考訂統于公而折衷焉余

竊嘆志書之修從前之難如此若復

遲之又久將前稿盡失是終無成書
也公則事在必行書竟有成果而確
無難焉詎不信歟方今
聖天子聲教四訖薄海以外皆入版圖獨
陽較之尚近在内地人材之盛視昔
有加時至而事起運開而文明其在

令日乎公以廣化之循吏而會逢其適余以鼓吹之散人而得觀其成斯固一時之盛事也於是乎書

時

乾隆丁亥歲冬十月上浣翰林院檢討加三級麻峽鳳嵩艾茂撰

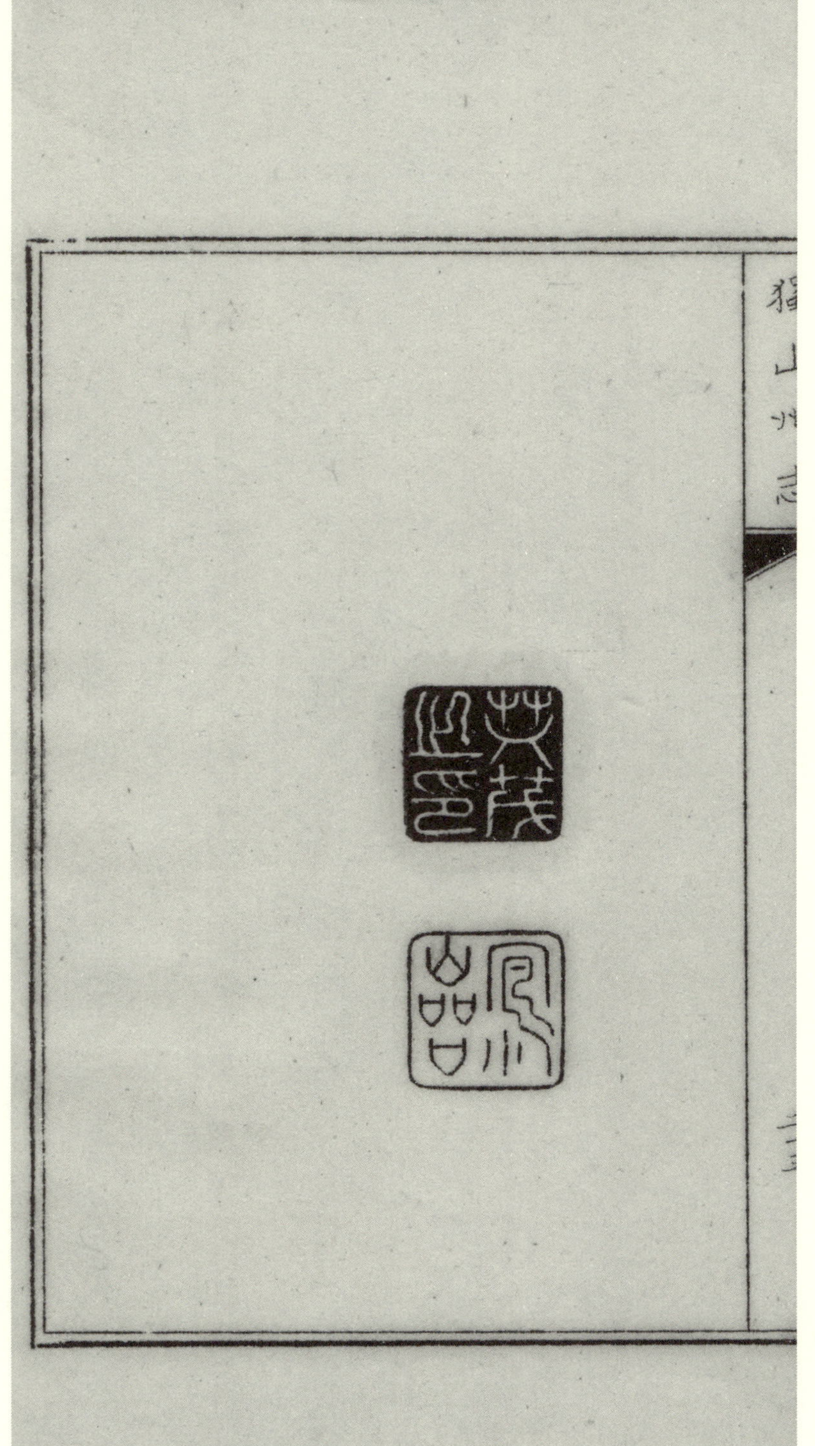

創修獨山州舊志敘

明崇禎丙子本州牧王希曾南城人

邑有志，所以志一方事蹟，俾後世於焉考信。獨山為勻郡咽喉之地，接壤西粵，居諸司間，八面皆彝。建州治以控西粵，道始通。余來守茲土，及瓜之後，奉黔當路，闢其從前所未載版圖，檄通郡邑各修厥志以進。余於是命蒙司及父老子弟輩緝舊聞，或有謂獨山之設僻遠，甚他邑，欲志其兵農而無非行禽也；欲志其錢穀，而原屬土司也；欲志其金湯，而未立城池也，何以修為？曰：朝廷虞獨之去天萬里，簡官遠鎮，凡環

而居民咸令有司之示以務本衛上疇非我兵我農
且官設而警其逋負偈以忠勤彼知貢賦為義所當
然雖錢穀不出於州而州實為錢穀所出也況羣彝
叠伺必官能副帥師之任嚴伉鎖鑰則保障即是城
池也余非其人凜凜焉惟此之不勝是懼所賴當路
靖邊遠畧下庇要荒其仰體所行一二端如文社師
以教後秀用漢人以充左右董鄉約以醒愚民督保
兵以靖萑苻明興革以正風俗皆漢官威儀使彝民
觀化而漸變以可志於舊志外者故集中裨益風教

者録之足鑒戒者紀之有者採無者不敢妄點綴之以求傳信尚後有稽往牒而興思者庶足以撥開人心中之瘴雨蠻烟常現一清明景象是獨陽因志而不負余余得藉手以不負朝廷並當路矣兹役也肇於兩臺司道而本府署事司理張公以為要務催告厥成余適際其時亦獲搦三寸管謬操增損以作一方信史焉耳是為序

明崇禎丙子扶綱都匀太理寺觀政人

又

吾匀轄有獨山其地僻其民彛實扼黔之咽喉古稱

要地天子遠照荒服知其不可無漢官以鎮爰設州
治而田土户口俱蒙氏所司州牧不過坐定山川疆
城而已入其境而問城池問學校問風俗貢賦以及
古蹟諸類渺焉無聞是官最苦而任最難其大畧葉
載府志中頃因州牧王大夫以豫章名士出宰兹土
會當事旁採郡邑志書獨山亦邑也不宜無志大夫
嘗費幾許精神期為完志奈彝地罔有傳聞志成而
請序於余余按志體嚴而事核詞約而義精不敢强
為過飾可以傳矣噫嘻僅建一官遂名曰州余政於

此為牧是州者壯焉志中凡古蹟諸類雖未燦乎畢備然以州牧攖遐陬之半壁無城池而城池於是乎在也以州牧布聲教於四境無學校而學校於是乎在也定為男女冠婚喪祭之禮則風俗由大夫移易也播其踐土食毛忠君報國之義則貢賦由大夫激勸也況又不止此也其責於州牧之一身者不已備乎哉謂志州牧即志州也亦可獨陽之志始於王大夫而王大夫誠有足志者夫以一無所有之州治德威交盡咸使遠彝喻天子所以立州之意壯哉大夫

當其難而忘其苦將山川疆域若增而勝矣茲歸里行之日猶急成厥志與吾郡司理張公勤敏周異謹如其請僭書數語以告異日繼大夫而牧獨陽者次第舉之庶成全志云

重修獨山州舊志敘　國朝康熙癸未都勻府太守李纘宗正藍旗人

夫志猶史也其義一以信傳修舉之事厥任匪易必英敏博學卓識宏才理無不通庶定是非辨邪正明得失決安危審興衰察治亂準先繩後鑒古證今率由人心於軌度轉移世道於淳龐始無愧於古之所

謂立德立功立言三不朽者吾匀疆土原皆彝地界黔東荒僻遐陬凋殘疲境叢山疊嶂萬壑千巖鳥徑羊腸蛇盤虎穴崎嶇險峻蜀道倍難猺獠猖狂縱橫出没最稱難治置郡至今尚未久遠而獨山一屬設州在明弘治時雖歷二百餘年而蠻烟瘴霧披拂難開性野心頑污迷積染牧斯土而司教養之職者久未得人也莫君自滇量移來牧此邦嘆彝俗之澆漓憫民心之陷溺尚利蔑義嗜殺喜爭奮然以起衰救弊爲己任挽維風教無他誘培學校明禮義正人倫

興孝弟端習尚重廉恥勵碩振懦化暴還淳政舉教
明風移俗易二年於茲烝烝色起非復村鄙陋劣之
觀矣又念老成凋謝文獻無徵旁搜舊誌出以新裁
廣採輿言遊神翰墨凡一州之星野氣候疆域山川
民苗風俗城池關梁公署兵防田賦户口物產秩官
土司學校選舉典禮古蹟寺觀名宦人物鄉賢節孝
藝文災祥諸類公餘之暇因革損益字斟句酌彙纂
成書前增未備後補闕疑分卷羅列燦若日星欲登
梨棗以垂典章詳請鑒定併敘於余披閱之際第見

生花吐鳳戞玉敲金將翼競藻促荒山竟成爲化日舒長樂土如遊我於山陰道上令人應接靡暇矣不覺欣然而喜曰異哉莫君其淵通淹貫學道愛人者乎蓋經濟文章原相表裏非學之博不足以成德業非才之大不足以建事功其英敏卓識如此無惑乎牛刀割雞之爲易易耳噫此志成則莫君亦猶古之所謂三不朽者與獨山並傳不朽矣是爲敘

國朝康熙壬午本州牧莫舜鼐會稽人

又

邑志載一方風土之宜歷代典故之事以及山川物

類備悉無遺始為一州之信史昔予令於滇之元謀思得輯成邑志三年未敢繕稿蓋事難於創也適世友彭君學曾自江左來賦萬里遊訪故交於昆明相遇懽然延之坦園與熊君公持互為參訂卒成卷帙值撫憲石公爰令教授李君校閱辨訛竟為全帙矣量移之獨山荒涼觸目四面苗彝凡州中所行輒皆棘手錢糧訟獄無一不問之土司也憲章典故毫無足徵也州牧惟尸位而已山川草木依然向榮惜無品題之者明崇禎間豫章王大夫曾為創志郡人扶

公有敘遍求諸草野以兵燹之後焚燬無遺於熊子
起渭家得抄本數頁所載寥寥文詞亦瑣率不馴雅
輒欲更之而艱於舉筆山則佗然在望也問之何名
川則汪洋滙流也來自何源夫以七千里遠來之薄
宦欲遍悉其地方之巨細固亦難矣越期年稍稍習
其大概適奉護攝府篆之檄簿書鞅掌卒無成竹今
歲之夏卸事還州又以交代餘累奔走於文山武水
之間未暇搦管孟秋喘息始定學博向君相爲諮詢
乃彭君遊楚過匀握手載道故以志乘之事委之曰

志一則簡者以一爲凖而不更繁者必終日以卒事風雨無間曉夜不徹歷初冬告成褒而不貶實而不虚質而不文疑者闕而不載信者搜訪而不遺我三人商定遣子衿袁中儼熊起渭等查訪山名水源於是搜閱通志采覔舊聞編次繕草創爲四册惟藝文尚須徧徵雅言以光志典夫事之始未有不艱難者昔歐陽文忠公作醉翁亭記起句環滁皆山也五字更易至數百言而始定范文正公作嚴先生祠堂記先生之風四字以德以節以行更爲風字而文乃佳

余目不能兩行下筆何敢企及古人庶幾仰止前徽慎以行之或可無姍山靈水魄花鳥烟霞於是而諷之詠之傳之簡編地以人傳人將亦以地重蠻方遠徼既未逢靈運之遊屐又莫覯拜石之元章將何所傳乎是編也舜鼎悉搜訪而備載之山水其有幸乎是編藉山水之靈以傳乎文章為不朽之事業舜鼎不文幸遇時之可為郡守李公復任於兹三韓世胄文武名家撫憲王公金臺名宿世奕金貂而於文章政事猶留心關切校閱鑒定删核繁簡使蠻貊之鄉

垂有典章其有繫於風俗人心勸勵勉勗者正未艾也余得藉以告無過於斯邑可告無負於斯職幸矣恐敢以不朽是言耶

又　國朝康熙壬午州學正何允中平遠人

從來治一邑者必有一邑之志豈徒博爾雅供紙上文章於原隰高下之志悟審形勢之宜於山川風土之志知合人情之理於節孝名流藝文典故之志得激勸懲戒因革損益之道皆所以維風俗而為世道人心防也志之所關鉅矣哉然非有格物之學不足

以採幽索隱非有長駕遠馭之才不足以兼綜條貫非有其難其慎至明至公之識不足以考核精詳質今而傳後志之難與作史等獨陽為勻之西南屬邦彈丸蕞爾較之中土百不得一而一邱一壑皆饒風韻一草一木皆足品題高人逸士別具幽光義夫節婦秉之天性者吾聞十五國之採風不遺邶鄘二百四十二年之紀載亦及邾杞迺此邦自有明以迄於茲邈焉無傳即或傳矣而若存若滅不能盡傳豈其事之不足傳歟今

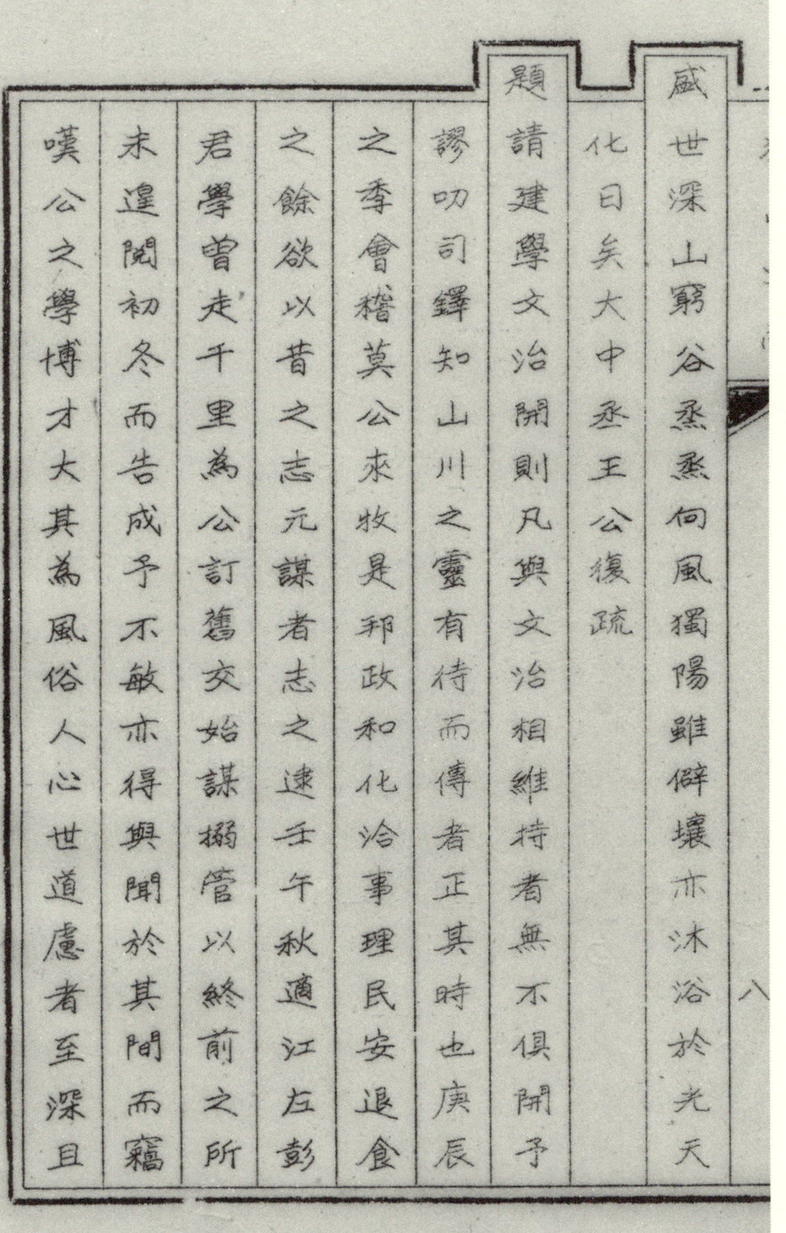

盛世深山窮谷烝烝向風獨陽雖僻壤亦沐浴於光天
化日矣大中丞王公復疏
題請建學文治開則凡與文治相維持者無不俱開予
謬叨司鐸知山川之靈有待而傳者正其時也庚辰
之季會稽莫公來牧是邦政和化洽事理民安退食
之餘欲以昔之志元謀者志之速壬午秋適江左彭
君學曾走千里為公訂舊交始謀擱管以終前之所
未逞閱初冬而告成予不敏亦得與聞於其間而竊
嘆公之學博才大其為風俗人心世道慮者至深且

遠也寓褒貶之正别是非之公去異而從同闕疑而傳信山川草木一披卷而燦若列眉人物風華一按圖而瞭若指掌雕頭鑿齒皆可入王會之書跳月吹笙亦足當太史之奏而且示沿革考得失為司牧之龜鑑稽盛衰詳治亂為有士之典型將見文人學士讀之以流以連可以登高而眺遠父老子弟讀之欲歌欲泣可以立懦而起頑官守民牧讀之以經以權可以風行而令肅則是編也謂之為州志也可謂以一州之志即以治一州也亦可

獨山州志 九

獨山州志

報明修輯志書申文

為公議捐修州志以維風化事乾隆三十二年五月二十六日准

卑州儒學學正謝庭薰訓導李廷諭牒據州屬進士蔡其發萬邦英舉人黃瓊都其思貢生蔡其昌夏正統黃繼中袁昂黃璠蔡其華生員徐世昌等呈稱竊

獨山地屬苗疆深沐

聖化百有餘年雖文物聲名與內地無異然志乘

未修事蹟難考即間有見於省志府志者亦寥寥無幾山川人物殊多缺畧今昌等檢查前明王父母希曾暨國初莫父母舜鼐所撰舊志抄本尚有通志所未備而其中所載亦復寥寥不惟地方減色即忠孝節義亦多湮没不彰無以為維風勵俗之資昌等生長斯土竊有志焉兹公同商議願選派多人再加採訪分門别類蒐羅必謹各出己貲延致通儒纂輯成帙付梓刋刻

以垂永久是否可行理合呈乞轉報等情由
學牒呈到州准此卑職隨密加體察實係該
紳士等各自量力捐修除飭令自行經理不
得勒派勸捐并官吏藉端苛派致滋擾累俟
纂輯成帙呈送
學院核正付梓刊刻外理合具文申報
憲臺查考
採訪告示
為採訪事照得本州志書業經修輯成編將

登梨棗而人物一門關係風化獨山舊係苗
疆所有忠義節孝山林隱逸本屬景星慶雲
不可概見非人事之不修實時地之難强所
有得之載籍及輿論傳聞但有梗概即應體
訪採擇俾作後來興觀之資但恐是非刺謬
則又無以示標準而昭來許合行出示招採
為此示仰合州士民知悉除有案可稽如鄉
賢萬國清孝廉方正黃理中孝子周應舉節
婦袁陳氏黃劉氏徐胡氏徐黃氏張陳氏趙

徐氏等無庸再議外其餘原曰無案近日新
採入志種種人物鄉黨公論宜再加核實如
果確有見聞是非爽實即公同舉出以憑芟
除抑或碩德名流幽隱不彰果有真知灼見
亦即公同舉報以便核實添入書成在邇吮
毫以待佇切翹切特示

申送志稿詳文

為呈送志稿懇賜鑒定以便刊刻事乾隆三
十二年四月初八日准卑州儒學學正謝庭

薰訓導李廷諭牒稱紳士好義各捐資斧纂
修州志已於乾隆三十二年五月二十六日
據呈牒准申報在案隨於乾隆三十二年六
月內延請原任翰林院檢討艾茂到州聚集
諸生公同開館纂修今於乾隆三十三年四
月草創初就共計四十六門分為十卷訂成
八本理合牒請呈送
學憲核正飭發付梓刊刻深為公便等情准
此卑職復查無異理合具文申送

憲臺俯賜核正飭發付梓刊刻以垂永久深

為公便

檄發志稿牌文

乾隆三十三年六月初六日奉

欽命提督貴州全省學院翰林院侍講紀錄三次

陳　為檄發事照得本年五月初六日據該

州申送新修志稿八册到院本院詳加覆閲

採擇頗屬詳明人物一門亦無紀載失實并

賢否倒置之處應即刊刻成書以垂永久合

行檄發為此牌仰該州官吏即將發來志稿

再行詳訂魯魚登諸梨棗刊竣之後另詳申

送毋違本院製敘一首并發須至牌者

獨山州志

修輯銜名

謹案志乘一書關乎風教考覈綦嚴故始事

必申報纂成例詳

學憲釐正刋就裝潢成部呈

各大憲鑒定誠重之也但

憲銜恐僭省志義例未敢載載在事銜名於左

總修

貴州都匀府獨山州知州加二級隨帶加一級紀録九次　劉岱

獨山州志 一

纂修

原任翰林院檢討加一級 艾茂

貴州都匀府獨山州儒學學正 謝庭薰

協修

署貴州都匀府獨山州知州事加三級 冀國勳

貴州都匀府獨山州儒學學正 戴一仁

貴州都匀府獨山州儒學訓導 李廷諭

原任廣西桂林府靈川縣知縣加三級 萬豫

督梓

貴州都匀府獨山州吏目　馮光榮

分輯

進士　蔡其發

進士　萬邦英

舉人　黄瓊

舉人　都其思

貢生　夏正統

貢生　黄繼中

貢生　李如璣

獨山州志 二

貢　生袁昂

貢　生黃璠

貢　生蔡其華

廩　生徐驥

廩　生何天植

廩　生徐世昌

分採

貢　生胡之驥

貢　生鄢有韓

貢生袁銓

廩生徐世公

廩生帥經

廩生鄢呈章

廩生何纁

廩生莫元

廩生張暉

廩生黄瑢

廩生鄢鑑

廩生蔡甲

廩生鄭儒儁

廩生王殿華

生員張光載

生員李希白

生員蔡兆鵬

生員陳玉堪

生員黃泰來

生員吳瑜

校對

廩生楊名升

廩生岑允菁

生員張德遠

生員莫文魁

生員韋光先

生員張雲鵬

生員韋宗先

生員白世珍

銜名　四十二

繪圖

廩生 蔡兆瑞

繕寫

童生 何灼

監梓

監生 蒙開緒

監生 劉世琰

監生 蒙開乾

典吏 譚綸

典　　吏　蔡其藩

銜名　　四十三

凡例

一人所以提警而矩步規行者莫如

皇極數言兹修州志敬録數條以昭臣民之法守

一自乾隆乙酉春因修一統志奉

部咨取州志而州志未修事實概無可考州人感

興覔得袁舜鼎手抄莫舜鼎繼王希曾所撰舊

志未免缺畧證以蔡其昌家藏古書更加分採

纂輯丁亥詳修戊子夏告成冬付梓己丑工竣

一兹編十卷中間倣通志列天文地理營建食貨秩官武備人物藝文等各以一綱統衆目庶覺以類相從有條不紊然前有

聖訓後有雜記無綱目可分則又變通而出之

一兹編以通志爲張本而通志中間有誤者訪實改正

一王志莫志僅二十餘頁所載故實寥寥無幾兹編雖因之而實同創舉將期爲此邦千秋信史其可信可傳者載之稍涉疑似者寧闕不載

一建置不容杜撰一字舊志但載各司設官及改土設州大畧未申明其説之見於何典兹本通考明史諸書一一分析循次編紀其説之互異者並加條辨亦或存疑

一地輿總繪分繪各加圖説山川支幹源流疆域四正四隅等皆一一注明俾閲者無俟登臨皆洞鑒此地形勢瞭如指掌

一通志不載道路兹志大小路一一詳載不但便於行旅且因以周知關隘險易便於巡防稽

查俾草竊奸究無從托足

一志之修將以正人心維風化故學校典禮書院諸類較詳俾讀者觀感興起在上為名臣在下為正士扶綱常植節義皆有實用非徒以資

博洽

一州志即治州規模而治州皆賴乎各官故職官中從前請入名宦者已另編一門至於功德在人雖未經請入名宦而甘棠遺愛去後民不能忘者善政或多或寡各有不同衆紳士公舉

自應核實紀載以爲後來楷模

一各志武職官僅紀其官職員弁數目茲並詳紀姓名功績如文職俾知設官分職各宜勉自建立作邊方干城而武備諸事一一備載不但有關制度且以備斟酌咸宜之用

一志中事事皆宜核實人物一項將以作後世典型尤不可一毫虛假以奉

旨旌表者爲正其餘有奉各憲獎勵者有已入舊志者又有埋没於貧窮未經表彰者初分採時人

數頗多及集衆紳士公同嚴核凡舊評新評稍

有一毫未當者不敢濫錄

一人物一門皆宜慎重而鄉賢之宜慎重更甚

舊志余顯鳳袁明哲列入鄉賢但載其名未注

其事實查學宫向無牌位又無册可考不敢漫

遵舊志復入鄉賢然兩人既掛名舊志必有非

無因而得名者再四旁搜余顯鳳從貴州流寓

志誤刊處搜出酌入文學志袁明哲從袁氏族

譜搜出酌入孝義志

現藏貴州省博物館之原刻初印本無此條

一藝文有古作今作或寫山川或紀人物或道今昔事實皆擇其有關此邦文教者乃選入其浮泛及不雅馴者概行删削

一道院梵宫志乘畢紀義例所有豈便芟除獨邑苗彝薈萃素乏名區惟本城雖免二場三脚坌漢人流寓徙居尚援中土風規各敦善果粗有建置各土司榮叨一職祀典所載稍稍設立除分載各門及朔望行香祠宇不贅外　在城如尊經閣　三官閣　福城庵　觀音閣　東

嶽廟　報國寺　靖江王廟　四官殿　萬壽

宮　文武殿即朝天宫　崇善寺　祖師觀　壽

佛寺　三官殿　城外　西竺寺　忠烈廟

迴龍觀　三官廟　兎場　關聖廟　雞場

靖江王廟　釋迦庵　萬壽宫　壽佛寺　豐

寧上司　城隍廟　關聖殿　觀音閣　豐寧

下司　梓潼閣　關聖殿　城隍廟　三華舍

關聖殿　爛土司　城隍廟　普安舍　迴龍

觀　觀音閣等共三十三所其修建年月或沿

自有明或起於
昭代為時未久記載匪難惟因為數無幾且尚無
闕於邊方風教之重姑缺分門以俟來者
一合州之事物無窮一時之採訪有限中間倘
有遺漏觸類引伸補所未備以俟後之君子
一志皆係集眾思廣眾益分門別類去浮存實
羣紳士公同商定姓氏一例附列

獨山州志
五

獨山州志目録

隱逸　列女
卷之九
藝文志上
勅　疏　議　頌　考　序
碑記　記
藝文志下
傳　文　論　賦　詩
卷之十
雜記

獨山州志卷之一

聖訓

伏惟我

朝

聖聖相承媲虞軼夏邁商越周凡屬條教著為典訓普

天率土罔不恪共獨山在勻西南隅士民僻處

王言如綸

王言如綍鮮知讀者茲臣敬修志乘備典守謹錄課

吏務農訓飭官士諸條弁諸簡端蓋

天子操此以寡天下之過而官師士庶伏而誦焉知

王道蕩蕩王道平平會其有極歸其有極無一

不本

聖人之錫極也

世祖章皇帝定鼎建國紀元詔 順治元年

我國家受

天眷佑肇造東土

列祖邁圖鴻緒

皇考彌廓前猷遂舉舊邦誕膺

新命迨朕嗣服雖在冲齡締念紹庭永綏厥位頃緣賊
氛洊熾極禍明朝是用託重親賢救民塗炭乃
方馳金鼓旋奏澄清既解倒懸非富天下而王
公列辟文武羣臣暨軍民耆老合辭勸進懇切
再三乃於今年十月初一日祇告
天地
宗廟
社稷即皇帝位仍建有天下之號曰大清定鼎燕京紀
元順治緬維峻命不易創業尤艱況當改革之

獨山州志　二

初更屬變通之會爰乃酌令準古揆天時人事
之宜庶幾吏習民安彰
祖功
宗德之大
聖祖仁皇帝平定滇黔詔康熙二十年
朕纘承丕緒統御寰區仰惟
天
地眷佑之庥
祖

宗付託之重

聖祖母太皇太后慈訓之殷蚤夜孜孜勤求化理期於

兵革寢息海寓乂安不意逆賊吴三桂負國深

恩倡為變亂陰結奸黨同惡相援抗違詔令竊

據疆土滇黔閩浙楚蜀關隴兩粤豫章之間所

在驛騷肆虐痛毒三桂僭稱偽號逆焰彌滋負

罪尤甚朕恭行天討分命六師剿撫並施德威

互濟或縶頸於闕下或駢戮於師中擒捕誅鋤

以次收復乃三桂既膺神殛逆孫世藩猶復鴟

獨山州志　三

張踞六詔之一隅延殘喘以拒命朕惟賊患一
日不除則民生一日不靖策勵將士屢趣師期
於是虎旅協心追逼城下賊衆計窮勢蹙通款
軍門約日獻城兇渠授首師克之日市肆不擾
邊境晏如捷書既至上慰
郊
廟
社稷之靈下抒中外臣民之憤神人胥悅遐邇騰歡念
自變亂以來軍民荼苦如在水火披堅執銳卒

歲靡寧行齎居送千里相望被兵之地既罹於
鋒刃供億之衆復困於徵輸朕憫恤民艱不忍
輒加額賦間施權宜之令用濟征繕之需意在
除殘事非獲已而身處宫寢之内屢懷閭閻之
依中夜屢興旰食不暇慼焉思治八載於兹今
羣逆削平疆圉底定悉翦歷年之蟊賊永消異
日之隱憂用是蕩滌煩苛維新庶政大沛寬和
之澤冀臻熙皥之風所有事宜開列於後於戲
體覆載好生之德秋肅必繼以春温法帝王更

化之模義正尤期於仁育誕告天下咸使聞知

聖祖仁皇帝御製訓飭士子文康熙四十一年

國家建立學校原以興行教化作育人材典至渥也朕臨御以來隆重師儒加意庠序近復慎簡學使釐剔弊端務期風教修明賢才蔚起庶幾棫樸作人之意乃比年士習未端儒效罕著雖因内外臣工奉行未能盡善亦由爾諸生積錮已久猝難改易之故也兹特親製訓言再加警飭爾諸生其敬聽之從來學者先立品行次

及文學學術事功原委有敘爾諸生幼聞庭訓長列宮牆朝夕誦讀寧無講究必也躬修實踐砥礪廉隅敦孝順以事親秉忠貞以立志窮經考業勿雜荒誕之談取友親師悉化驕盈之氣文章歸於醇雅毋事浮華軌度式於規繩最防蕩佚子衿佻達自昔所譏苟行止有虧雖讀書何益若夫宅心弗淑行己多愆或蜚語流言脅制官長或隱糧包訟出入公門或唆撥姦猾欺孤凌寡或招呼朋類結社邀盟乃如之人名教

不容鄉黨切齒縱倖脱褫扑濫竊章縫返之於衷寧無愧乎況鄉會科名乃掄才大典關係尤重士子果有實學何患困不逢年顧乃標榜虚名暗通聲氣夤緣詭遇罔顧身家又或改竄鄉貫希圖進取囂凌騰沸網利營私種種弊端深可痛恨且夫士子出身之始尤貴以正若茲厥初拜獻便已作姦犯科則異時敗檢踰閑何所不至又安望其秉公持正為國家宣猷樹績應後先疏附之選哉朕用嘉惠爾等故不禁反復

惓惓兹訓言須到爾等務共體朕心恪遵明訓
一切痛加改省争自濯磨積行勤學以圖上進
國家三年登造束帛弓旌不特爾身有榮即爾
祖父亦增光寵矣逢時得志寧俟他求哉若仍
視為具文玩愒勿儆毁方躍冶暴棄自甘則是
爾等冥頑無知終不能率教也既負栽培復干
咎戾王章具在朕亦不能為爾等寬矣自兹以
往内而國學外而直省鄉校凡學臣師長皆有
司鐸之責者並宜傳集諸生多方董勸以副朕

懷否則職業勿修咎亦難逭勿謂朕言之不預也爾多士其敬聽之哉

世宗憲皇帝訓飭州縣諭雍正元年

朕惟國家首重吏治爾州牧縣令乃親民之官吏治之始基也貢賦訟獄爾實司之品秩雖卑職任綦重州縣官賢則民先受其利州縣官不肖則民先受其害膺兹任者當體朝廷惠養元元之意以愛民為先務周察蔀屋綏輯鄉里治行果有其實循卓自有其名非内聚賄而外干

嚳謂之名實兼收者也全省吏治如作室然督

撫其棟梁也司道其垣墉也州縣其基址也書

云民惟邦本本固邦寧夫所以固邦本者在吏

治而吏治之本在州縣苟州縣之品不端猶基

不立則室不固容有濟乎

皇考臨御六十一年灼知州縣之重特行引見洛詢明

試至詳至慎其有廉能之員每不次超擢以示

鼓勵令海内羣黎皆

皇考所懷保也朕膺

宗社重寄思纘
皇考之治功惟爾州縣諸臣俱有父母斯民之責其為
朕立之基址以固邦本焉誠能潔己奉公實心
盡職一州一縣之中興仁興讓教孝教忠物阜
民安刑清政簡朕將升之朝宁用作股肱如或
罔念民瘼恣意貪婪或取利肥家或濫刑逞虐
或借刻以為清或恃才而多事或諂諛上司以
貪位或任縱胥吏以擾民或狥私欲以上虧國
帑王章具在豈爾貸歟更有任州縣時私肥己

槖而漫云且俟顯要方立名節者其與初市清

名晚而改節之人何以異哉至於錢糧關係尤

重絲毫顆粒百姓之膏脂增一分則民受一分

之累減一分則民沾一分之澤前有請暫加火

耗抵補虧空帑項者

皇考示諭在廷不允其請爾諸臣其聞之矣令州縣火

耗任意加增視為成例民何以堪嗣後斷宜禁

止或被上司察劾或被科道糾參必從重治罪

決不寬貸夫欲清虧空之源莫如節儉正直節

儉則用無不足正直則上官不可干以私若朘小民之生以飽上官之貪欲冒不測之罪以快一時之奢侈豈砥礪廉隅為民父母之道乎爾州縣等官其恪供乃職勿貽罪戾毋謂地遠官卑朕不及察其賢否也特諭

世宗憲皇帝旌表節義諭 雍正元年

旌表節義乃彰善大典每見直省有力之家尚能上達而鄉村貧窶之人則多湮没無聞深可憫惻着督撫學臣及有司遍加採訪務使苦寒

守節之家同沾恩澤至節婦年逾四十而計其
守節已滿十五年以上者亦應酌量旌奬著該
部議奏

世宗憲皇帝嚴飭土官　雍正二年

諭四川陝西湖廣廣東廣西雲南貴州督撫提鎮
朕聞各處土司鮮知法紀所屬土民每年科派
較之有司徵收正供不啻倍蓰甚至取其馬牛
奪其子女生殺任情土民受其魚肉敢怒而不
敢言莫非朕之赤子天下共享樂利而土民獨

使向隅朕心深爲不忍然土司之敢於恣肆者大率皆漢奸爲之指使或緣事犯法避罪藏身或積惡生奸依勢横行此輩粗知文義爲之主文辦事教之爲非無所不至誠可痛恨嗣後督撫提鎮宜嚴飭所屬土官愛恤土民毋得視爲魚肉毋得濫行科派如申飭之後不改前非一有事犯土司參革從重究擬漢奸立置重典切勿姑容寬縱以副朕子惠元元遐邇一體之至意欽此

世宗憲皇帝四省接壤分界安汛諭 雍正二年

諭雲南貴州四川廣西督撫提鎮等狆苗素稱兇悍加以漢奸販棍潛藏其中引誘為惡以致燒殺劫掠毒害善良居民深受其擾今督臣鄂爾泰等奉旨剿撫業已擒獲兇苗販棍正在撫恤地方籌畫久遠之計朕聞滇黔蜀粵四省接壤之區猺猓雜處不時統衆越境讐殺攙害鄰封地方文武官員往往以責任不專彼此推諉苟且因循以致廱㮣莫結者甚多此天下之共知

共聞者如廣西西隆州古障地方土目王尚義等與貴州普安州捧鮓地方之苗目阿九等互控一案遷延數年之久尚未審理朕已降旨督責此即其明證也況各省所設汛防在于腹内而猺猓則環居腹外防範難週遇有殺掠必待事主稟報始行追捕往返耽延兇徒已遠遁矣四省督撫提鎮宜各委賢員於四省接壤之地勘明界址凡猺猓販棍往來要路設立營汛派撥遊守等官帶領弁兵駐防稽察倘有越境讐

殺劫掠之事即時擒解不使漏網其委防弁兵以一年為期即于四省附近營伍内輪流撥換如一年之内無越境生事之人有能逐名拏獲者四省督撫提鎮會同保題從優議敘兵丁量加賞賚倘有貪功生事騷擾地方者立即題參從重治罪朕意如此於地方有益與否其如何分界設汛派撥弁兵經理妥協之處着四省督撫提鎮悉心商酌定議具奏欽此

今上皇帝訓飭州縣教民諭　乾隆八年

國家子惠黎元教養由來並重朕君臨天下宵
旰維勤重農桑輕徭賦所以養民者惟恐不周
至於正人心厚風俗皆國之大務尤所時廑於
懷者凡中外臣工莫不諄切誠諭務使民間習
尚馴良訟獄衰息以漸臻風移俗易之效乃數
年以來民風仍未還淳習俗每輕犯法豈小民
之不可牖廸歟抑牧令之教化不洽而德意未
孚也古者朝廷之政象魏懸書閭里之教月吉
讀法三物六行匪徒具文我

聖祖仁皇帝聖諭十六條飭紀敦倫型方正俗精義超
越前古
世宗憲皇帝萬言廣訓益加詳明剴切開導所以牖民
覺世者至矣使地方有司竭誠宣布雖甚愚頑
誰無天性亦必洗心滌慮革薄從忠駸駸於上
理無如實力奉行者甚少即朔望宣講不過在
城一隅附近居民聚集觀聽者僅數百十人而
各鄉鎮間有講約之所亦多日久廢弛全無實
際至所奉諭旨有關於教民者亦惟張掛告示

視為通行之常例焉能使之悦耳革心翻然悔悟是以尚氣輕生狃於性成作奸犯科常為俗染及其怙終不悛而刑罰隨其後朕甚憫之夫守令者民之父母古所稱忠信之長慈惠之師惟本至誠惻怛之意以感動愚民使之各自警省又能隨時隨事委曲勸誘諒無有不可化誨之人亦無往而非敷教之地即聽訟一端兩造具在隣佑親族齊集公所正百姓耳目所屬推誠曉諭最易提撕不徒現犯者各自愧悔并使

旁觀者亦因此傳播交相勸勉若公事稍暇或

講讀編審或勸課農桑即可單車簡從親歷鄉

村遇父老子弟奬其善良懲其不率申之以勸

誡示之以榮辱循謹者益加鼓舞即強悍者亦

知戒懲漸摩日久性情和順貪利好勝之心不

作而一道同風之盛可幾矣惟是百姓以守令

之行事爲觀感守令以督撫之意指爲從違爲

督撫者果能董率所屬留心化導實力奉行日

計不足月計有餘斷未有爲其事而無其功者

若徒視爲虚文接到諭旨轉行牌示遂以爲已

經遵奉則亦何益之有各省督撫等受朕深恩

畀以封疆重寄尚其儆惕黽勉以無負朕諄諄

誥誡之至意特諭

令上皇帝訓示考成州縣勸民務農諭 乾隆八年

朕惟養民之本莫要於務農州縣考成固應用

是爲殿最而向來功令不專以此課吏者因其

事甚樸無可炫長其迹似迂驟難見效又或上

官之察勘難周有司之條教易飾不似催科聽

斷捕盜等事之顯而有據也督撫察吏每於此等本計轉視為老生常談漠焉不甚加意以致州縣之吏趨承風旨專以簿書期會為先而農事反居其後職司民牧之謂何不知為治之道本舉而末自隨之如果南畝西疇人無餘力于耜舉趾曰無暇時則心志自多淳樸風俗自鮮囂凌人知急公而閭閻無待追呼矣人知畏法而盜賊因以寢息矣本計既端末事亦次第就理如此則州縣之考成似疎而實密即督撫之

察核可簡而不煩日計不足月計有餘民生大
有裨益即治道亦漸致郅隆若夫朝令夕申意
非不美束縛馳驟適以擾民為督撫者當善體
朕意毋視為具文毋事於塗飾誠以實心化導
其屬俾屬吏亦以實力勸課其民庶幾野無游
情之風家有蓋藏之樂朕以此訓示督撫業已
至再至三不啻耳提面命今復降此諭實願與
天下共敦本計故不厭其言之重而詞之複也
各省督撫其共勉之特諭

獨山州志卷之二

天文志

星野

聖人垂衣裳而天下治蓋取諸乾坤是以仰則觀象於天俯則觀法於地地物也天神也物無踰神之理故地有五行天有五星地有州域天有列宿此星野之分所從來也中土幅幀廣濶推測自易獨山蕞爾邊隅其星野視都匀方隅為準都匀又視黔省方隅為定考黔省星野志

有云翼軫有云參井前人論定中分而兩屬之

貴州通志以都匀郡分屬參井獨山分野亦惟

謹遵通志考參井之次度以昭文明之治云志

星野

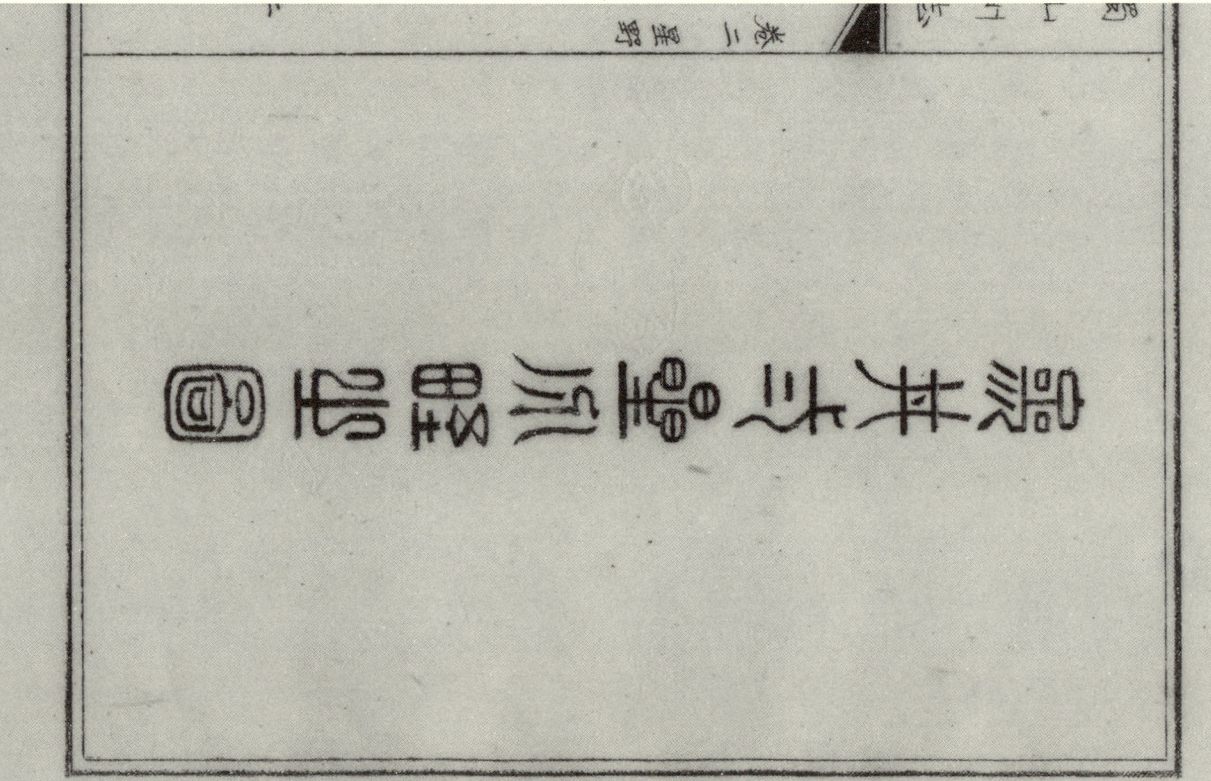

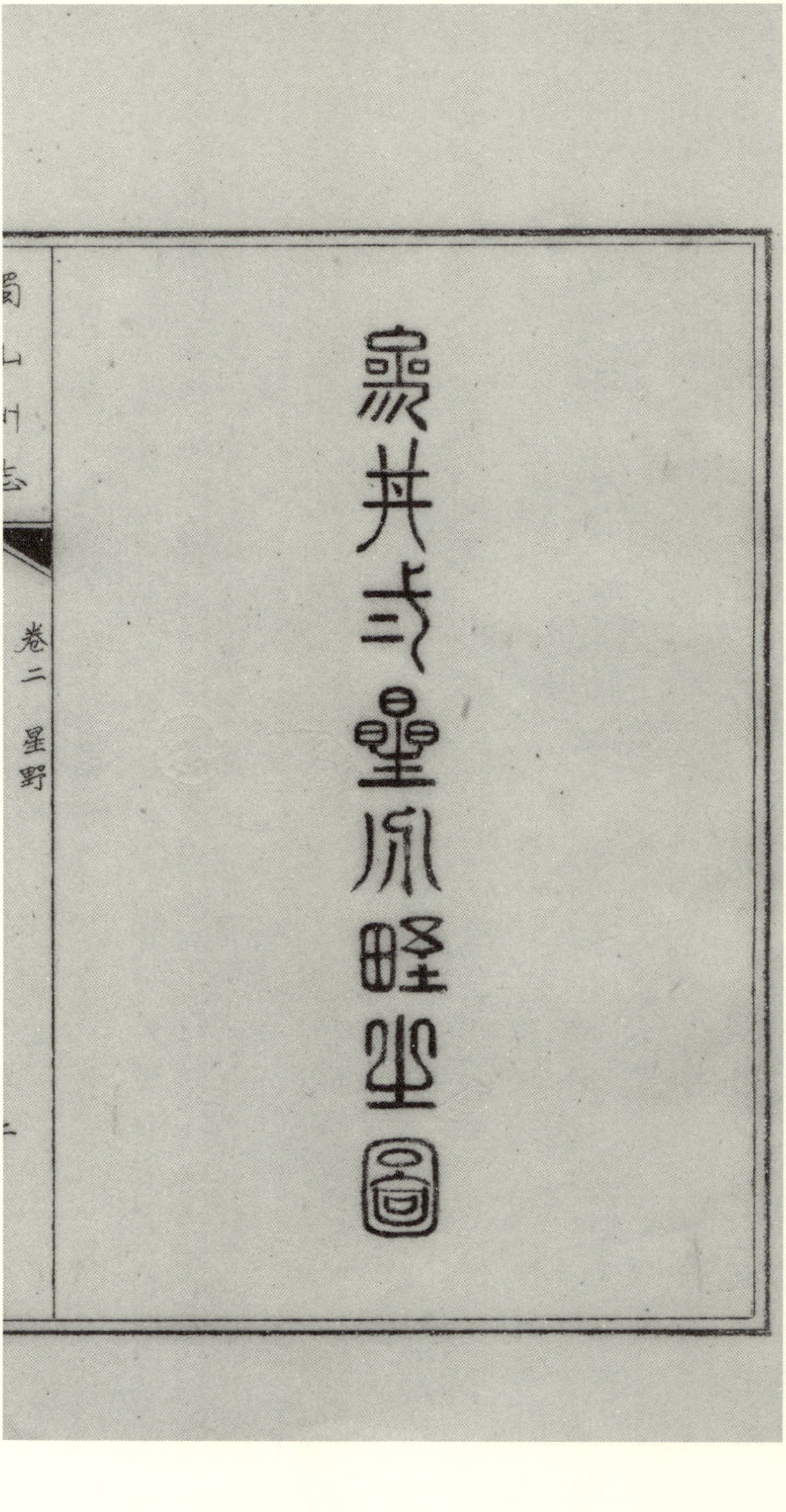

參井圖

參七星十度五十分位次申以觜作藥七星皆明天下兵精

星經曰七箇參星三伐橫玉井軍井參左臨天廁四星下一矢井下直樹二屏星

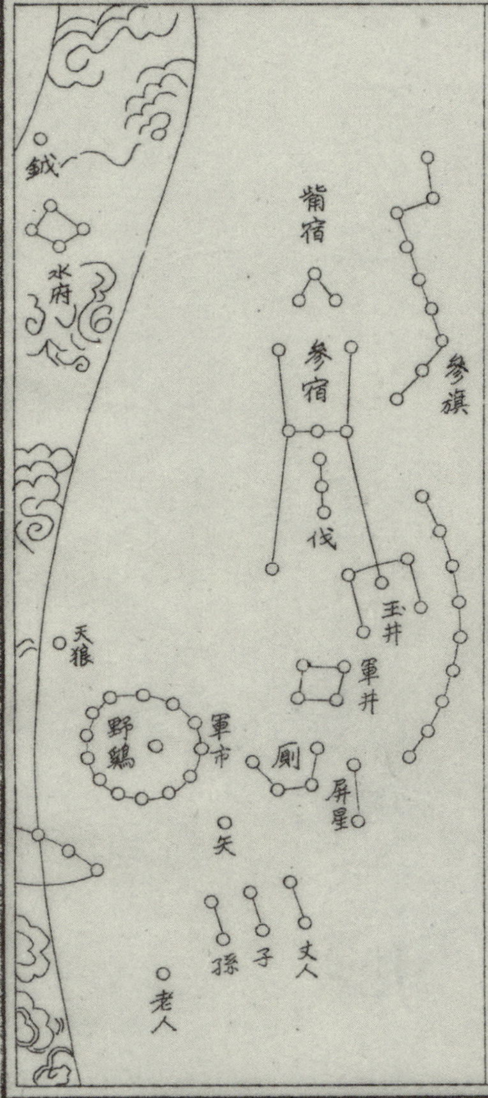

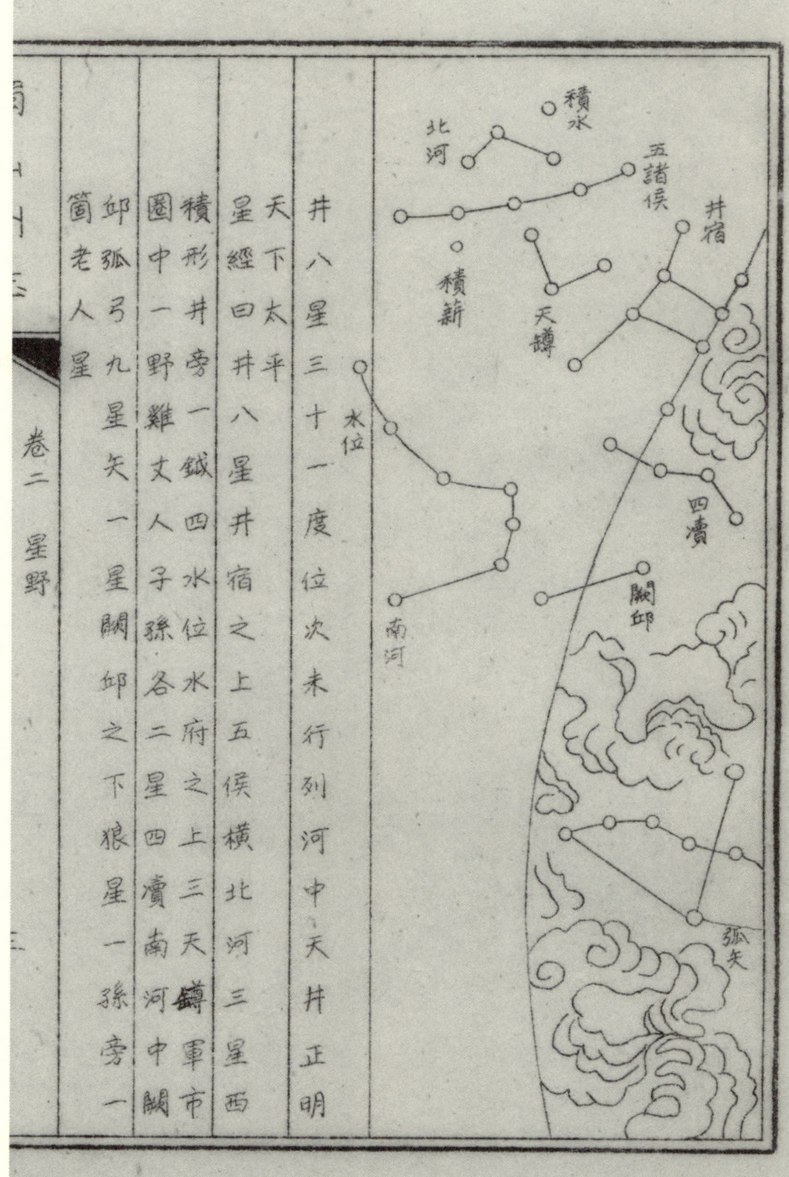

井八星三十一度位次未行列河中天井正明
天下太平
星經曰井八星井宿之上五侯横北河三星西
積形井旁一鉞四水位水府之上三天罇軍市
圜中一野雞丈人子孫各二星四瀆南河中闕
卯弧弓九星矢一星闕卯之下狼星一孫旁一
箇老人星

卷二　星野

分野考

參

參者西方之宿一曰參伐一曰大辰一曰天市一曰鈇鉞主斬刈又爲天獄主殺伐又主權衡所以平理也又主邊城爲九譯參白獸之體其中三星橫列三將也正中一星大將旁二星參謀也命名爲星以此東北曰左肩主左將西北曰右肩主右將東南曰左足主後將軍西南曰右足主偏將軍故黄帝占參應七將中央三小

星曰伐天之都尉也主胡鮮卑戎狄之國凡十
度右足入畢十三度去極九十四度○觜觿三
星為三軍之候行軍之藏府主葆旅收斂萬物
明則軍儲盈○參旗九星在參西一曰天旗一
曰天弓主司弓弩之張○玉井四星在參左足
下主水漿以給廚○西南曰九星曰九斿天子
之旗也○玉井東南四星曰軍井行軍井也軍
井未達將不言渴名取此也○屏二星在玉井
南為屏風天廁四星在屏東溷也○天矢一星

卷二 星野

在厠南色黄則吉○軍市十三星在參東南天

軍貿易之市使有無通也○野雞一星主變怪

在軍市中市西南二星曰丈人丈人東二星曰

子子東二星曰孫

井

井者南方之宿八星横列河中天之南門黄道

所經天之亭候主水衡事法令所取平也物之

平者莫如水故營國制城畫野分州皆取象焉

王者用法平則井星明而端列凡三十三度去

極六十九度○鉞一星附井之前月宿井有風
雨○狼一星在東井東南狼為野將主侵畧色
有常不欲變動也○弧九星在狼東南天弓也
主備盜賊常向於狼○老人一星在弧南一曰
南極常以秋分之旦見於丙春分之夕沒於丁
見則化平主壽昌○南河北河各三星夾東井
一曰天高天之闕門主關梁○南河一曰南戍
一曰南宮一曰陽門一曰越門一曰權星主火
○北河一曰北戍一曰北宮一曰陰門一曰胡

門一曰衡星主水兩河戍間日月五星之常道
也○南河南二星曰闕邱主宫門外象魏也○
五諸侯五星在東井北主刺舉戒不虞又曰理
陰陽察得失一曰主帝心一曰帝師二曰帝友
三曰三公四曰博士五曰太史此五者常為帝
定疑議星明大潤澤則天下大治五諸侯南三
星曰天罇主盛饘粥以給酒食之正也○東一
星曰積水主候水災○積薪一星在積水東供
給庖廚之正也○水位四星在東井東主水衡

○東井西南四星曰水府主水之官也東井南垣之東四星曰四瀆江淮河濟之精也

論曰黔之疆域爲保章氏所未載在昔川楚等省以屬荆者占翼軫屬梁者占參井黔疆緣是而推獨山位都勻西南未申間應不出參井外至於精微毫釐之辨惟精其業者悉心推測蓋非可臆度焉

獨山州志卷之二

天文志

氣候

地窳而土瘠，氣疹而候愆。黔地類然，獨山巒嶂開拓，氣候温和，冬無祁寒，夏無酷暑，雖炎天鬱蒸，人少袒裸科跣，隆冬大雪亦可不裘禦。諺云：四季皆是夏，一雨便成冬。獨山稍有異焉。至向所紀時有嵐瘴，商旅却行者，今則雨暘時若，估客輻輳矣。蓋

聖天子參贊化育疹戾潛消雖遐陬僻壤皆得耀乎

高明也志氣候

田功二月動犂三月播種四月插禾八月納稼

東作稍遲則苗不茂夏初無雨則收必歉入秋

日午禾正揚花一有大風則秀不實所屬四司

二舍多係乾田最宜多雨惟下司後坒寨暮樵

寨白巖寨三處地勢窪下忌多雨喜晴先是山

坡曠土鋤種者少今則燕麥旱稗諸雜稜幕山

徧野蓋户口日繁則生計日廣五穀之生較他

州為甚焉通州風氣相似視匀郡微寒而栽插稍遲惟三脚坐有大河一道天時近湖南内地每歲七八月即已收穫民慶有秋至於雜糧若春蕎則立春播種穀雨收穫秋蕎立秋播種霜降收穫燕麥霜降播種芒種收穫大麥稗子穀同雨播種夏至插土秋分收穫高粱小米節候與稗子同黄豆小暑播種霜降收穫而三脚亦較蚤

論曰先王春夏贊陽氣秋冬順陰氣故陰陽和風雨時寒暑節獨山古稱烟瘴之地近者土地

人民日闢日多生旺之氣勝則毒霧之氣消於黔境爲樂國矣惟三脚坉氣候微熱然不可以云瘴鄉也其西南界粤南丹境風景自别彼當青草黄梅時防瘧癘插秧遲至六月獨山則和風淑氣瘆戾潛消其栽插逾芒種即不實氣候之不齊亦天之所以限黔粤也

獨山州志卷之二

天文志

祥異

災祥之生應乎五行本乎五事天人之際精祲相盪善惡相推事作於下象應於上此自然之理也聖人治天下見一物之非常以為祥歟則必自省吾何德以來之而益勉其所未至懼其易禍而為禍也以為妖歟則必自省吾何戾以致之不待旦而速改而猶懼其有隱慝而人莫

知也從古王者父事天母事地二氣相應捷於桴鼓獨山雖蠻荒亦

聖天子臨馭萬方覆冒無外之地承其流者豈得謂其無與於上下感應之道而忽之與春秋之法書異不書祥蓋遇災而懼則禍銷福降故祥不空來而災虛其應志祥異

明

萬曆戊午年大荒

己未年蝗

崇禎乙亥年雷殛死市民查子成家人查福并

拔大樹三株

丁丑年春蝴蝶漫天三日

國朝

順治十七年庚子大饑斗米千錢人多餓死

康熙八年己酉十月火災

十一年壬子五月初十日雷殛死街民彭應貴

三十年大火

三十四年乙亥三月辰時天忽晝晦龍掛見西

南方天際一條蛇蜒騰空而上隨下大雨平地
水深尺餘
三十七年戊寅虎入城傷苗民夫婦二命
四十年辛巳城南羊角坣有龍上天烏雲繚繞
四十八年庚寅三月大火延城內外無一得免
五十三年甲午大火
六十一年壬寅六月雷殛街民徐阿項七月一
虎一豹入城衆即打死同日舊營盤火又東門
火

雍正八年庚戌三月十八日東嶽聖誕黎明衆
正叩祝有白鶴數十翔遶殿内有頃飛集於殿
前三官樓頂
雍正九年辛亥十月火燒鐘鼓樓即舊文昌閣
乾隆十三年戊辰三月大風吹斃數人
二十年乙亥正月揺棱氷結瓦屋形如花卉以
紙印之無異石刻
二十三年戊寅冬大火
二十四年己卯孽龍出自套裡寨旁大洞巴開

獨山州志 三

一帶水淹

二十六年辛巳八月初四日宿霧冥濛卓午乍

霽西南霞光中蜿蜒二物分紅白色懸空倒掛

如龍

論曰自明萬曆以來獨陽占禎祥之兆龍見者

三鶴翔者一氷結花者一蓋天於諸福之物不

輕予人必覘其邦上下精勤夙夜之不遑本無

心於符瑞而後以符瑞錫之也若夫曰荒曰饑

曰蝗曰蝶曰虎曰豹曰風曰水天已迭出示警

然猶適然不多見乃歷稽從前惟火患最多亦最烈或曰羊角山燥火位城西南故若爾是地氣使然矣顧何以邇年以來火患稍息又豈司牧者別有感應之道哉亦以制火有方救火有備且居城者習於勤苦漸覺豐亨室廬措置概易茅茨之舊至於側身厲行感應之理自不可泯焉

獨山州志
四

獨山州志卷之三

地理志

輿圖

輿地之有紀也自禹貢始也山川貢賦犂然具焉輿地之有圖也自禹鼎始也物形光怪昭然晰焉周禮職方氏掌天下之圖辨其邦國都鄙人民凡山鎮澤藪川浸莫不臚列而周知其利害故歷代因之秦有圖籍漢有輿圖唐有地圖宋有圖經茲載獨山全圖以及城垣學宮公署

四司二舍各繪一圖俾建置規模山川疆域之形勢關梁道路之通達無不展卷了然庶幾觸目警心凡思艱圖易經畫區處之長策胥於是焉寓之至於奇峯秀水乳洞靈巖萃天地之精英毓靈明之性府又載十二景圖薈萃佳勝為獨陽開闢以來山水播芳名垂色相俾覽之者資卧遊云志輿圖

卷三　輿圖　十四

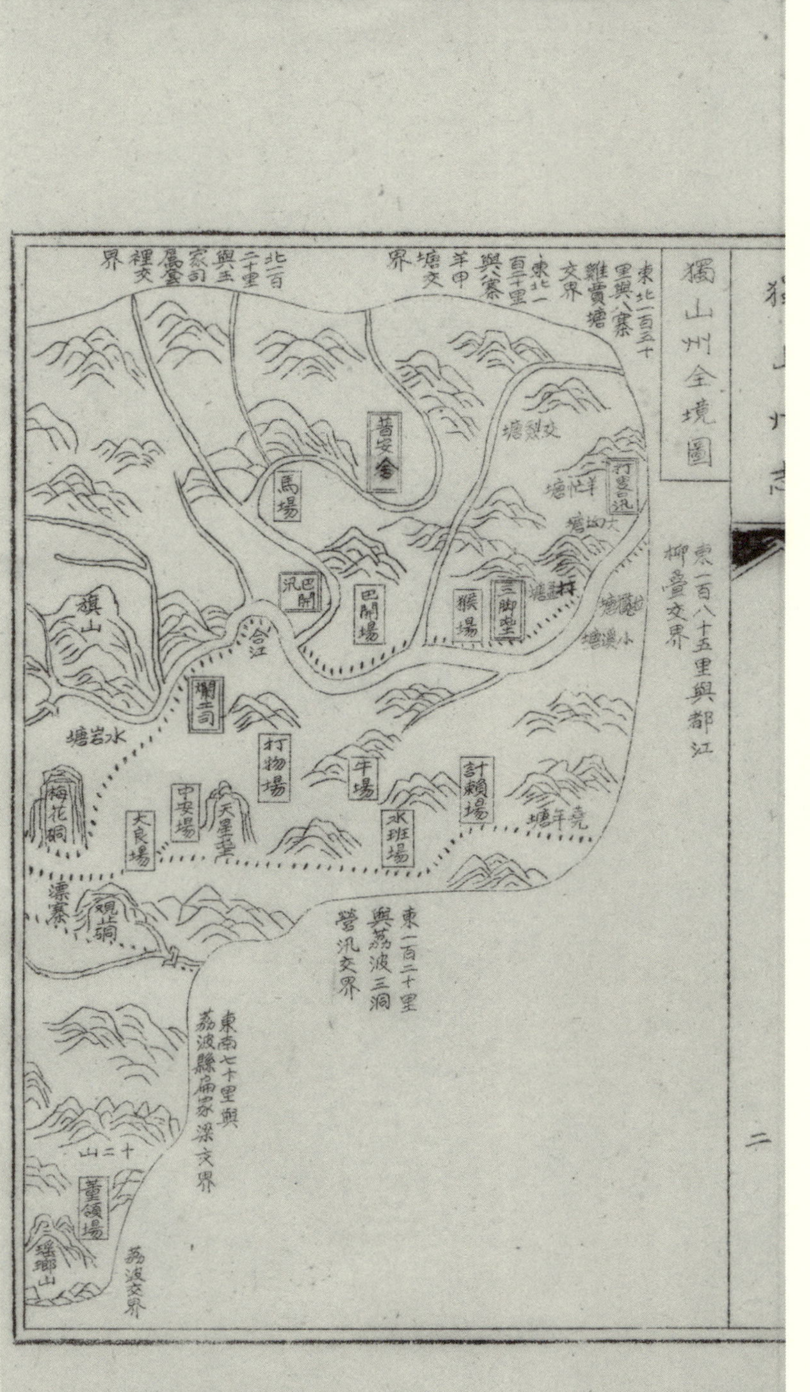
獨山州全境圖
東北一百三十里與八寨雜貫塘交界
東北一百二十里與八寨羊甲塘交界
北一百二十里與丟家司屬董裡交界
普安舍
馬場
巴開汛
巴開場
旗山
合江
爛土司
水岩塘
打物場
牛場
計賴場
梅花硐
中安場
天星寨
大良場
水班場
三腳寨
猴場
打宴汛
東一百八十五里與都江柳疊交界
東一百二十里與荔波三洞營汛交界
東南七十里與荔波縣扁家梁交界
十二山
董領場
荔波交界

獨山州志
卷三 輿圖
十五
北四十里與吳家司治交界
四十五里與都勻縣屬黃絲交界
西北三十五里與平浪司王政河交界
西去三十里與平州司擺旁交界
四十五里與平州司干裕交界
西南八十里與平州司四寨絲林交界
西南一百三十里與南丹州劍休哨猾里村交界
南一百二十五里與南丹屬六寨交界
獨山州
獨山司
玉屏山
壽星山
青稜山
羊角山
大坡塘
甲勞塘
拉細場
行朗山
三棒舍汛
甲老場
拉紐場
大地場
黃泥塘
鐵坑塘
高司塘

獨山州全圖説

黔居天下西南都勻黔東郡勻西南百二十里爲獨山州州之東八寨都江北王家司吴家司都勻縣西平浪司平州司南荔波縣皆本郡屬也八寨都江昔爲化外生苗入版章未久爛土普安一帶新疆唇齒遠鶩長馭最宜細意熨貼焉若西南豐寧下司三棒舍鄰廣西南丹州則勻屬外矣雖邊裔無幾然黔粤咽喉呼吸相通可不加之意乎西北境但居獨山司土地之半最爲狹隘豐寧上司毗連獨山一司皆密

邇州城號稱易治州長率四司二舍父母斯民固應

有挈領提綱之道三脚壵水陸衝道下達番禺據一

州要害輔理承化者亦須揀擇賢良云

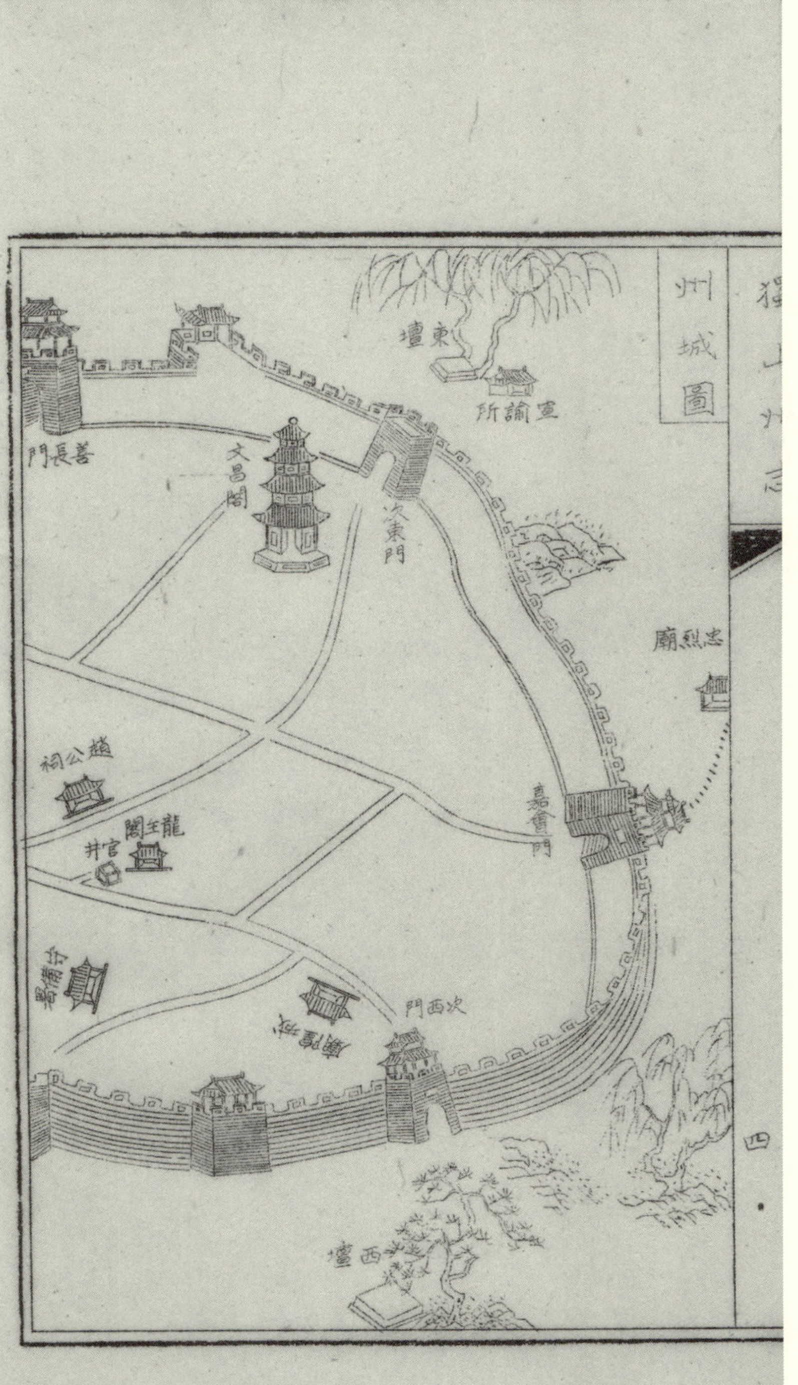
州城圖
宣諭所
東壇
善長門
文昌閣
次東門
忠烈廟
嘉會門
趙公祠
龍王閣
官井
守備署
城隍廟
次西門
西壇

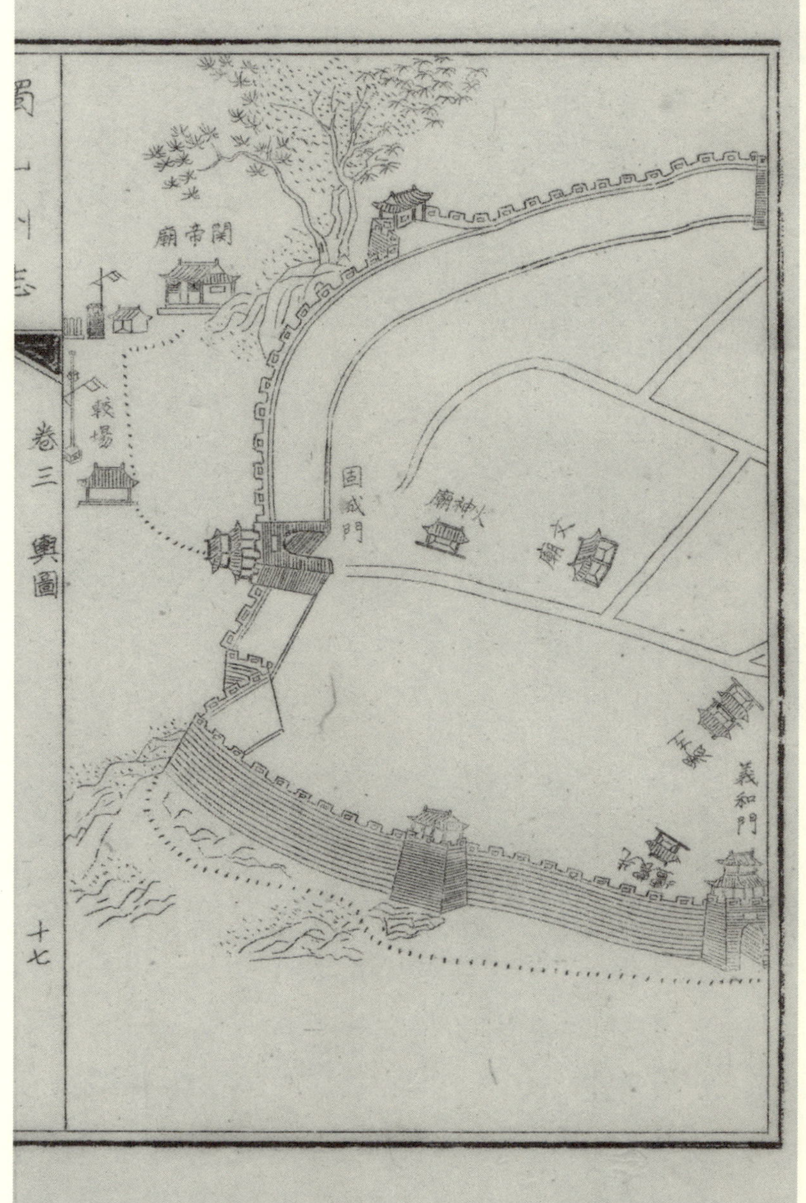
關帝廟
較場
卷三
輿圖
十七
固武門
火神廟
文廟
義和門

獨山州城圖說

州城地形如船南有馬潭北有漢池文筆虎奎東西對峙局勢可謂雄已建石城先是僅土城聞之父老云虎入城者三豹入城者一又其甚者郝寇入城焚掠最為酷烈土城之不足恃如此雖然土城之修明牧歐陽輝之力萬曆五年以前未有土城其荒涼景況更不知何如矣從來國家大政因時而舉亦待人而行自乾隆乙丑張制軍

題明黔省城垣於鉛觔銀兩動用分別緩急次第修建

獨山以苗疆咽喉列入急修乾隆戊辰州牧解韜奉
文領帑修建崇墉言言固匀郡西南一雄關也但二
十年來東北二門已三經補葺然則近日
功令責成撫司估計城工堅固垂久
聖天子睿謀無徵不徹永為萬世不易之常經也哉

卷三　輿圖　十八

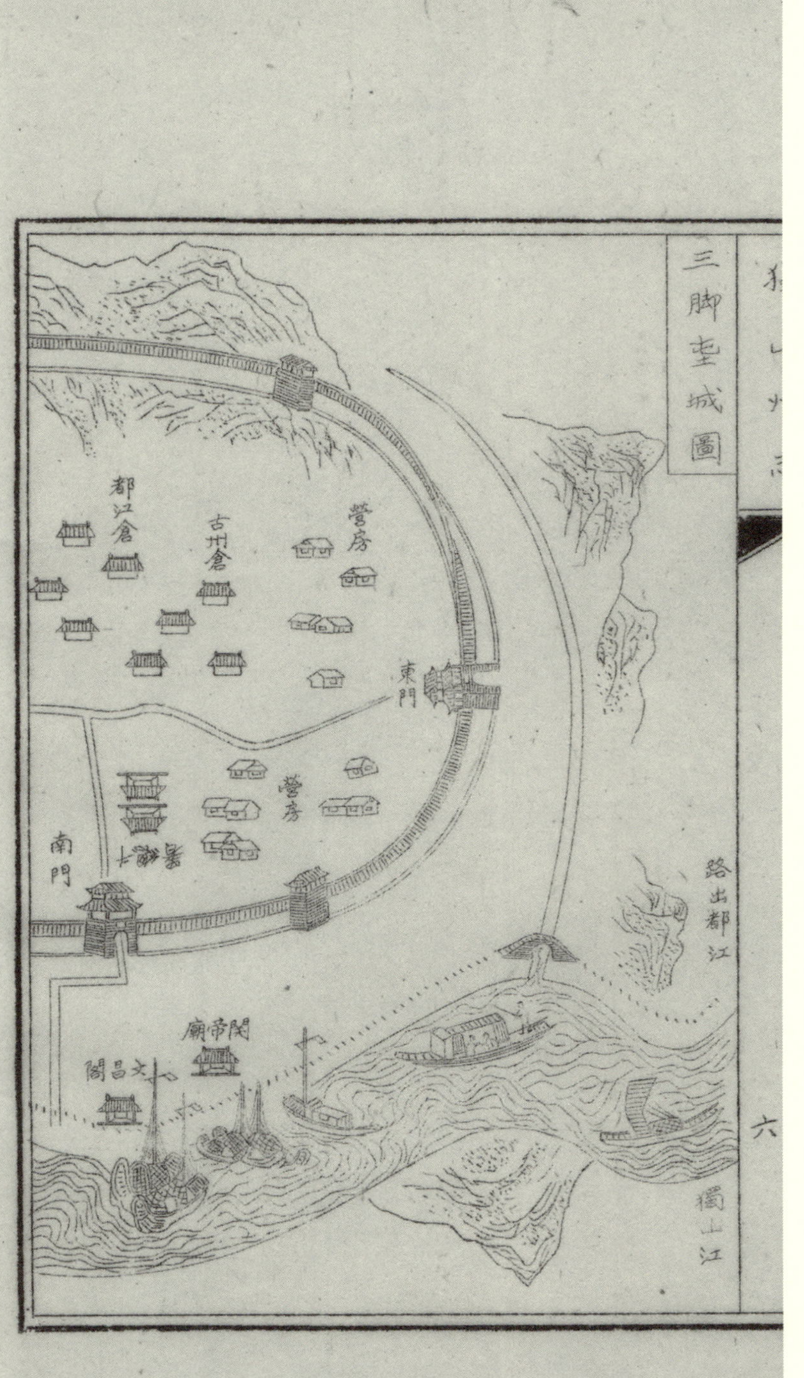
三脚屯城圖
都江倉
古州倉
營房
東門
營房
南門
關帝廟
文昌閣
路出都江
六
獨山江

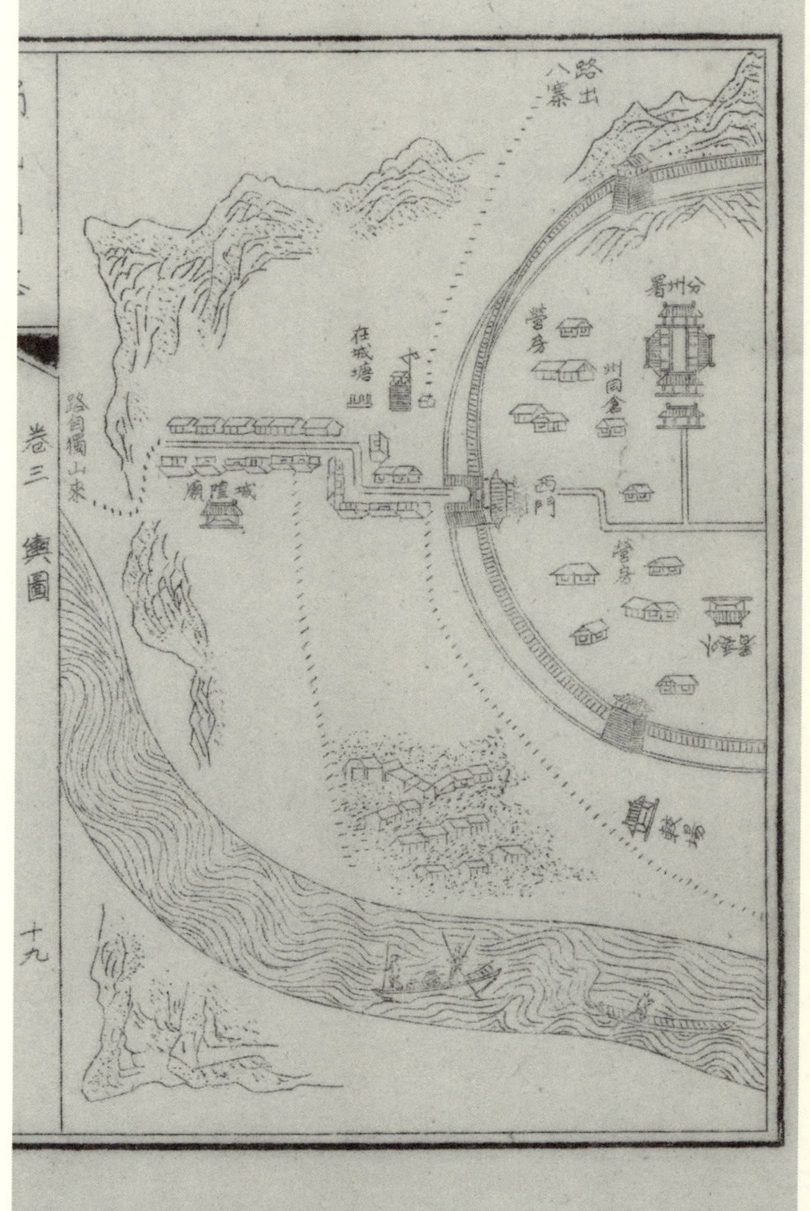

卷三　輿圖
十九
路出八寨
分州署
營房
州同倉
在城塘
城隍廟
路自獨山來
西門
營房
教場

三脚坉城圖説

城東一百四十里曰三脚坉，在三山間。《通志》載：三角坉以三山尖言也。《縉紳》載：三足坉以三山麓言也。雍正開苗疆後，設文武官駐劄，與巴開、打罨等汛相爲聲援。乾隆甲子，州長謝國史、州丞史金詔請帑築土城。北跨山腰，道不通南，臨獨山江，帆檣片雲，縈遶明月，爲一州别開生面。考浪水、遯水、紫泉、牂柯諸古蹟，尤使人穆然懷古也。

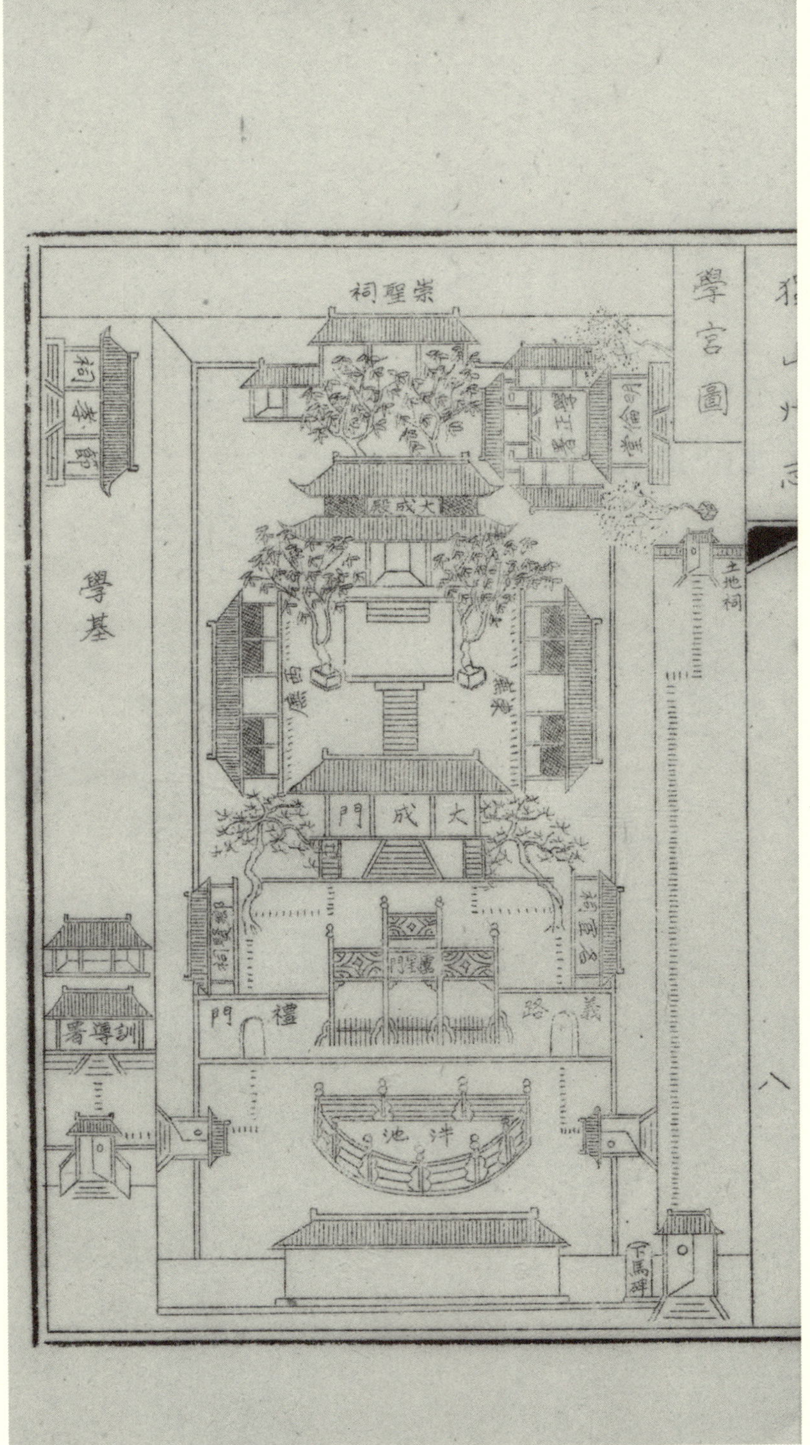
獨山州志
學宮圖
崇聖祠
節孝祠
明倫堂
大成殿
學基
土地祠
東廡
西廡
大成門
名宦祠
櫺星門
禮門
義路
訓導署
泮池
下馬碑
八

學宫圖說

明牧王希曾捐創我

朝康熙中王撫軍繼田撫軍　題准設學暨學博弟子員州牧趙完璧奉文修建維時蹌蹌蹌蹌秩然習禮於其間視當年草創廟貌閎敞遠矣嗣經州長莫舜鼎杜理陳于中閣公銑劉岱凡六增修規制漸益大備由門外歷丹墀崇聖祠四桂蔭庇雙柏森挺駿奔走者每經其下不覺神氣倍增恪恭有加焉

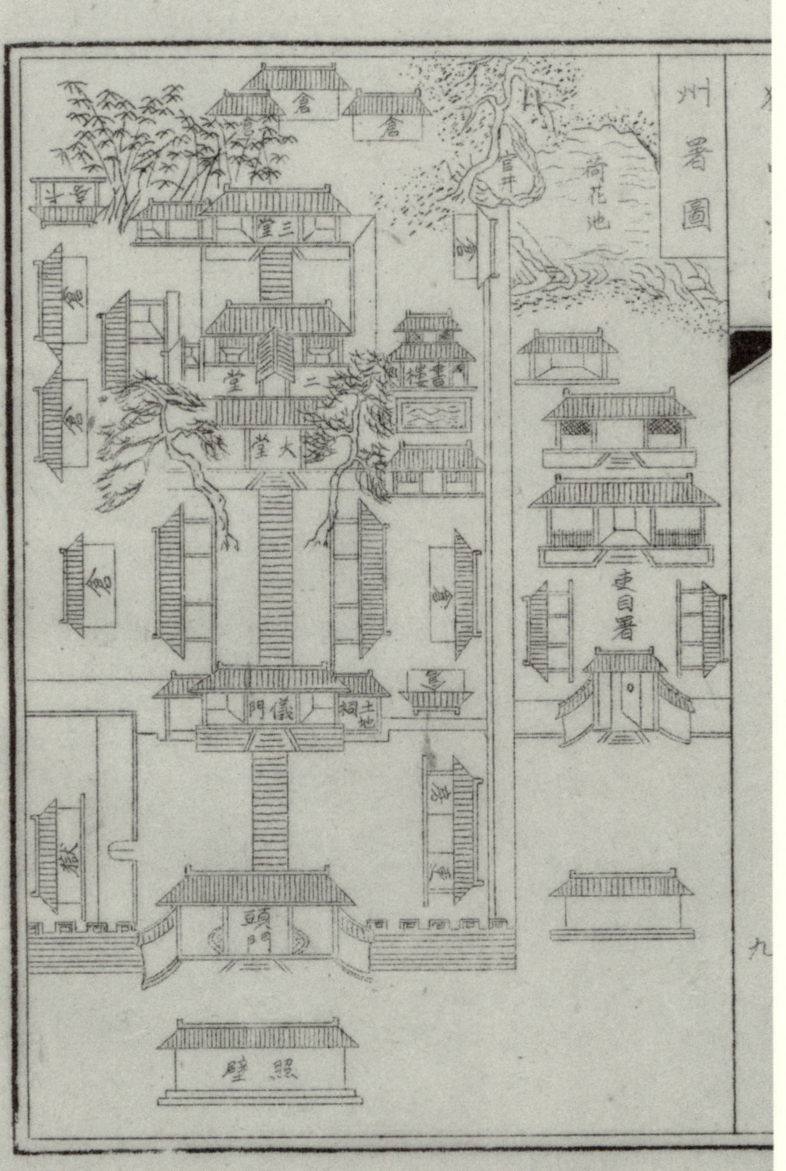
州署圖
荷花池
官井
倉
三堂
二堂
大堂
書樓
吏目署
儀門
土地祠
頭門
照壁

州署圖說

臨北街枕西岡堂以下最坦歷階而升至岡萬家煙火都在足下前望文筆諸峯踴躍作趨迎狀署左官井湛淨滂不盈旱不涸從吏目署後尋荷花池每悠然想見文礽遺蹟非比昔人菊圃柏秀亭莫識所在者堂下井旁長留老柏三本虬鱗軒翥勢欲擎天術者謂關一州風水前牧陳顯宗王希曾趙完璧俎豆山城孫紹武喬遷黔撫軍流風餘韻宛然在目然則登斯堂揮絃而理寧獨無意乎哉

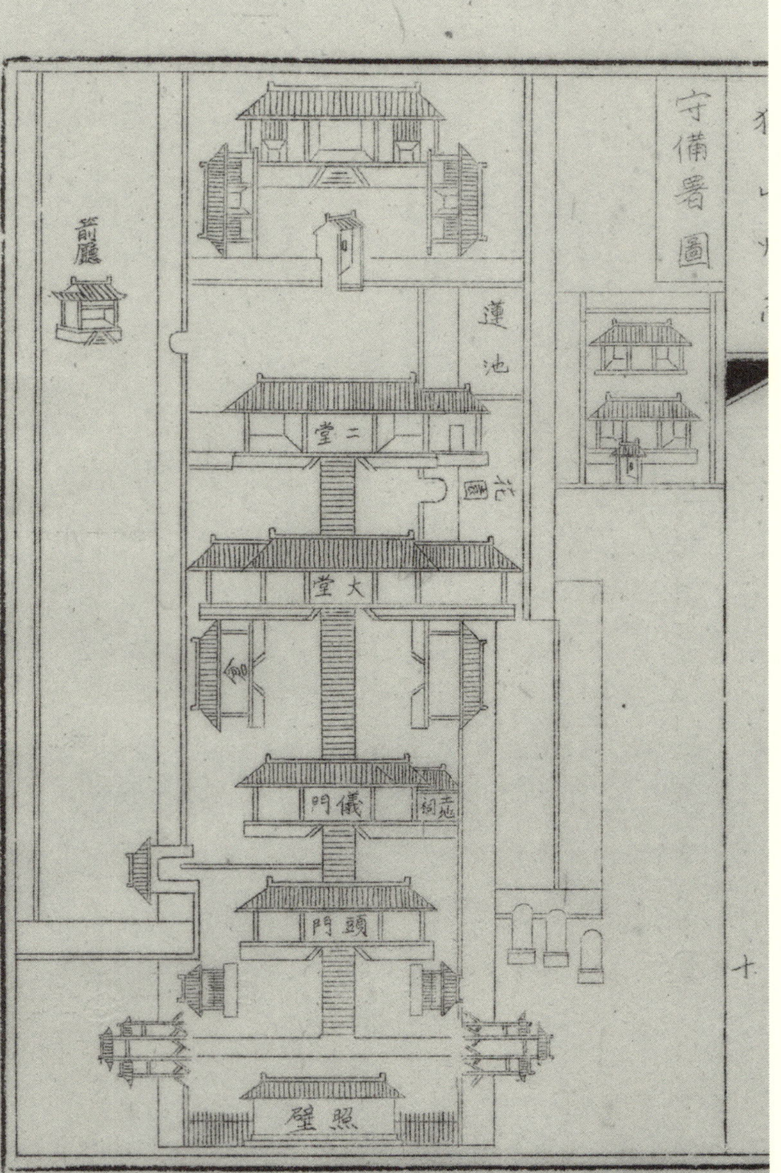
守備署圖
前廳
蓮池
二堂
花園
大堂
儀門
頭門
照壁

守備署圖説

大西門内新營盤地勢最軒豁明時土司結廬處也雍正乙巳獨山汛千總上更設守備州牧俞大坤僅領帑草創二堂以外公廨其内署守備單世元建乾隆戊午移遊擊駐劄改為遊擊署棟宇尚隘己卯護篆馬建功重修如今制觀瞻乃壯嗣是遊擊姜必昌文雅有羊叔子風蒹筆墨精良於訓練之暇鋤壯丹園濬荷花池至今芬芳踞一州勝概甲申仍移守備駐劄為守備署蓋復還故物云

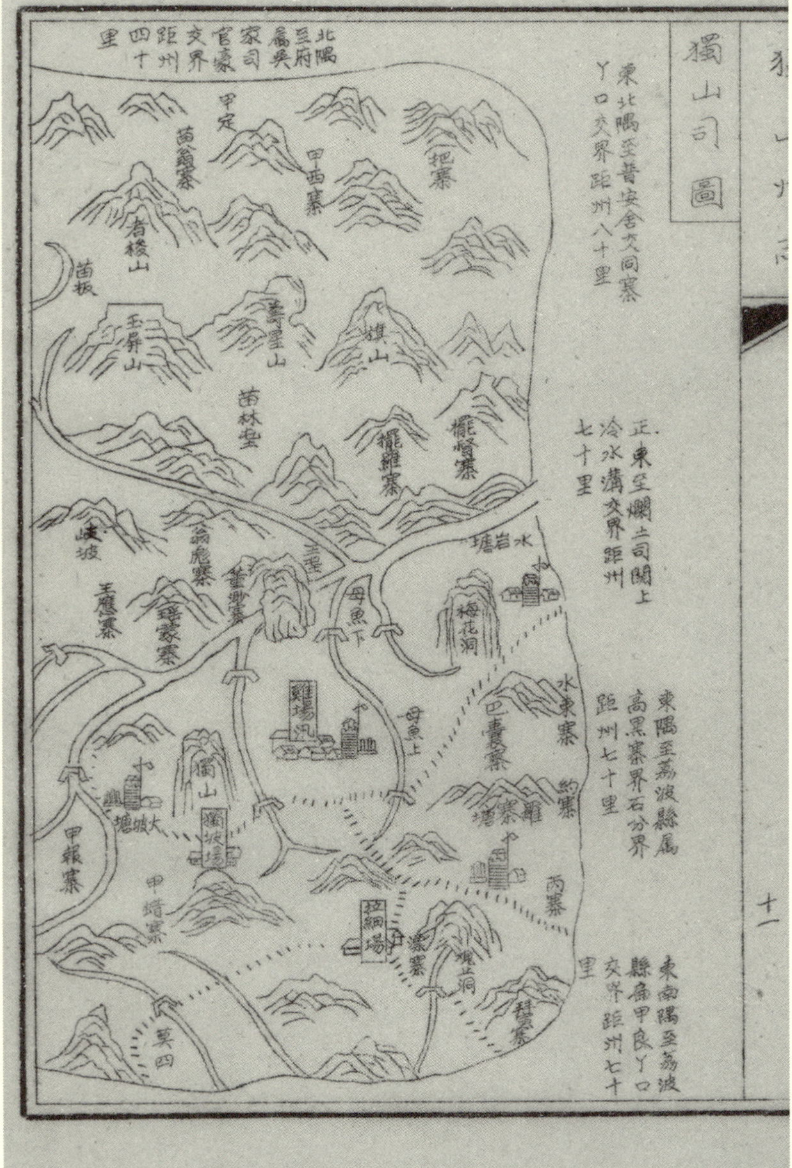

獨山司圖

東北隅至普安舍交同寨丫口交界距州八十里

正東至爛土司關上冷水溝交界距州七十里

東隅至荔波縣屬高黑寨界石分界距州七十里

東南隅至荔波縣屬甲良丫口交界距州七十里

北隅至府屬兵家司官寨交界距州四十里

十一

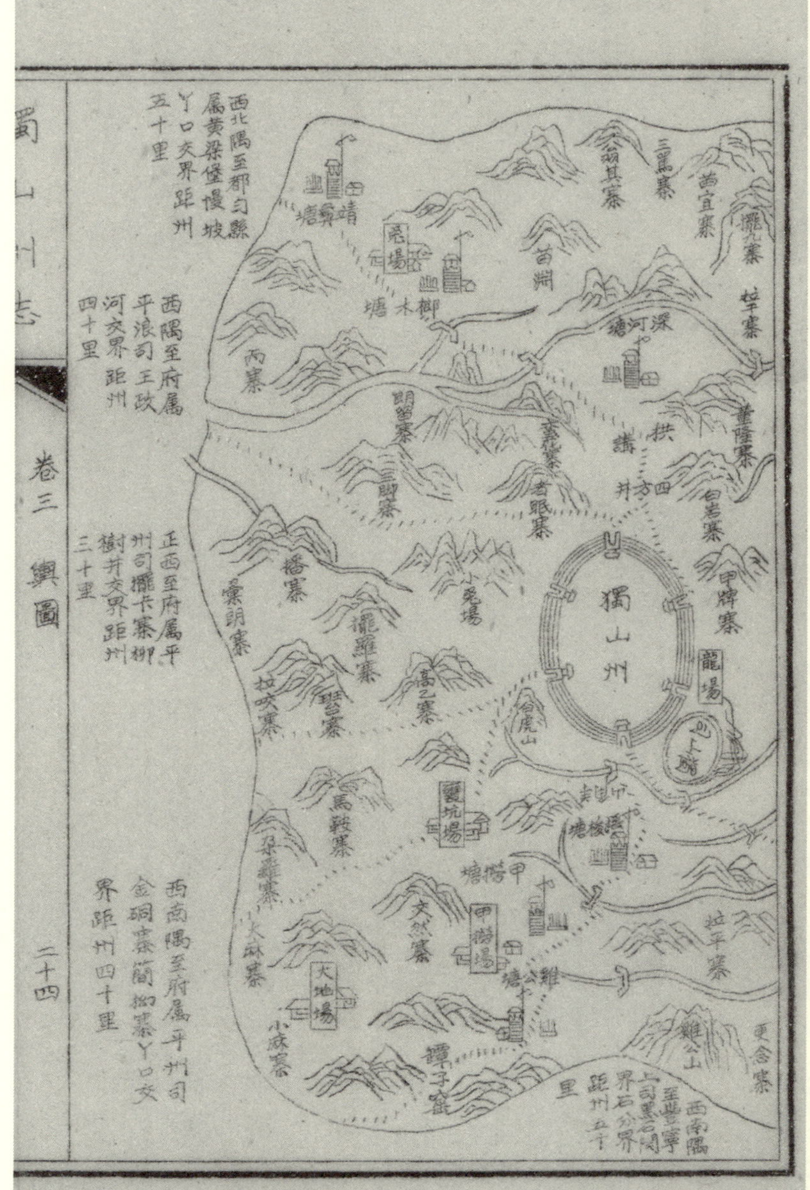
獨山州志
卷三 輿圖
二十四
西北隅至都匀縣屬黃渠堡慢坡丫口交界距州五十里
西隅至府屬平浪司王政河交界距州四十里
正西至府屬平州司擺卡寨鄉樹井交界距州三十里
西南隅至府屬平州司金硐寨簡拗寨丫口交界距州四十里
西南隅至豐寧上司黑石關界石分界距州五十里
獨山州
龍場
深河塘
苗州
甲捞塘
甲捞場
大地場
雞公塘
雞公山
播寨
高之寨
馬鞍寨
文然寨
大麻寨
小麻寨
三黑寨
拉吠寨
甲牌寨
更舍寨

獨山司圖説

在城南二里古都掌蠻地屬新添葛蠻安撫司元時平於也速帶兒明平於何福程信弘治時雖改司治設州然牧斯土者向皆坐鎮事權半握於各司而蒙司倍甚康熙中州牧趙完璧以廉幹馭之嗣是乃不敢與州牧抗衡亦不敢蹂躪我士民邇日奉上倍加恭順是皆

聖朝化洽無外諸州長撫字有法而應襲子孫綿綿亦得保家之道云其八埲地方較洪武初原設九埲因有

九名九姓今昔亦少變矣通州名勝地環遶其間蓋天地之靈秀鍾爲山川山川之靈秀毓爲人物生其地者如余顯鳳黄金鼎蔡希端萬民欽輩以及諸節義男婦彰彰在人耳目孰謂人之傑非地之靈哉

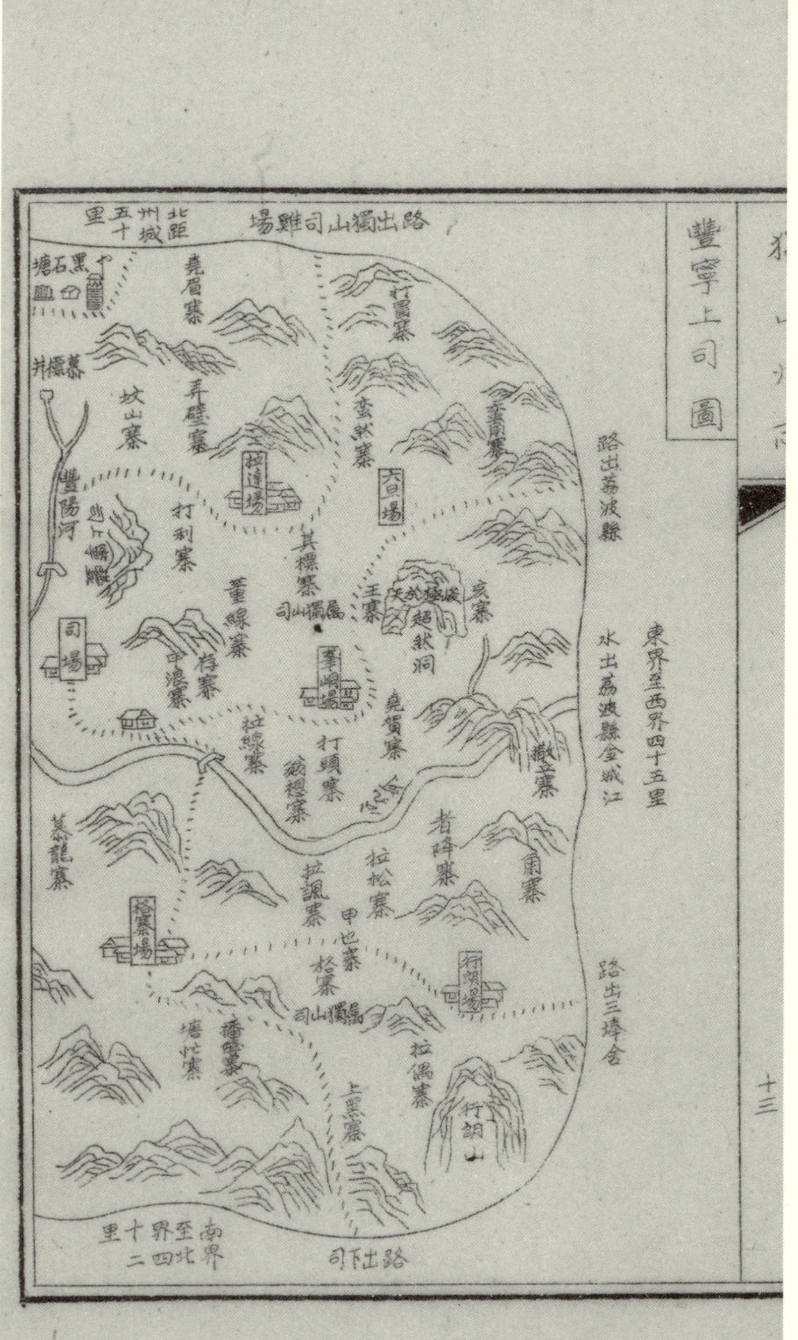
豐寧上司圖
路出獨山司雞場
北距州城五十里
路出荔波縣
東界至西界四十五里
水出荔波縣金城江
路出三埲舍
南界至北界二十四里
路出下司
十三
豐陽河
司場
拉塘場
六旦場
峯峒場
格寨場
打利寨
其標寨
董綠寨
拉綠寨
打頭寨
拉松寨
者降寨
甲也寨
上黑寨
拉偶寨
行朝山
蠻然寨
坟山寨
弄壁寨
撒立寨
屬獨山司
慕龍寨
塘忙寨
打冒寨
超狀洞
王寨

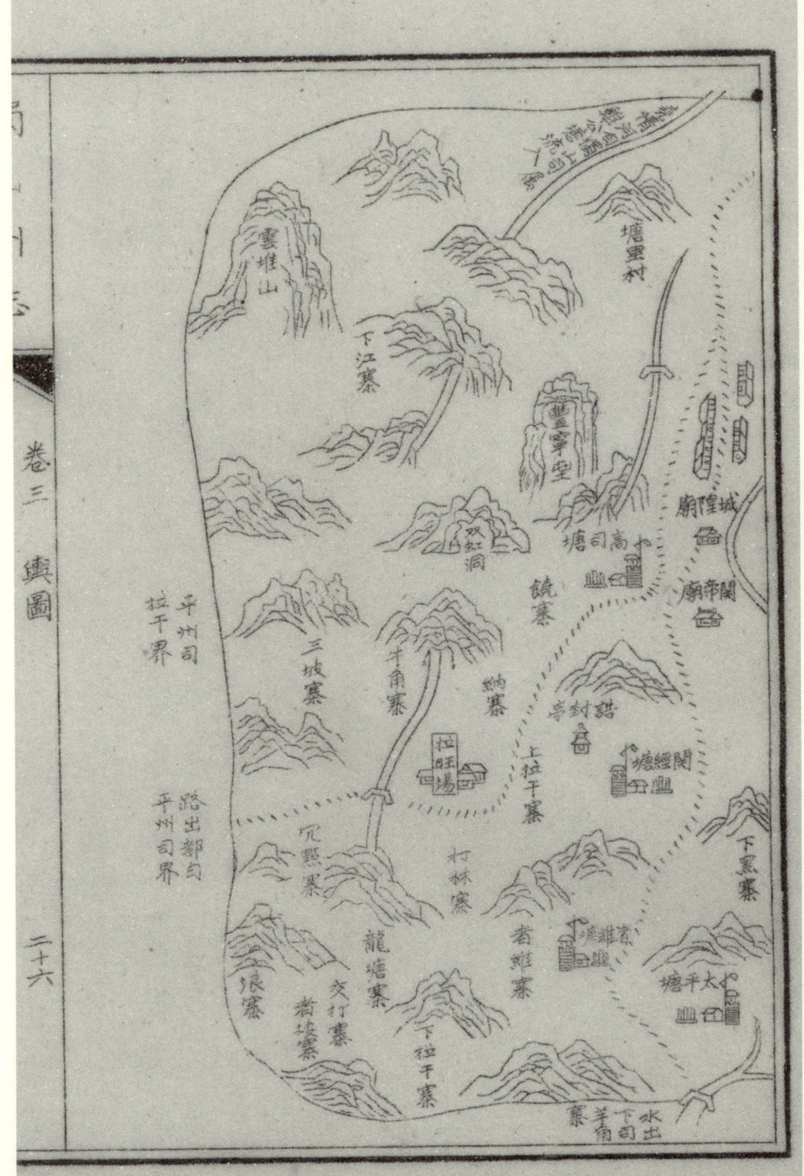
卷三　輿圖
二十六
雲堆山
下江寨
塘里村
豐寧里
双虹洞
饒寨
三坡寨
牛角寨
納寨
拉旺場
上拉干寨
平州司
拉干界
路出都匀
平州司界
冗懸寨
打林寨
下黑寨
龍塘寨
者雖寨
浪寨
文打寨
者坡寨
下拉干寨

豐寧上司圖說

在城南五十里豐陽一河尚稱匹練長拖餘水出入石穴行地未遠不堪言河大約與下司三棒等兵防猶之普安但沿途設塘而汛官居別司遥制毋乃普安去巴開汛甚近而上司居州境腹内可無他慮耶獨山司其標寨格寨插入其内相傳係前明土官嫁娶粧奩資然則當年土官之專恣可知矣超然洞擁秀於東雙虹洞鍾靈於西則亦堪近玩者嘗試登行朗以望古元爲定雲安撫司地明顧成勦平三藍之

遺跡在焉圖不特楊泰有峯峒陸光翁之奏芬芳史

册也

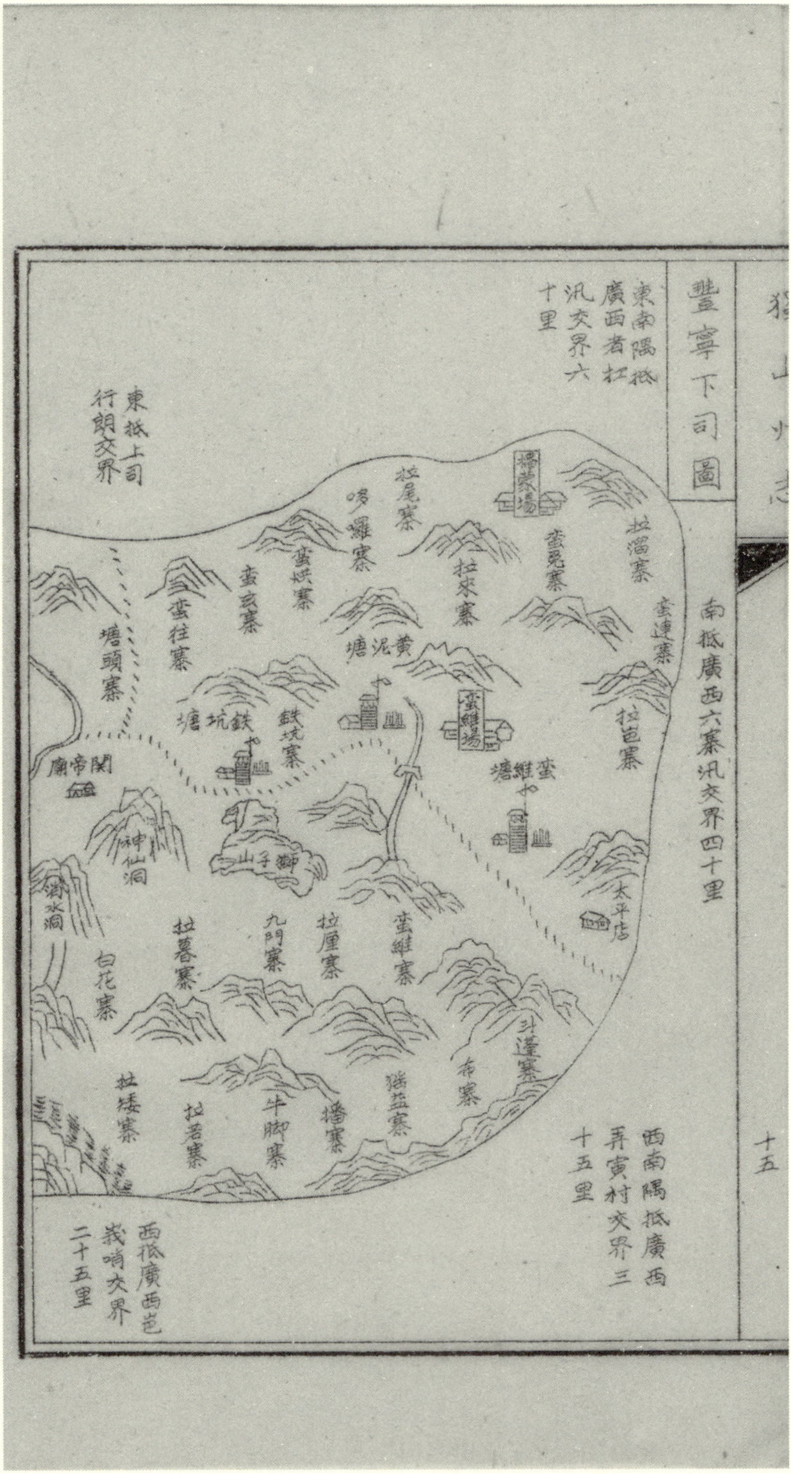

豐寧下司圖

東南隅抵廣西者扗汛交界六十里

東抵上司行朗交界

南抵廣西六寨汛交界四十里

西南隅抵廣西弄寅村交界三十五里

西抵廣西芭栽哨交界二十五里

拉尾寨　哆囉寨　蠻妖寨　蠻哀寨　蠻往寨　塘頭寨　拉來寨　蠻兎寨　拉溜寨　蠻連寨　拉芭寨　黃泥塘　蠻維塲　蠻維塘　鉄坑寨　鉄坑塘　關帝廟　獅子山　神仙洞　滴水洞　太平店　白花寨　拉暮寨　九門寨　拉屋寨　蠻維寨　斗蓬寨　布寨　猫盃寨　播寨　牛脚寨　拉若寨　拉矮寨

十五

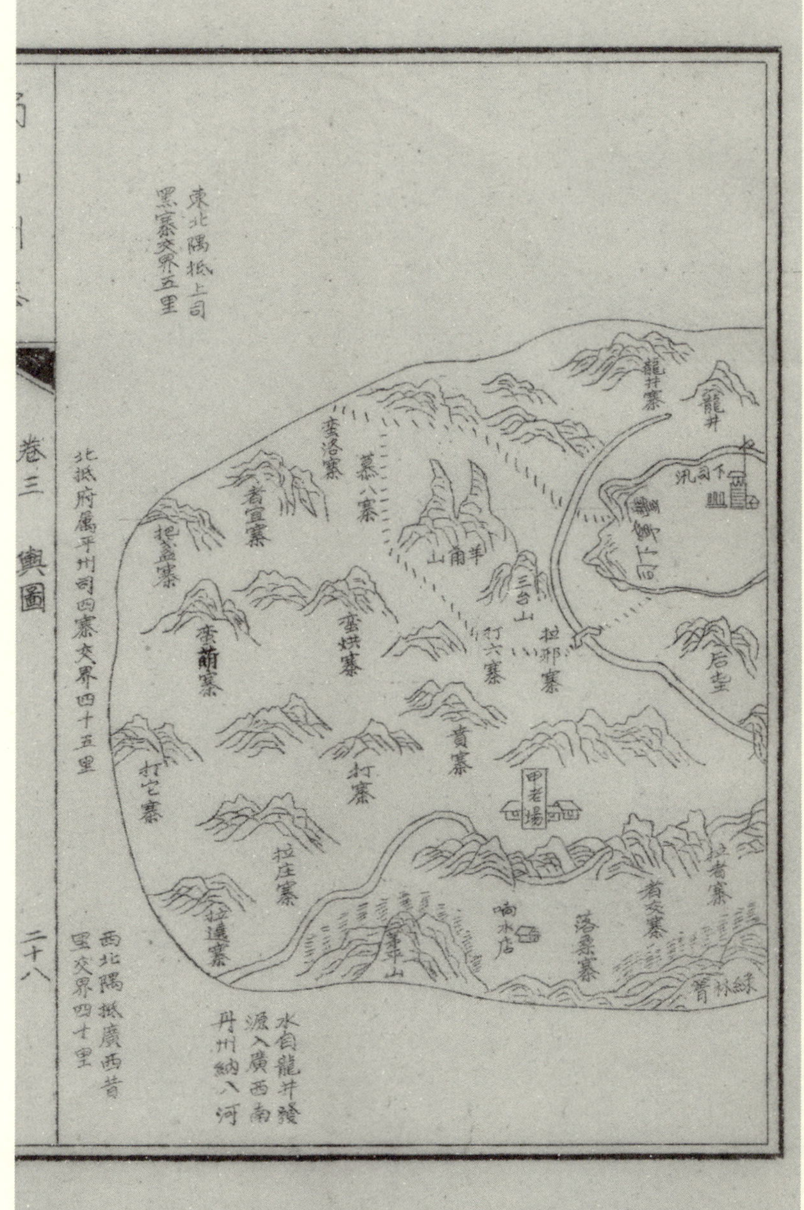
卷三　輿圖
二十八
東北隅抵上司
黑寨交界五里
北抵府屬平州司四寨交界四十五里
西北隅抵廣西普
里交界四十里
水自龍井發
源入廣西南
丹州納八河
龍井寨
龍井
下司汛
蠻洛寨
慕八寨
者宣寨
把盃寨
羊角山
三台山
拉那寨
打六寨
蠻烘寨
蠻萌寨
貢寨
打寨
打宅寨
甲老場
拉庄寨
拉進寨
拉者寨
者交寨
落桑寨
响水店
綠林箐

豐寧下司圖說

在城南九十里處州境之極南周遭地方分三牌萬曆四十一年割東偏一牌立三埲土舍存兩牌分內外中三亭其餘烟村尚多土官族人名曰舍家雞犬桑麻之盛誰曰狹隘邊幅哉羊角兩峯亦既崢嶸矣獅子一峯亦既懸峭矣神仙洞尤極靈怪雍正時州長陳于中偕勾武員陳綸唱和其間稱韻事焉東西南三面皆接粵西之南丹各村寨明龍洛道誘泗城農民於鐵坑一帶肆行殺掠蓋地相近則勢易牽引

然則長駕遠馭恩威並濟俾土司不敢肆志滋擾斯輯柔之道得矣無已大康職思其居吾於牧斯土者進一解云

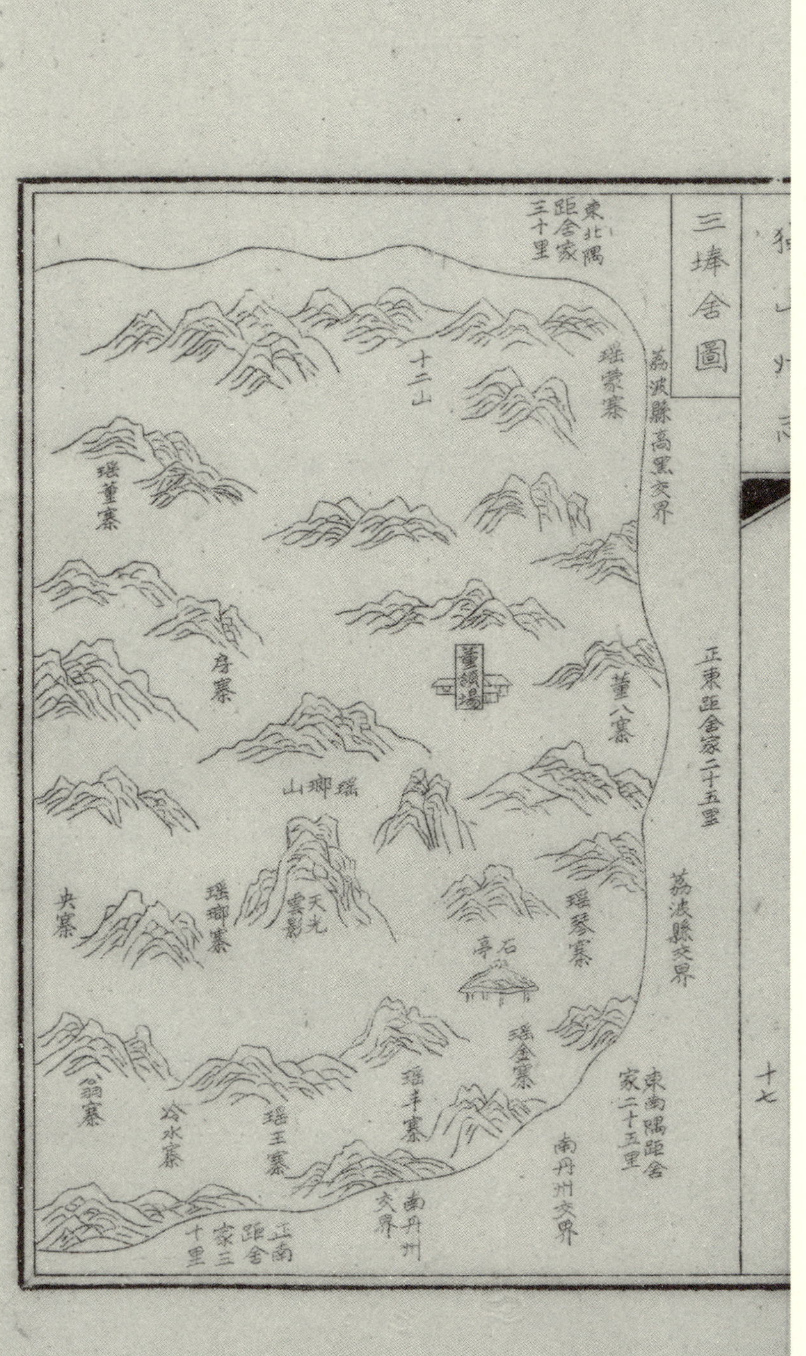
三埲舍圖
東北隅距舍家三十里
十二山
瑤蒙寨
荔波縣高𡖖交界
瑤董寨
董頭場
序寨
董八寨
正東距舍家二十五里
瑤瑯山
瑤瑯寨
天光雲影
央寨
瑤琴寨
荔波縣交界
石亭
瑤金寨
羽寨
冷水寨
瑤王寨
瑤手寨
東南隅距舍家二十五里
南丹州交界
正南距舍家三十里
十七

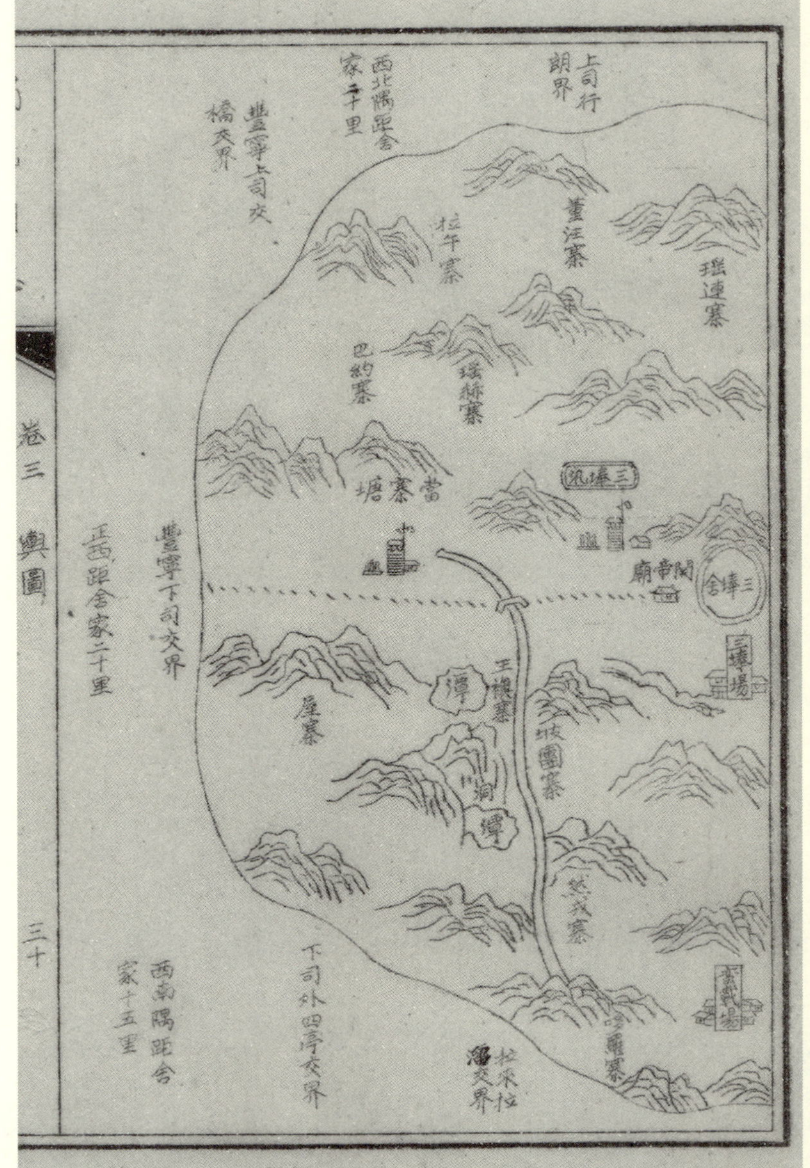
卷三 輿圖
三十
上司行朗界
西北隅距舍家二十里
豐寧上司交橋交界
董汪寨
瑶連寨
拉午寨
巴約寨
瑶赫寨
當寨塘
三墷汛
關帝廟
三墷舍
三墷場
豐寧下司交界
正西距舍家二十里
王硐寨
屋寨
坡園寨
洞
然戎寨
下司外四亭交界
西南隅距舍家十五里
拉采拉交界

三棒舍圖說

從下司析置在城南百二十里以黎何責三姓得名近益莫姓一棒然三棒之名終仍其舊東南界荔波南丹西北界上下二司以四姓土目分住又分九墻輸徵納賦規模殊井然矣山有瑶瑯其東南十里岩漿所結四柱兩簷瓦脊瓦溝宛然石亭焉王襖穿明洞一潭澄泓於洞頂一潭清淨於洞腹昔年陳于中陳綸亦有題咏跡然戎諸村自古多産草竊雖地氣使然而人之防閑亦有不可稍疎者

卷三 輿圖
三十一

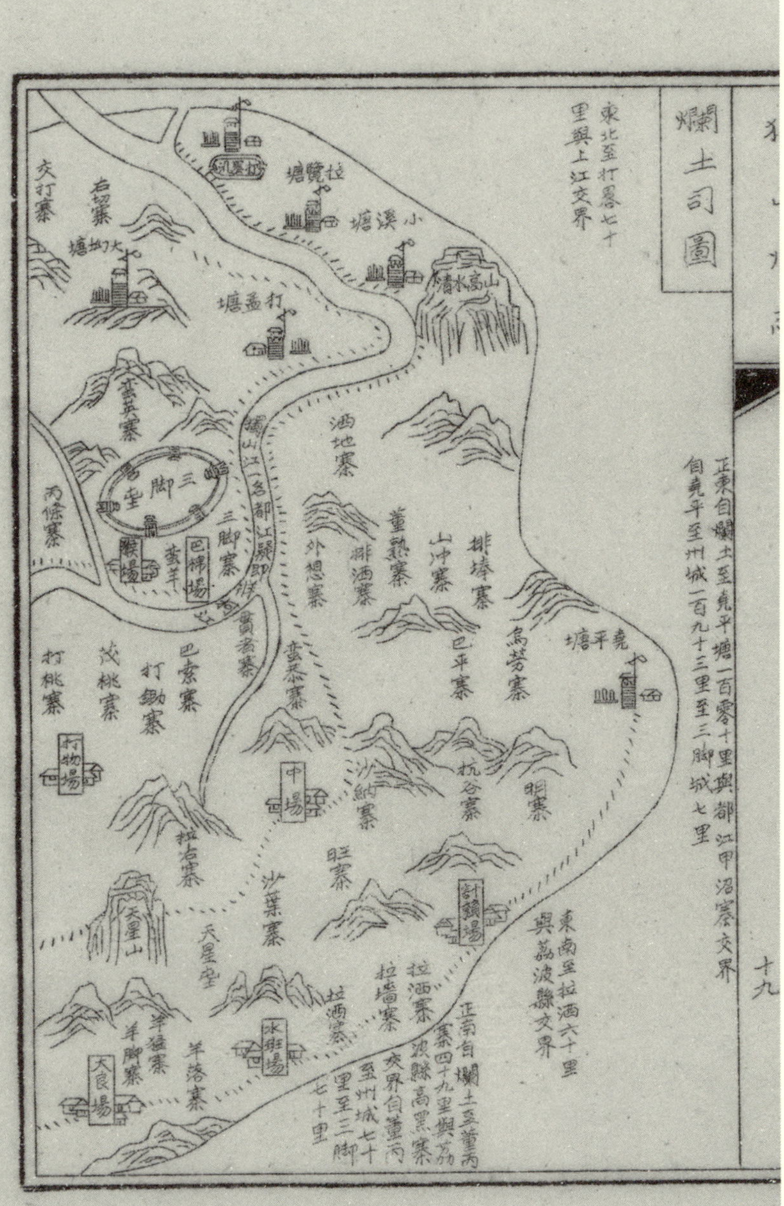
爛土司圖
東北至打㕑七十里與上江交界
正東自爛土至堯平塘一百零十里與都江甲沼寨交界
自堯平至州城一百九十三里至三脚城七里
東南至拉洒六十里與荔波縣交界
正南自爛土至董丙寨四十九里與荔波縣高黑寨交界自董丙至州城七十里至三脚七十里
十九
三脚城
獨山江一名都江
小溪塘
高山水清
打孟塘
拉覽塘
大坳塘
交打寨
右坝寨
蠻兵寨
丙條寨
三脚寨
巴㫆場
酒地寨
董熟寨
排洒寨
山冲寨
排棒寨
外想寨
烏勞寨
巴平寨
堯平塘
打桃寨
茂桃寨
打㔁寨
巴索寨
打物場
中場
抗谷寨
明寨
納寨
拉右寨
旺寨
沙葉寨
天星山
天星堂
拉洒寨
拉墻寨
拉洒寨
水㴱場
羊猛寨
羊脚寨
羊落寨
大良場

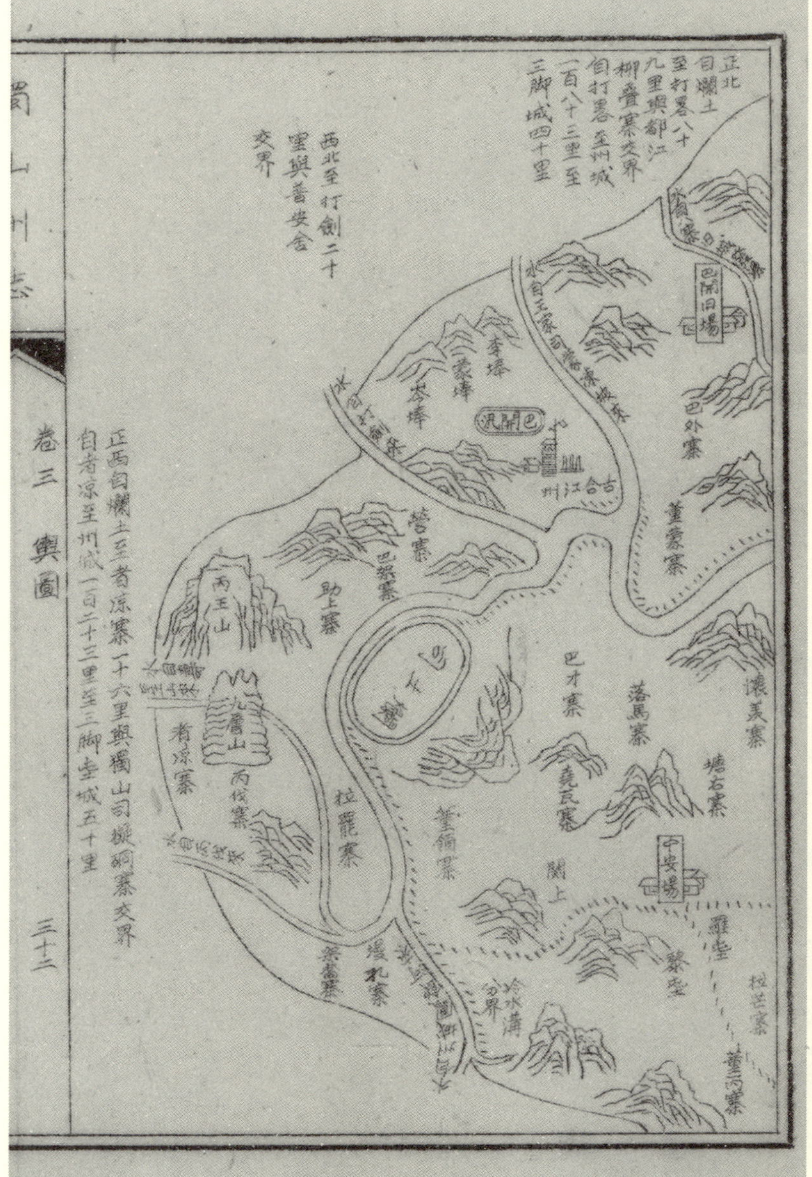
卷三　輿圖
三十二
正北自爛土至打署八十九里與都江柳疊寨交界自打署至州城一百八十三里至三脚城四十里
西北至打劍二十里與普安舍交界
正西自爛土至者涼寨一十六里與獨山司擬硐寨交界自者涼至州城一百二十三里至三脚壹城五十里
巴開旧場
巴開汛
古合江州
李埲
蒙埲
本埲
巴外寨
董蒙寨
濃美寨
塘石寨
落馬寨
巴才寨
堯瓦寨
中安場
關上
董銅寨
拉芒寨
冷水溝
分界
拉龍寨
擺札寨
丙伐寨
者涼寨
九層山
丙王山
助上寨
巴架寨
營寨

爛土司圖說

在城東九十里司治前水聲潺湲即合江上流也苗民好事自昔然矣明代屢糾結凱口與他種種劫掠者無論即如乜富架案乜富架明史云都勻苗輩出通志大事紀云爛土蠻不有鄧廷瓚顧溥王通吳倬數君子孰克削平之成改土設州盛舉哉上溯宋元屬廣西思明路時置合江陳蒙二州亦但羈縻勿絕而已

國朝設巴開三脚打畧各汛並設州同分駐其域固以獨山江舟楫上下水陸通衢須眾官彈壓亦以地接

新疆狄狆黑苗雜處曩多不靖防範不容不密蓋消

反側於未形思患預防之道也

普安全圖
二十一
東北抵八寨雞賈交界四十里
正東抵都江順德營抵甕寨交界八十里
八寨排道寨交界
八寨羊甲塘交界
水自八寨旧城下發源
水自八寨者良發源
水自大營高坡脚發源
陸地
陸地
三台峯
岩寨
苦竹寨
平寨
同場
蛇場
高同寨
高𡍬寨
使牛寨
也非寨
同是寨
烏拉寨
羊忙塘
拉毫寨
王家寨
者綫寨
觀音洞
土地關
巴𥦗寨
田
東南抵爛土司蠻工寨交界三十五里
正南抵巴開汎交界三十五里

卷三　輿圖
三十四
太平汛界口三十五里
水自王家司套裡發源
西北抵都勻屬王家司套裡交界五十里
大山箐
陸地
田
外朋寨
上沃坐
冀基寨
交同寨
拉高寨
慕上寨
兄金寨
四十寨
陳家坡古
陳蒙州
苗基寨
盧来寨
的刁岩
巴潭寨
烏工
迴龍觀
陸地
馬場
塘印寨
羊能寨
慕同寨
七里冲
新寨
巴開界口
水入合江
家福堂
鼠場
水自獨山苗翁發源
正西抵獨山五庄交界五十里
西南抵爛土司者凉交界五十里
打劍寨

普安舍圖説

康熙二十一年分爛土之東南隅為普安舍去州城百四十里境東接都江北連八寨割夭壩土司所轄各苗寨其中於獨山為真苗疆土舍爭襲世代相承苗民頗恭順交梨一帶由郡赴古州道上往來風景可見也水源出八寨套裏左右逐層夾抱而灣注合江以轉趨三脚普奎山勢尤陡絶復有大箐山阻深險僻向為生苗盤踞巢穴陳蒙坡連岡叠嶂舊營及廢州頽垣猶彷彿在焉觀斯圖也能勿望古遥集與

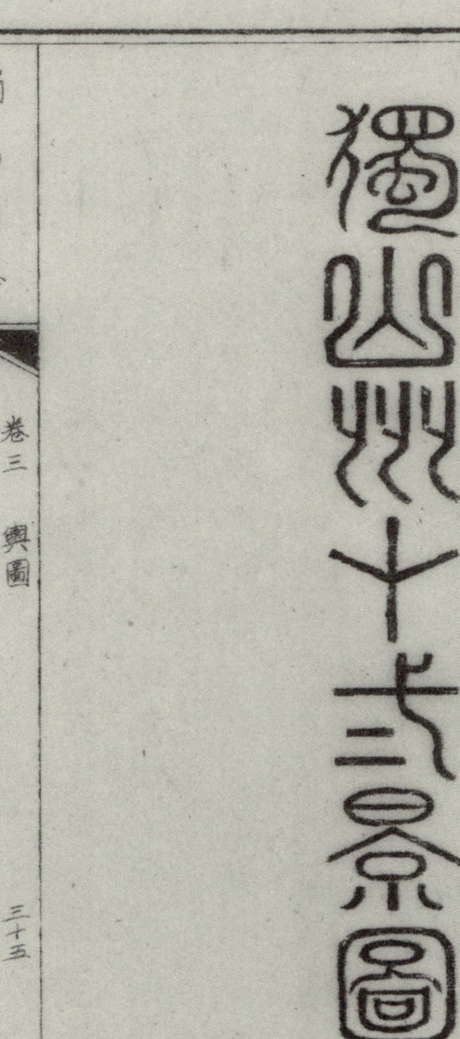
獨山州十七景圖
卷三　輿圖
三十五

獨山十二景曰獨山曉翠曰東璧文峯曰枕岡飛鳳曰羊角斜陽曰龍泉噴玉曰噴瀑梅花曰古塘雲島曰雙谷飛雲曰涼泉琵韻曰靈巖競秀曰晶簾濺雪曰三峯凌波舊志載八景曰獨山曉翠曰文峯夜月曰南樓映月曰枕岡飛鳳曰羊角斜陽曰龍泉噴玉曰巖洞若梅闕其一寨南樓久廢今列入古蹟復闕其一又文峯爲州人士發祥休徵夜月氣象殊未大光梅花洞以噴瀑含有瓊英得名非洞似梅花故皆易今

名餘四景名仍其舊因念此地山水之佳迴非他處童阜比爰集商州人士復八景數採訪所得乃更過之躬親勘核芟艾存留仍多舊景之四補錫嘉名如右然亦姑據足跡所經愛莫能割者名之爾夫以彝獠叢集之地跬步皆山一經探索而靈秀紛呈如此然則黔中佳山水堪稱名勝而湮没於僻壤窮谷者又不知凡幾矣

獨山曉翠
二十四

獨山曉翠圖説

自大坡環繞至冠山獅山層巒叠嶂中陡開生面四維平陽一山獨立高數百丈許山身巉巖細竹頂結小峯三面開數丈平臺清泉湧出甘冽可飲登峯遠眺周遭數十里村落密布阡陌綿延秀木喬林蒼翠欲滴恍置身武陵桃源也俯視龍德一河北自支谷南自巒歪發源迴環掩映間時而水光瀲灧時而山色空濛雖非西湖勝概而宜淡宜濃亦大可人意焉州以山得名然訪遺跡於其麓已無存者已

東璧文峯
明倫堂
二十五

東壁文峯圖説

在東城外望城坡北拱明倫堂其南則筆架山天然相配每多士操觚時情興往來煙雲在望其揮毫落紙自有大筆淋漓雲蒸霞蔚之觀允爲獨陽人文化成之兆術者又云竇序缺巽峯乾隆乙丑州人即巽方構文昌閣傍城垣爲基址嵌空傑出踞一州之勝概登高遠眺崇山叠嶂中萬家烟火宛在目前蓋以人工補天工之缺遂成雙峯寫照云

枕岡飛鳳
飛鳳井
鳳凰河
二十六

枕岡飛鳳圖説

在城西二里岡陵綿亘岡以東為白虎塋西為飛鳳山岡上聳峯頭嶺勢中分若鳳昂首舒翼欲飛狀與對岸羊角峯兩兩競秀山下有井湛然一脉曰飛鳳井其泉流與水鏡潭之下流相會成渠曰鳳飲河即合江上流也隔河岸村落疎密相間良田千頃資河渠灌溉田畔多異石天氣晴和則霞光掩映宛然五色成文時而凝煙帶雨亦復光怪離奇豈山形似鳳即有鳳之靈附之故若水若石皆呈鸞鷟之祥歟

羊角斜陽
二十七

羊角斜陽圖說

在城西南一峯斜出有若奔觸態父老相傳明時祚打與舒乜各撫孤爭襲土職結營對壘於其上地形之相招固有然與復傳康熙辛巳烏雲繚繞中飛龍從此騰空而上則其名為羊角者又不相屬或者崢嶸之象又類龍角且與飛鳳山遥對龍鳳呈祥理或然與峯左右前後巉巖怪石攢靈簇秀每夕陽返照則影倒山陰光摇溪畔樹籠暮靄林噪歸鴉百道餘霞與城中烟火相映帶精采奕奕可當畫圖焉

龍泉噴玉
玉屏山
三台山
龍塘
二十八

龍泉噴玉圖說

城東北隅高巖山萬仞壁立起伏綿延凡數里第一層為玉屏次為三台稍下半山人家倚雲結寨竹木田園頗奥衍數折而下則龍塘一泓渟瀠沆瀁不敢逼視泉出塘暗流為澗溪凡幾轉至磐石始吐出斜流石面十餘丈至石唇懸流而下高掛十丈許遥望如球琳如瑯玕一片精光照耀幽巖間按天下瀑布之奇無過廬山在黔安莊之白水河最著此泉雖較遜然甫經出谷不染塵氛名曰噴玉貴之也

噴瀑梅花
二十九

噴瀑梅花圖説

在城東南五十里舊名梅花洞巖山壁立間洞口高懸水自洞口噀出小小瀑布中含有絡繹雪英宛放雪天梅花風吹片片岩下石板斜倚瀑布所衝勢激噴飛又似落地梅花洞有三夏水漲三洞爭流疑在孤山道上水邊林下繽紛掩映光景秋冬水涸一洞飛出宛然踈影横斜格韻更高往來行人斜立小橋遥望每流連不忍去玉雪為骨冰作魂真堪持贈矣

古塘雲島
三十

古塘雲島圖説

在城南二里澄清瀲灩瀠洄數十畝有嵲峯突出左跨小橋中有小島二雲霞出没隱見無常周遭叠石奇怪臨流觀之但見風縐波紋烟鋪練色上下涵映而游魚出没鷗戲鷺浴往往交錯於青蘋緑藻之間近塘人家絳桃緑柳古桂蒼松亦復緣堤掩映登高而望則沿塘左右為陵阜為川原嵐光雲氣舒卷不一烟村繡錯緑暗紅稠與塘頭煙波映帶一派蒼翠景色或從樹杪飛來或自溪邊吐出大是清絶

雙谷飛雲

雙谷飛雲圖説

在城南六十五里粤西往來通衢近洞村落曰漂寨彝狆所居寨前奇峯錯出如碧玉簪峭拔崢嶸迥異尋常峯勢蜿蜒而下直至洞口一種蕭爽之致未見洞時已令人心開目朗洞口石梁高跨名飛虹橋橋下波瀾自洞湧出洞有潭名月窟澄泓洸漾莫測淺深周圍旋環崛曲釣石玉柱曲盡巧妙雲乳凝結萬竅玲瓏真小有清虛之天也

涼泉瑟韻
涼泉
瑟山
三十二

凉泉瑟韻圖説

鳳飲河流至扯風坳下繞而曲如往而復羅帶之象呈焉帶上為往雞場道道上亭二右曰社亭左曰凉泉亭泉甚甘且能滌暑即湧亭旁峭壁間流入於河聲淙淙洵天然雅奏其對岸小山又狀類琴瑟彼往來憩息其亭者日不知幾過客然唯曠懷遠寄者乃能領取高山流水之清音儵然自在松石間

靈巖競秀
三十三

靈巖競秀圖說

城南五十里孝感橋下兩岸懸巖峭立右巖峽色如玉高聳直下有類削成左巖有石色若棕樹宛似龍形首昂尾掉作出水欲飛狀龍上巖唇撳舉唇下雲溜簇擁作灰色西折而上可十餘丈仍結雲溜而意態各別又西折而上約十丈兩巖上下間石人中立有若身撐乾坤狀再上約五丈玉笋參差橫空一林其旁小石縱横蟠踞類獅象呈奇現巧皆水溜漿滴蘊結而成謂非造化之靈不至此故名之曰靈巖也

晶簾濺雪
三十四

晶簾濺雪圖說

城南小河長壽橋下石門潭有石柱二高十丈許左右上下偶立中如門坎河水從坎懸流十餘丈平鋪排下高空作飛簾狀較他處瀑布或一幅或數幅各各長分態迴別其簾脚衝激潭頭翻起雪花排堆琉璃錯落珠璣時或騰雲帶雨飛灑兩岸每濕過客衣裾奪目醒心乃平流而下瀑布中又現一奇觀也

三峯凌波
三十五

三峯凌波圖説

鎖東關河口岡巒上聳秀峯三雖中峯較遜而圖勺適不相亞周環石痕層層有若大帶東身旁峙石筍如削成玉片可數丈下臨萬丈深溪衝突濤頭可望而不可即惟海上神山差依稀彷彿每從對岸遥觀殊令人飄然有振衣千仞岡濯足萬里流之概

論曰全圖繪獨陽之情形諸圖繪獨陽之眉目而圖之渾涵者又各爲圖説以發明之然則覽斯圖者不必登白虎之巔而學校營盤城郭廨舍皆可洞若觀火而深思文德武功之何以建於時不必造雲堆之巔而三脚坉及四司二舍皆可瞭如指掌而深思漢官土吏之何以稱其職不必如靈運子厚之遨遊而古塘諸勝境皆不啻涉足而寓目可以陶情而淑性且因以識夫天地之精英鍾毓靡遺而人之生其地遊其

境者尚其克自振拔俾地以人傳毋令奇山異
水長此寂寞焉則得矣寧區區覽圖而較量寫
意之肖似乎哉

獨山州志卷之三

地理志

建置

獨山在黔中，於今日爲舊苗疆。載考新舊省志，或云貴州之名始於宋宣和以田祐恭加貴州防禦使，或云自元時順元路之貴州等處始先是中丞田蒙齋《黔書》云始於元置八番羅甸等處軍民宣慰使及都元帥府於貴州，又省志載晉天福五年都勻酋長尹懷昌率其十二部附

於楚馬希範則都雲得名及內附反在貴州前

也獨山闢於元更張於明其始設土司猶羈縻

之耳弘治間改流土司仍專擅自恣流官名曰

撫綏多同贅旒洎及我

朝設官定制鈐束化導駸駸乎一道同風之盛焉

志建置

唐虞夏

梁州南裔荆州西鄙

商

鬼方化外

周

荆梁雍三州西南裔

秦

黔中外地

漢

牂柯外地

五代

楚之外境

隋

明陽郡南裔

唐

黔州外地

案廣輿記都勻府古西南夷地獨山勻之邊

裔唐以前未見圖史爰據輿地方里志其大

畧

宋

王希曾志爛土長官司宋置合江陳蒙二州爲

羈縻州衛撫軍通志因之

案宋史地理志未載合江陳蒙二州名舊通

志想採王希曾之説新通志已疑其無據云

元

元史新添葛蠻安撫司所轄有獨山州續文獻

通考元置獨山州軍民長官司屬新添葛蠻安

撫司王希曾志莫舜鼐志俱因之衛撫軍通志

元爲獨山蠻彝長官司張制軍通志元爲獨山

長官司

案獨山之名始於元其稱州者或係土州故通考通志皆以長官司言之歟

元史新添葛蠻安撫司所轄有陳蒙大事紀元至元二十九年癸丑設陳蒙爛土軍民安撫司續文獻通考合江洲陳蒙爛土長官司元為都雲安撫司地案通考一書內於獨山州之後既載合江洲陳蒙爛土長官司又於廣西思明路載陳蒙州合江州注云元置考明史地理志載獨山州領合江洲陳蒙爛土長官司又載獨山即合江洲陳蒙爛土長官司地又載顧成招諭合江州十五寨來歸同此一書而其說互異且洲州岐出今考明一統志載合江州陳蒙爛土長官司注云元置合江州及陳蒙

三

軍民長官司王志新舊通志皆載合江廣輿記
陳蒙二州洲字之誤無疑餘俟參考
合江注云元都雲地王希曾志元改合江陳蒙
二州隸恩明路定雲府棊横雲山人史稿都勻府注元都雲定雲二府
尋改二安撫司王志合江陳蒙二州隸定雲府本此通考因之又云合江洲陳蒙爛土長官司
元為都雲安撫司地合置陳蒙蠻彝軍民長官司莫舜鼎
志因之衛撫軍通志元改置定雲府領合江陳
蒙二州隸恩明路
案爛土司在元時通考通志王志皆謂有合
江陳蒙二州而元史大事紀未載合江廣輿

記又未載陳蒙

續文獻通考豐寧長官司元為都雲安撫司地

王希曾莫舜鼐志俱因之

明

續文獻通考洪武十六年改獨山州軍民長官司為九名九姓獨山州長官司明史獨山州本九名九姓獨山州長官司洪武十六年改屬都勻衛入都勻（案此獨山司之始）王希曾志因之又云永樂十七年隸布政司尋屬衛莫舜鼐志因之

四

續文獻通考廣西思明路注洪武十六年改合江陳蒙爛土長官司王希曾志洪武二十三年改合江陳蒙爛土長官司隸都勻衛永樂十七年改屬布政司莫舜鼐志因之

明史豐寧長官司注云洪武二十三年置王希曾志洪武二十八年改豐寧上下長官司隸都勻衛案通志載豐寧二司洪武二十三年楊萬八授豐寧上長官司楊萬全授豐寧下長官司永樂十七年改隸布政司莫舜鼐志因之

案獨山州自元至明弘治六年以前皆係各

土司地

弘治七年甲寅允貴州巡撫鄧廷瓚之請改獨山司爛土司豐寧上下司歸流即獨山司治設獨山州或云並設吏目於是獨山州領吏目一獨山司一爛土司一豐寧上下司二

案明史弘治七年都勻苗乜（音迷）富架長脚等作亂勅鄧廷瓚（案廣輿記鄧廷瓚字宗器巴陵人謚襄敏）提督軍務同湖廣總兵官顧溥貴州總兵官王通等討之副使吳倬遣熟苗詐降富架誘令入寇

伏兵擒其父子官軍乘勝連破百餘寨生縶
長脚以歸聾蠻震慴廷讚言都勻清平舊設
二衛九長官司其人皆世祿自用其法恣虐
激變苗民亂四十餘年令元兇就除非大更
張不可請改為府縣設流官與土官兼治庶
可久安因上善後十一事帝悉從之遂設府
一曰都勻州二曰獨山麻哈縣一曰清平苗
患自此漸戢論功進右都御史又案明史弘
治七年置府領州二曰麻哈曰獨山即合江

洲陳蒙爛土長官司地夫獨山本九名九姓地山囯在也何謂即合江陳蒙爛土長官司地耶明史曰獨山州本九名九姓獨山州長官司洪武十六年置屬都勻衛弘治七年五月升爲獨山州屬府北距府百五十里領縣一長官司二清平合江洲陳蒙爛土長官司豐寧長官司夫州以獨山名仍領獨山土司獨山司囯在也何云升耶至云領縣一者當别有説續文獻通考於都勻府注亦曰獨山

州領后縣一思明路注又曰獨山州領清平縣且通考内載屬府之州領縣者不但獨山州如黄平州屬平越府領甕安縣真安州屬遵義府領綏陽仁懷二縣豈明時官制然與

王希曾志弘治八年置獨山州隸都匀府移治於前元都鎮馬乃等處長官司故址莫舜鼎志因之

桊父老相傳州治原建獨山麓嗣緣蒙司物故姑媳爭襲姑祚打踞羊角𡊻媳舒乜踞白

虎坒至今梯坒而望其上蓋有壘痕云當時

以州治遠乃遷今州治近駁之通志廢都鎮

馬乃等處長官司故址在都勻府北七十里

今州治在府西南百二十里道里懸殊南北

亦異存此備考

衛撫軍通志弘治八年改九名九姓獨山長官

司爲獨山州張制軍通志因之

案明史設獨山州在弘治七年參之橫雲山

人史稿亦合王志通志言八年誤又續文獻

通考載成化十年以獨山麻哈三長官司爲州於獨山州注元置獨山州軍民長官司洪武十六年改爲九名九姓獨山州長官司成化中升爲州於合江洲陳蒙爛土長官司豐寧長官司均注云元爲都勾安撫司地洪武中改置令司成化中改令屬案自成化十年至弘治七年前後相去二十年如果成化時立州而爛土豐寧在成化時已爲其屬則弘治立州之説爲重複明史何以不先載成化

立州豈其皆土州耶王志新舊通志言設州在弘治時據明史設流言爲是

萬曆四十一年豐寧下司楊誼楊詔爭襲大將軍趙會議將下司三牌地方分三埲一牌給與楊誼之子楊允道管理爲三埲土舍有委牌

一

案獨山州領吏目一土司四自此又領土舍

一

國朝因之

康熙二十一年爛土司張大統張宏謨爭襲撫

院于撒分爛土司東北隅三牌地方給宏謨管

理爲普安土舍

叅獨山州領吏目一土司四土舍一自此又

領土舍一

雍正十二年因開新疆設上江等處營汛以三

脚坣偏近新疆路通往來直達兩粤水陸衝要

地兼有運上江下江兵米設州同一員分駐其

地以資稽查轉運等事

叅獨山州領吏目一土司四土舍二自此又

領州同一

論曰漢唐前獨山固荒徼地宋置陳蒙合江二州宋史未載王希曾之説舊通志因之新通志已疑其無據存而不論可也據元史諸書載各土司創置元時或屬新添葛蠻或屬都勻安撫迄無一定至明洪武均改隸都勻衛永樂均改隸布政司始合為一屬然不過遥制云爾土司猶然得自操縱每至激變苗民燎原之禍至為酷烈弘治間允鄧廷瓚之請設流兼治親臨土

司治體初具

國朝因之選官任事限年考績考察近而體統肅

近復增州丞與州長分理苗疆而制度大備又

不但如二土舍之因隺角而析置僅解其分爭

已也

獨山州志

十

獨山州志卷之三

地理志

疆域

營邑立城，親民守土者，各有封疆之界，蓋所以專責成也。考之《周禮》，司險掌九州之圖，以周知其山林川澤之阻，而達其道路，設國之五溝五涂，而樹之林以為阻，是以役財必移，守政必通。恐力有不足，則人得以乘其罅也。晝必三巡，夜必三鼜，恐守之不嚴而人得以投其隙也。無事

則通達其道路所以絶蠻彝負固之原有事則
藩塞其道路所以杜奸宼入侵之道獨山界黔
粵之交扼新疆之要村墟遼濶山川險阻地廣
多經畫之策人稠廛撫綏之圖申畫郊圻慎固
封守使四境之内清和咸理誠今日之急務也

志疆域

州治在都匀府西南距府城一百二十里東西
廣二百四十里南北廣二百里周圍五百二十
里由府大路四百二十里達於黔省七千六百

八十里達於
京師
城北至靖彝塘前四十五里與都勻縣屬黄梁堡界
城西北至下丙二十五里與府屬平浪司王政河界
城西至拉曉村二十里與府屬平州司擺旁村茅針坡界
又西至平左寨四十五里與府屬平州司干裕

界

城西南至上豐寧司屬冗井寨八十里與府屬平州司四寨地綠林界

又西南至下豐寧司拉者一百二十里與南丹州屬岜峩哨界

城南至下豐寧司屬茅平山一百三十里與南丹州屬劍休哨習里村界

又南至下豐寧司三脚寨一百一十五里與南丹州屬岜歹哨界

又南至下豐寧司拉來一百四十五里與南丹
州屬岜平哨落朗猺林等寨界
又南至廣西南丹土州屬六寨哨鑾同寨中分
界一百二十五里一半屬下豐寧司一半屬六
寨哨
又南出三埲一百五十五里與荔波縣屬高黑
寨界
城東南至漂寨七十里與荔波新縣扁家梁地
方界

城東至拉墻一百二十里與荔波縣屬三洞界

又東出打罟汛灣河一百八十五里與都江柳疊界

又東至高寨一百九十五里與都江順德營甕寨界

城東北至羊甲一百一十里與八寨屬羊甲塘界

又東北至排道寨一百五十里與八寨屬雞貫塘界

又東北至普安舍屬石頭寨一百二十里與府屬王家司套裡界

城北至栗木寨四十里與府屬吳家司治界

論曰獨山界内地者十四曰黄梁堡曰王政河曰茅針坡曰千裕曰綠林曰高黑曰扁家梁曰三洞曰柳叠曰甕寨曰羊甲塘曰雞貫塘曰套裡曰吳家司界外地者五曰岜我哨曰劍休哨曰岜歹哨曰岜平哨曰鑾同寨幅幀瀾矣在外者關津之出入宜嚴在内者往來之稽察匪易

其中漢彝之雜處商賈之懋遷姦宄之潛藏暴客之剽掠思患豫防其道非一是在守土者安邊懷遠設表道守路之法斯緝寧爾邦域而無意外之虞也

獨山州志卷之三

地理志

山川

山與水天作而地藏之蓋天地清淑之氣結而為山融而為川而人文之蔚起風土之醇厚物産之滋息胥於是驗焉獨山氣勢磅礴鬱積敦龎其間奇峯秀水佳洞靈巖所謂赤城霞起以建標瀑布飛流而界道者所在多有顧或倒景於重溟或匿形於疊嶂幽邃窈窕人罕登陟故

名不標於奇紀兹特遠寄冥搜遥想而存之會意而名之俾寄情山水者得以凝思幽巖朗詠長川云志山川

文筆峯在城東五里環城衆山崱屴回斜曲抱惟此峯端拱明倫堂有脱穎而出之像通志文筆山在城南六十里今查城南六十里外山似文筆者甚夥未知何指依王希曾志以此峯當之為宜

丁峯在城南鳳凰山高聳長岡之上勢插雲漢

位居於丁為學宮案山俗名雞公山者是

迴峯俗名迴龍坳又名扯風坳在城南宋家橋前山峽中山勢自高跌下橫截河流為州治南水口之關闌康熙中建閣其上術者謂州人入詞林以此閣今廢

三尖峯在城東十里捍東關水口下本一山上分三峯高百餘丈左右排成華表中峯微低體圓頂尖層層疊翠

雙貴峯俗名華表山在城北十五里共三台山

競秀於樟木河口

獅子峯巉巖昂起如獅子一在董渺一在下司

半月三星峯在普壵南五里三峯排列右山有

迴龍觀似月

筆架山在城東五里近文筆峯三峯相連左右

較遜似筆架

壽星山俗名猴兒山在城東三十里山頂圓而

長如人首背凸腹垂如老人之坐而初起者然

四面培塿羅列如兒孫竹木樸茂為虎豹猿鹿

之藪高聳雲表晴則現雨則霧州人以此卜晴
雨
旗山在城東三十里頂尖肩微展腰足倍展有
卷有舒勢欲飄蕩恍若淩風大纛山下格牌一
寨面臨深溪溪外環以百丈絶壁僅有一線小
徑在半壁往來亦州境興區也
誥軸山在城東五十里山高而長頂極平正
丙王山通志載在城東北爛土司高數百丈今
查在城東八十里上湧清泉四時不涸

高巖山通志在城北十里矗立千仞山半有泉噴出令查在城東北隅二十五里頂方平正又名玉屛山山腰叠起三台村落邱壑頗稱奥折龍塘一泓深不可測泉水從磐石自高而下懸流十許丈

彭比山在城東北隅三十里頂列九腦又名芙蓉山俗又呼爲者梭山自都匀吴秀山分幹而來爲州治發脉祖山頂高數千丈濶數百畝園林歷落水田膏腴

銅鼓山在城東北隅四十里形如鼓圓故名
捍門山在城北二十里灣柳河與深河會流之
兩岸對峙如門關鎖州北水口
天馬山在城北十二里鑾凹寨左
三台山在城西北十五里三峯排列尖秀軼羣
一在玉屏山之腰為品字三台一在普安舍
白虎山在城西一里名以形似舊名白虎堂
飛鳳山在城西二里山頭昂起左右展翅形類
飛鳳

羊角山通志在城西南五里兩峯斜出如羊角令查城西南五里有羊角山一峯斜出與白虎山對峙名羊角埡又查豐寧下司署後亦有羊角山兩峯斜出尤極峭厲

鎮夷山俗名王堆山州人愛其絶頂郁郁紛紛常浮靉靆又呼為雲堆山通志在城南三十里山高頂平土人結寨其上以鎮苗蠻令查寨已無頂濶五里井眼所在皆有泉極寒每遇大雨諸井橫溢碧翻白涌瀑布高懸李白所云飛流

直下三千丈疑是銀河落九天也若夫天朗氣清風和景明登高遠眺不惟四司二舍山峯如赴如拱如侍如衛即定番之三寶山都勻之龍山清平之香爐山南丹之長春山皆可望見焉洵獨陽之鎮山也

獨山通志在城西南二十五里羣山相連一峯獨峙州以此名今查其山周遭不上一里其下村墟歷落竹樹葱翠彷彿内地其豁人心目不盡在山也

獨山州志

行郎山明史廣輿記等書皆作行郎康熙時白衣處士袁彝鼎以行郎之義不可解改作行朗取朗朗如在玉山上行之義通志在城西八十里山峻路險用梯以登苗蠻所居上有泉水令查在城南豐寧上司云

冠山俗名帽盒山在雞場西南隅山頂尖秀額圜石痕

象山在城南涼泉亭上山勢自高跌下一痕直趨涼泉俗呼象鼻捲水

琴山在城南涼泉亭下山矮而長宛然横琴

堯仁山在城南三十里

牙笏山在城南五十五里小鑾墓之對岸山高數百丈上有如柱如筍石山八九支各高五六丈不等儼如牙笏

天牖山在城南五十八里道旁一路石岡綿綿沿下内有一山開孔穿明如牖

匾懷山在城南五十八里獨立石山一座高百餘丈峯類削成

牛山在城東十里其形若牛有頭有股股後有一大石硐背上有一大巖遠觀如人騎狀

祭祀坡在北城脚下城横其上為學宫玉枕

蓮坡在城東南隅三里自白虎山對觀坡分數支片片回環包裹中心形類蓮花之瓣

望城坡在城東二里俯視州城周遭畢現

大坡在城南二十里氣勢高厚直壓羣山

白玉巖在城北灣柳河避兵巖之上高可百丈面如削成玉文層起精光射目

夾耳巖在避兵巖之下三百步兩岸壁立千尺

一河駛流潭最深區最隘

蘭花巖在城北二十里深河岸上巖隙叢生幽

蘭芳襲人衣又母魚河巖上亦産芳蘭

松巖俗名獅子山在城南四十里雞場之後巉

巖磊砢蒼松蔭庇與隔岸冠山競秀爲雞場一

方之勝

靈巖在母魚河孝感橋之下紛詭殊狀備極爭

妍

獨山州志

九層巖在城東八十里四圍皆峭石上下疊起

九層每層各有古木陰翳遥望如翠塔

水巖即因梅花洞得名在雞場東一十五里

螺嶼在古塘中山勢曲屈斜起作螺狀螺上翠

竹蒼松環以前後兩塘紫荇青蘋水色山光塵

外自為清曠

竹嶼在龍德橋上二里河潭四面縈繞中起小

洲周圍二十丈高數尺干霄竹林倒影河面菉

筠潒波雜以蒼苔每新雨後翠飛空外推許野

鶴沙鷗翔鳴於其間

重光洞在雞場冠山後前後洞口相通日光斜射毛髮可數洞中雲溜結成石柱二如龍門巖勢層疊如銀濤雪浪意態蒼茫内懸纓絡幢旙石鐘石鼓石獅象豎短柱數莖百節疏通萬竅玲瓏種種奇怪不能備述

觀音洞在三脚崖洞上溜結成普陀一座内懸大士像下有小池池有小石山池水浸之光彩奪目又有石鐘鼓上掛龍鳳矯首展翅作飛騰

狀

雙虹洞在上司下江有天生橋高懸洞外與洞口掩映河流入洞日光倒射滉瀁晶瑩明燭鬚眉洞結内外二層外一層雲霞簇擁再進内洞上開天窓下渟澄潭須竹筏浮過其中古樹紛披雲溜重叠光怪離奇步步引人入勝

梅花洞明史州東南有梅花洞通志在城東南五十里巖水噴瀉白石齒齒作梅花狀

觀止洞在城南漂寨俗名漂洞空靈絶世潭水

澄鮮

三通洞在普安舍屬馬場石山一座高峙數十丈洞口三中生槐樹一株無皮高六七丈大可四人合抱枝葉扶疎俯臨大河

鳳飲河在城西二里左發源於飛鳳井故河名鳳飲右發源於簡麗新寨水鏡潭至羊角埡山下交會於三硐橋過忠烈廟故舊亦名黑神河爲州城西南襟帶迴龍㘭捍衛爲州治南近城一大水口出下深河至岐坡右會小河水小河源出

拉攘寨井合溝水成河由長壽橋至岐坡入鳳飲河至瑤蒙右會大河水大河源出董者寨井至瑤梭拉干寨大河橋一源出里蜡諸潭至甲撈歷雞公河至大河橋交會至瑤蒙寨入鳳飲河至董渺右會龍德河水龍德河北源出獨山支谷寨井溝南源出蠻屯寨井溝至龍德橋會合歷至打屯寨至董渺寨入鳳飲河至義寨歸硐伏行五里至内董渺寨從獅山腹間噴出左會王屯河水王屯河一源出苗攀寨井一源出董隆寨井一源出蠻墨寨後塘會流於槐花寨又左會高巖塘水又左會白巖溪水又右會文峯山溪水至三尖峯鬮鎖為州治東北一大水口出打甲河苗林河至王屯與鳳飲河會流至南寨右會母魚河水母魚河底皆石板魚蝦甚少橋以下連有三潭相傳昔年春水漲下面大

河中之母魚悉上此三潭下子水消母魚不能回漁人往捕皆得母魚故名○一源出拉細場井一源出塘容寨井會流於基高寨至孝感橋下入鳳飲河至爛土司左會助上寨河水助上寨河一發源於者然寨一發源於丙伐寨一發源於壽星山下至司會將至巴開有外圍一渡至巴開左會打劍河打劍河即本境聚眾溪成河又左會普安河即古合江普安河源出八寨太平汎之石頭寨河又左會源出高坡之新寨河又左會源出八寨境者良寨之鸞天寨河又左會源出王家司套裡寨之張家冲河總會流至巴開與鳳飲河交流為合江至猴場左會巴棉寨河巴棉寨河發源於八寨舊城下至巴棉會流至三脚坒莪蒲寨可行船通志三脚坒為由

粵西抵黔赴滇更換夫馬舟楫之要衝。令按其地即古所稱獨山江。明史云獨山江即都勻河下流。通志云獨山江源出都勻邦水司河。令查源非出邦水，亦一名都江，非都勻河之下流，改正如前所云。通志云都江即獨山江之下流。令按通志所稱獨山江之下流，宜註於來牛之都江下。若獨山之都江，即指三脚里一帶言是也。至打畧前五里名曰灣河，出獨山界下流爲來牛之都江。通志云經古州諸蠻寨入廣西懷遠縣界。明史云南入廣西天河縣界爲龍江。

深河在城北二十里，兩岸皆千尺峭壁，故名。發源於擺九出喇干至深河橋下右會弄谷河水弄谷河源出苗淵歷黃家左會灣柳河水灣柳橋至弄谷與深河水會流河源出然納者眠等寨井水至鑾凹寨成河歷避至兵巖夾耳巖至堯朗寨下與深河水會流捍門山下兩岸尖峯對立交鎖為州治北一大水口與都匀王政河下流會歸廣西

樟木河在城北五里源出北門外涼傘井泉水與田水歸小兔場樟木井下成河有三台山及雙貴峯交鎖為州治西北一大水口歷拉若至播寨入硐伏行二里從河岸再出即仍與都匀

王政河下流會歸廣西

打然河在獨山司南界離城五十里河源出打冒寨田水井水歷打羊寨至拉達寨右會烘奈寨河烘奈寨河源出奇彪寨溪水至烘奈寨會流又左會漂寨河水漂寨河一發源於架橋寨井歷仁近寨打老寨觀止洞前一發源於塘壩巖井歷漂寨兩水會流又左會觀止洞中潭水合流一里入洞伏行一里出流與烘奈河會出甲年橋至區家梁出獨山界入荔波河

豐陽河在城南六十里豐寧上司河源出司北堯眉寨邊司前至公九河入洞

龍興泉通志在州署東

涼泉舊名普濟泉在城南五里石洞迸出源藏山中流入鳳飲河汲以煑茗造酒味甲州城内外諸泉最能清心明目過客即巖畔瓢飲夏固可以滌暑不減北方六月冰水冬亦可以止渴不似寒冰冷透人骨瑩然者其色鏘然者其聲歷旱潦而不消不長者其體定臨道路而濟往濟來者其用廣間有硃砂隨泉水流出康熙初州人構亭其旁亦因泉得名曰涼亭

獨清泉在城南獨山頂

甘泉在雞場旁

冽泉在城北鸞凹寨側

一勺瑶泉在兔場塘房下

官井通志在州署西今查一在州署左蓮花池

旁又一在州署前龍王廟後

城隍井通志在城内城隍廟前

雅觀井在城北門内

近聖井在學宫左旁

大井在南街三甲街中

土井在城東門外二百步

甲牌井在城東門外一里源深大而甘潔城中多往汲

惻隱井俗名涼傘井在城北一里康熙五十年除夕有李姓者爲索債者逼極倉皇奔赴已投井生路窮蹙勢岌岌不可挽生員黃理中邂遘之詫甚强牽其手出井問之故遂助以金李姓乃得活

獨山州志

樟木井在城北五里

四方井在城北十里

有恒井在北門外百五十步田間百年常清潔

隆冬城内井涸北街居民咸爭出汲

飛鳳井在城西飛鳳山下

龍井在城西南十五里摇梭寨水勢汪洋晴久

一潮風雨驟至

九十九井在城南雲堆山頂

慕標井在豐寧上司街泉極寒凉多生蟹

官塘在城南門内岸舊有樓塘中荷花最盛明州牧王希曾取爲南樓映月一景邑人多遊玩題咏今廢

古塘在城南二里多出金紅鯽魚鯉魚菱角

三塘在城南涼亭前去里許路下連有上中下三塘水半帶赤色

龍塘在城東北二十五里高巖山上一在城東北十五里董隆坡後

烘溶塘在城北五里小兔場寨後

荷花池在州署後中有泉源百年不涸明州牧王希曾鑿以栽荷今荷猶盛一在守府署左前遊府姜必昌疏濬坎砌以石植白蓮盈池

洗心池在城隍廟後

湧金池在城北白巖寨蒙司祖造屋於此因鑿

天漢池在白巖山頂爲州治正幹龍之清氣

水鏡潭在城西簡麗新寨潭口極圓水色凝淨

馬潭在黑神廟前河中之淵深處

交董潭在城南雲堆山下周圍二十餘丈中有

長魚每出天必雨

官潭在城南瑶蒙寨後一在王堂寨旁

眾星潭在里蜡寨旁潭有數十口源泉與摇梭

龍井通大水不溢大旱不涸大魚常出游

石門潭在城南小河長壽橋下二十步即晶簾

濺雪處周遭約六十丈當風和日麗時則淨緑

微舞層紋疊縐概與兩絶岸繽紛緑英互相掩

映至月到天心則潭心恰點明珠一顆金波雙

雙激射一加煙雲迷離間有犀牛出没若隱若

現之間且驚且愛

月窟潭在城南觀止洞内潭上洞之懸象固集衆妙即潭底石亦復萬竅清空好事者尋潭之源嘗見蘭寨井泉兼積溝水成河流八里至該寨入洞不見其出用粃糠十石盡付該寨洞以驗粃後從是潭出云尋常魚最夥鄰村野人往往筍之以鬻市無足異者偶一日雨淋漓潭漲甚野人曉即來適見百千魚擁一巨魚鼓浪以戲釣之餌弗受臨以斧蔑能戕其身午適然再

來見之傍晚又適然而來見之野人意以水平
曰巨魚素不苟出入茲必竟曰長隨波光上下
明日先一時來未見後一時來亦未見潭非不
漲如昨也又明日以其時來乃復見是歲秋有
穫野人自此神之以爲非凡鱗可計取每願一
見以占豐年之兆
玉峽潭在城南孝感橋下兩岸百丈靈巖中流
有三潭疊緑
白鶴潭在城北夾耳巖下潭深萬丈巖徑斗絶

獨山州志

昔人往覘適見白鶴從日邊飛來因名

丁東潭在城南鸞端寨壕邊潭上水滴時有丁

東聲

頭難灘在城東三脚壵獨山江内灘上多亂石

有一坎横江中高數尺舟至此頗難轉折上下

二難灘在頭難之下有石壁立江岸水勢奔趨

激為巨浪舟上下必緊依壁每易相觸

三難灘在二難之下有巨石聳江心舟之下者

必撥向石之左上者必先撥向石之右乃不觸

門坎灘在三難之下兩岸陡峻中横高坎以上
諸灘冬水涸則現夏水盛則汪洋一片不見灘
之迹而亂石之尖亦所宜防
馬槽孔灘在門坎之下岸巖險怪偏曲狀若馬
槽濤洶瀾迴舟已下必隨瀾作一轉身乃得直
下
論曰明史祗載獨邑之獨山鎮夷山行郎山獨
山江梅花洞畧已通志增補文筆山羊角山高
巖山丙王山三脚坓都江深河龍興泉官井城

隍井亦猶未詳兹不特詳於山而曰峯曰坡曰巖曰嶼曰洞並志不遺不特詳於河而曰泉曰井曰塘曰池曰潭曰灘相沿而及要之皆山河類也然而山河非雜而無章也彭比山來自都匀之吳秀氣象高大在獨山司聳作萬山之祖北幹走兔場靖彝一關頗隘踰是關未遠亦遂散布而止南幹結州治東木文筆南火雞公西金白虎北水白巖環拱鬟序玉枕術者不云五星歸垣乎再進上司巍峩如雲堆真能雄鎮一

州又進下司兩羊角與城邊獨羊角秀分奇偶

又轉三捧瑤瑯精光奪目過此則循南丹荔波

去矣東幹則九層叠翠爛土與普安來自八寨

套裡之三星等山不又循上江古州而去乎河

源不遠即發於各境井潭其河之長者近城鳳

飲河自南而東在獨山司爛土司普安舍境内

盤旋經二百餘里會歸三脚壼獨山江而出來

牛以達於懷遠其河之短者遠城打然河豐陽

河在獨山司上司境内南流經數十里各出荔

波河深河樟木河在獨山司境内自北而西亦各經數十里上下同會王政河之下流以上諸水始皆分流出境既遠大抵皆外合於粵江也下司三墶溪水小而流之未遠即入洞云

獨山州志卷之三

地理志

古蹟

商尊漢鼎曰此古器也公羊史記曰此古文也蘭亭習池曰此古蹟也立身百世之下遊心百世之上不知幾歷廢興而落落數往事或散見於簡編遷之又久待其人而後旁搜以出或僅流傳於耋耋之口其勢亦若存若没知人論世者聞風皆可興起政不徒過故墟而徬徨景物

也疇曩獨山誠屬荒陬所有故實雖不過大邦先民之殘香剩馥然徵文考獻亦必摭拾以餉後人使之修綆是汲而味之無極者志古蹟

浪水在三脚坣江通志獨山州都江註山海經所謂浪水水經注所謂南至鬱林東至蒼梧又東至高要由番禺入海者也

遯水在三脚坣江通志獨山州都江一曰遯水

牂柯江即三脚坣江通志獨山州都江一曰牂柯漢武發夜郎精兵下牂柯江同會番禺疑即

此州牧朱前詔詩有蒲宦牂柯豈壯遊之句

紫泉在三脚壵江中通志獨山州都江一曰紫

泉

元都鎮馬乃等處長官司故址據明時舊匀志

及舊州志即今州治

甌洞元史獨山州之後有甌洞並隸新添葛蠻

安撫司王希曾志甌洞爲蒙司分牌地名之一

今查在城北十餘里烟村綿密

廢合江州故址通志在都匀府東南二百五十

里與陳蒙州俱元置隸廣西思明路明改為長官司隸都匀安撫司令查都匀府輿圖東南二百五十里與古州界據此則當在古州界而父老相傳在巴開離府一百四十里離州一百二十里

廢陳蒙州故址通志在府城東南一百里令查在普安舍陳蒙坡麓

爛土在城東一百二十里沃壵田壩内有方土一塊周圍數丈深尺餘相傳昔人以土屢填屢

消元時爛土司之得名以此其古司治亦原在
此
將軍坡莫舜鼐志在城東七十里明初爛土司
張均以功加將軍銜葬於此坡後人遂呼此名
仙人石莫舜鼐志在爛土司壩寨按今不知指
何石或曰壩寨洞中有石多鱗色澤光潤宛如
白魚疑即指此
仙棋盤在城北三十里擺九山上下兩石各寬
數丈平如桌面相去寸許中有石棋數枚可搖

不可取令猶存相傳昔有仙人於此對奕

避兵巖在城北十五里鑾凹寨灣柳河西石巖壁立有類削成色如玉高百丈旁有數小孤峯四維險絕一道河流臨河有巖如柱斜立腰結古松上書成化時避兵處

避兵洞在雞場冠山後深數十里初進洞口黑暗漸進數十步過一小口劃然開朗有河一道古樹扶疎平處曾為場市石臼石床等甚夥相傳明時苗叛州人入其中避兵

巴開打鋤等寨通志黔中水道考晏文宗斯威
云弘治七年副都御史鄧廷瓚鎮遠侯顧溥討
爛土蠻蓋斯處也
白虎臺在城西一里名以形似上有洞洞前舊
有城隍廟屢顯靈威後移廟於次西門内今基
址尚存山頂有壘痕一條相傳明時蒙司姑媳
爭襲其媳舒七踞白虎臺結營
羊角臺在城西南五里一峯斜出與白虎臺對
峙相傳明時蒙司姑媳爭襲其姑祚打踞羊角

獨山州志 四

埡對壘

普埡在城東一百二十里三面懸巖一面深溪

相傳明時夭壩土司來此爭地張土司在此盤

踞對壘

古南樓在城南門内樓下有官塘寬數畝澄泓

滉漾每皓月臨空時波光激射明州牧王希曾

登眺取爲南樓映月一景其南樓春望及秋日

登南樓詩尚存志書中而樓之廢已久

承宣德化坊在城北街三甲莫舜鼐志萬曆丁

丑年造崇禎癸酉年回祿

柔遠樓一名鐘鼓樓上有獨陽鎖鑰匾在城南

北兩街之中舊州志明時建康熙中遭火

菊圃在州署未詳創始王希曾時已荒爲五言

古詩以慨嘆之

棠蔭祠在官塘坎上明時建祀州牧王希曾今

廢

如是閣即今觀音閣明時蟻衣生題曰如是閣

有碑

柏秀亭未詳構始舊志順治十六年州牧蘇九有重修今久廢惟餘老柏三株在州署

擎天柱在城北三十里乘木山下相傳順治時阿危作亂從中打斷一半尚存高十餘丈

苗林臺在城東二十里相傳蒙嘉祚奪四民田產在此虎踞州牧趙完璧率衙民往擒之嘉祚又逸至隔岸馬家臺藏匿今查馬家臺在山脊上狀如香爐四圍峭壁下皆深溪僅有一線鳥道可造其石山巔李嗣白詩所謂至今牧笛橫

吹處猶指苗林是戰場是也

龍鬬石在城北二十五里高崖龍塘岸右有大石周圍數丈石上有銅鼓耳迹相傳不時夜鳴塘中龍出與之鬬至今角痕亦並留石上

瑶瑯峯在三埲瑶郎寨側高峯聳峙白巖陡立照耀幽壑巖上昔人書天光雲影四字

超然洞在上司亥寨旁洞口高濶拔地粘天就中以望飄然如在清虚之府昔人於巖上書峻極于天四字

灘上懸巖在三脚坔二難灘前有懸巖壁立危稜萬丈子美所謂入天猶石色穿水忽雲根者巖上有老松及各色古樹數株四季常青枝葉扶踈青葱可愛上刻山高水清四字筆力遒勁相傳爲孫撫軍紹武開河時所書也

神仙硐在下司石山突起中極高空前後硐口相通上平整若天棚内懸石鐘石鼓硐口有流水行雲四字鐫刻巖上州牧陳于中書

論曰獨陽在昔其用武地哉自元明以來考之

史冊名賢之芳躅以風雅勝者幾何甲胄之舊事殆過半矣浪水澨水紫泉牂柯非通志表而出之上世久已無傳都人士亦從未有心識之者白虎羊角諸坐與他未見志乘之往跡倘閱再傳而遺老既盡其又安所訪乎此紀載之所以不容稍緩而登高望遠憑弔古人倍多感觸也

獨山州志
七

獨山州志卷之三

地理志

關梁

自古帝王必設險以守其國崤函劍閣之雄一夫當關萬夫莫敵其險良足恃矣顧險本於天成於地乃若因其形勢而謹斥堠密偵探者則又存乎人焉至於雨畢水涸除道成梁王政所重有司之職也獨山開闢幾三百年關隘設險亦已大備而有津必有橋士民莫不引爲己任

或一手獨成或與衆共濟更有祖孫父子述事繼志建造至再三而樂善不倦者雖曰風俗之美由來已久謂非有其人以爲之倡於上其奚以一邑之中風行草偃如是之盛耶志關梁

阿坑關一名鴨公關今設靖彝塘與都匀縣連界通志在城東北五十里今查在城北四十五里通都匀府大路關口有石如門云

蘭花關在城北十五里設深河塘巖谷香蘭叢生每當春日經其地幽香撲鼻

倒溝關在城北二十里關上井泉流成溝土人呼曰倒溝井關因以名為赴省小路所必經雞公關今設塘汛曰雞公哨通志在城西南三十里今查離城三十五里往豐寧司大路

黑石關在雞公關之西南十五里有大石如墨今設塘

鐵坑關在城西南百五里下司境產鐵設有塘明史所謂龍洛道誘泗城農民九千於鐵坑等寨殺掠即此地今成蕩平大路矣南去二十餘

里至粤西油榨關為黔粤險隘門户

董令關在城東南八十里爛土司境東臨河其

北陡絶土人呼曰關上

羊勇關在城東百七十里普安舍境

天生橋在城西四十里地名拉惹通粤捷徑巖

谷峻險天生石橋高三十丈寬丈許往來便之

一在朶羅橋半相彷彿

深河橋在城北十八里即蘭花關設深河塘州

境北門管鑰也懸巖峭壁行道之人至此怵心

萬丈赤幢潭底曰一條白練峽中天形勝頗近似馬明隆慶辛未土目吳顯揚創修此橋順治七年僞秦孫可望將攻掠獨山都永忠已襲州城毁是橋以絶其來路相傳彼時土地人民蕭然無雞犬聲蓋流寇之禍烈矣康熙八年州人蔡應星捐百金倡衆重修通志載生員蔡希端修希端應星子乾隆十年端子晟增修

黄家橋在城北二十五里茴淵河康熙五十五年黄恩威修踰年傾恩威重修

太極橋以河流繞石形似命名在城北二十里

徐有哲修樺木河富雲橋亦係徐有哲修

宋家橋在城南三里鳳飲河康熙中賴和尚募

修

小河橋一名長壽橋通志在城南二十里今查

離城八里康熙丁酉年周應舉修

平政橋在城南十六里大河乾隆四年黃恩盛

子理中孫璠修署州牧朱廣教撰碑記

龍寨橋通志在城南三十里今查在龍寨河一

名龍德河碑記載龍德橋賴和尚募修後曾友文加修乾隆二十七年水漲橋頭傾徐煥藻補修

摇梭舊橋在城南二十里賴和尚募修

孝感橋在城南五十里母魚河李仕達修

三洞橋在城南二里鳳飲河胡黄二姓修

飛虹橋在城南六十五里漂寨觀止洞前乾隆丙寅年夏世爵張應發廖晟三家修水漲橋三次頹倒三人皆重修舊名報恩橋以洞口形似

易令名

甲午橋在城南七十里九寨甲午河乾隆丙戌年夏世爵張應發廖晟修學正謝庭薰撰碑記

三善橋在城南雞場前二十里乾隆三十三年夏世爵張應發廖晟修

承先橋在城南八里下深河乾隆二十六年蔡暄之子其發承父志修

茂華橋在城南三十里格撈河黄恩盛之子執中修

敦元橋在城東二十里拉干河一名上深河乾隆十七年黄恩盛之子履中修

延壽橋在城東南三十五里打屯河乾隆二十八年黄履中之子斌修

黄琚橋在城南二十五里摇梭河以修橋之人得名

札寨橋在上司東南五里楊世爵修

豐陽橋在上司豐陽河乾隆十七年楊文明修

寧埅橋在上司西五里衆姓修

拉林橋在上司西南十里拉旺場衆姓修

續龍橋在下司署後小河

打葉橋在下司南二十五里打葉河康熙十三年衆姓修

當寨橋在三捧西十里有河一道建石橋二處俱名當寨橋一係楊宏謨修一係衆姓修

百子橋在三脚壆周朝孟修

三合橋離三脚壆城三里韋朝元林修

羊勇橋在普安舍境衆姓修

種玉橋在城東五里大寨河黄信中字有誠修

並大東門外路道乾隆三十四年其子黄瑢加

橋壽學正戴一仁作碑記

紫雲渡在爛土司合江上流俗名外圍渡

論曰余覽獨山關梁而嘆在上者禁奸詰暴之

必據要地在下者利人濟物之不乏盛舉乃得

入其境而履險如夷人未病涉也南過鐵坑北

臨深河龍洛道郝永忠之故事雖皤皤黄髮罕

有譚及者蓋天下之平久矣然則治不忘亂安

不忘危扼要害以謹固吾圉爲

天子守此土尚其知所先務乎

獨山州志卷之三

地理志

風俗

五方土地風氣生人各有其性堅土之人剛弱土之人柔湍水之人輕遲水之人重其剛柔緩急聲音不同係水土之風氣故謂之風好惡取舍動靜無常隨君上之情欲故謂之俗移風易俗在教化之薰陶所謂猶泥在鈞任陶者之所為猶金在鎔聽冶者之所鑄也

聖朝化行無外聲教四訖獨陽雖僻壤亦化為聲名文物之區而敦禮教崇信義焉志風俗

農勤耕種方何忌犯太歲雷發聲曰不敢耕作女工紡織自六七歲學紡紗稍長即能織布染五色砧杵聲輒至夜半以布易棉花輾轉生息男子多以打銅盒為業正月元旦拜祝天地祖宗子弟為父兄拜祝家庭親黨以次往來拜賀元宵燈火花炮家家爭勝上元日晚紳士鄉民各至父母祖先墳塋上燈三月清明日拜掃先

塋標掛紙旛新墳總在社前舊則清明前後四月八浴佛節各户皆戚烏米飯祭祀先祖餽送親戚端午折艾插户飲菖蒲酒角黍相餉六月六日農夫備雞鴨祀田祖中元節自初七日始十五日止每食設供考妣虔備冥錢包封焚化奠祭中秋佳節以西瓜月餅供月姻婭轉相餉遺十二月二十四夜送竈除夕接竈新换門神門對火爆花燭達旦謂之守歲二月八月鄉鄰團聚約一二十家用牲祭社神飲酒為樂以上

獨山州志 二

皆内地風俗似無足異志之以見風化所開一洗向習之陋云

婚姻多係舊好一諾千金不拘古禮允許後兩姓設席迭爲賓主媒妁姻婭餞酬交錯名曰會親酒親迎前一日女家先迎嫁奩般實之家多送布疋不計其數至日女壻親迎合巹而醑三日拜舅姑六禮中惟問名納吉納徵稍從簡便

喪禮親終澡浴後着衣冠扶坐中堂舉哀奠祭如儀殯殮開弔訃聞諸親至期畢集葬後三日

書寫謝帖乘夜秉燭普拜於祭弔者門外不論
近遠必親叩謝卜宅兆點主安靈祀后土小祥
大祥禫祭俱為近古
論曰獨邑居叢山中其俗宜乎喬而野樸而不
文乃一切禮數動合古訓何歟蓋中土寄籍者
濡染成習亦與黔中各邑等至於男無游手婦
勤女工士知讀書民皆興行通志所載不獨獨
山為然乃觀於女無不織及新歲拜墓二端不
惟黔中即內地亦罕比焉然則風俗之美於茲

可見詩曰適彼樂土若獨山者所謂樂土非耶

獨山州志卷之三

地理志

場市

日中爲市致天下之民聚天下之貨交易而退各得其所以其所有易其所無市之爲用大矣哉考之周禮司市掌市之治教政令以次叙分地而經市以陳肆辨物而平市以政令禁物靡而均市以商賈阜貨而行市以質劑結信而止訟故市中之貨賄無者使有利者使阜獨山市

獨山州志　一

地凡三十五處抱布貿絲懋遷有無幾無虛日凡所謂大市百族為主朝市商賈為主夕市販夫販婦為主者胥設焉泉布流通無異都會亦足以驗物產之生殖也志場市

獨山司

龍場辰日大場接連巳午三日亥日小場　雞場寅酉日寅日較盛

兔場卯戌日　竃坑場寅午日

大地場丑午日　拉細場丑未日

甲撈場卯戌日　獨坡場申卯日

以上八場

豐寧上司

上司場　丑未日　　拉旺場　子巳日

格寨場　卯酉日　　峰峒場　寅申日

行朗場　子未日　　拉達場　卯酉日

以上六場

豐寧下司

下司場　丑日　　蠻維場　亥日

甲老場　卯亥日　　播蒙場　子卯日

以上四場

三埲舍

三埲場　寅酉日　董領場　子午日

鑾載場　丑戌日

以上三場

爛土司

三脚㙐場　巳亥日　爛土場　巳亥日

大良場　申卯日　中安場　丑未日

打物場　寅申日　水班場　子日

計賴場卯酉日　牛場丑未日

巴開場辰日　巴棉場申日

以上十場

普安舍

普壟場卯酉日　鼠場子日

馬場午日　蛇場巳未日

以上四場合州共三十五場

論曰獨山於黔爲邊隅且係苗疆宜乎人跡罕

至乃場市最多何也蓋其地通粵西南丹暨本

省茘波一帶彼皆不通舟楫貨物所須多運自獨山即彼地所有亦必運至獨山發客懋遷化居勢使然也但場市既多奸宄易致溷迹每至冬三月文武官駐其地者稽查尤須加之意焉如龍場為諸場市之冠每場萃四方萬餘人三日乃已食貨估客如雲州牧守備各率其屬臨場宣講

聖諭一以開示軍民一以坐鎮喧囂其附近各場如三脚則設州丞雞場下司三棒巴開各設營汛

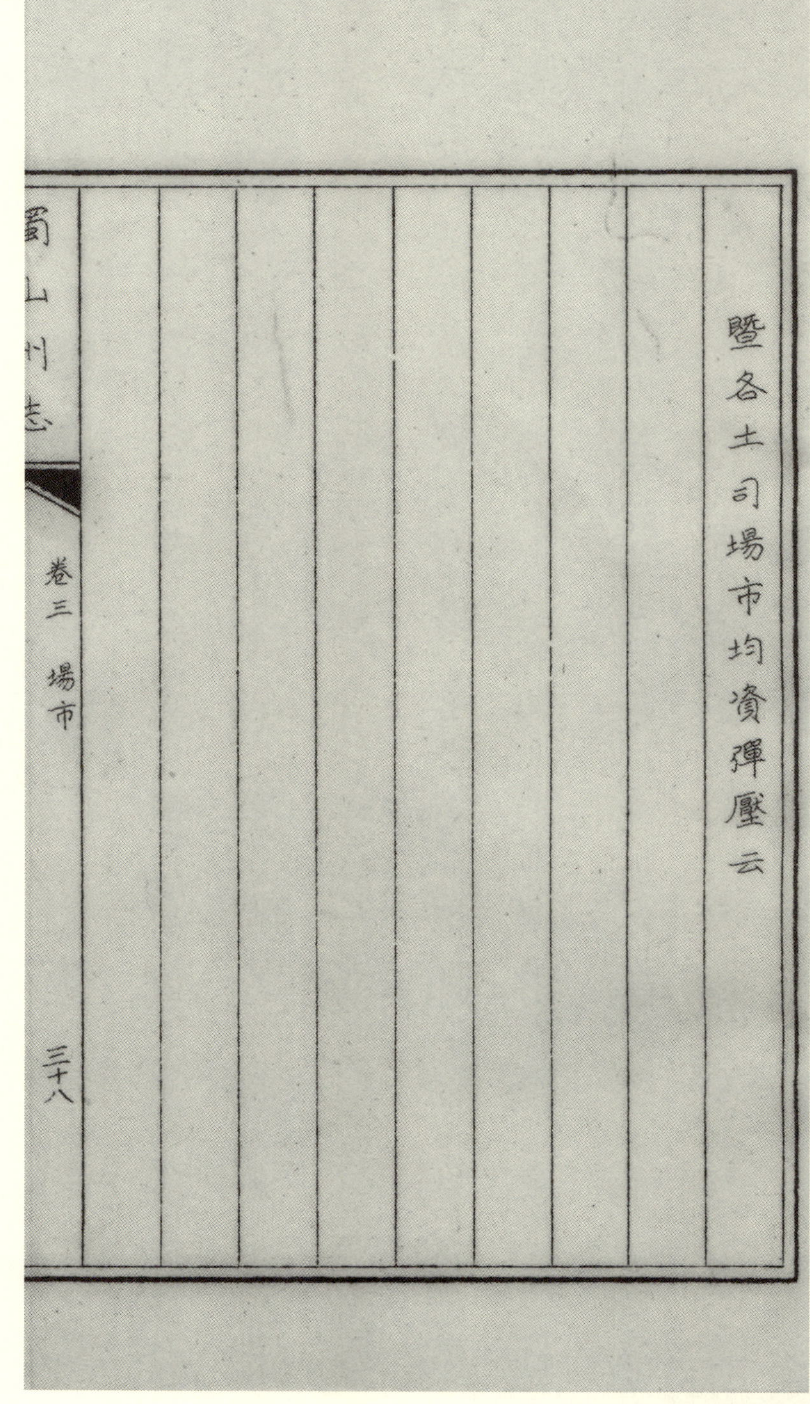

暨各土司場市均資彈壓云

獨山州志
四

獨山州志卷之三

地理志

村落

周禮司民掌萬民之數自生齒以上皆書於版籍黎庶之多户口之衆比按可知又大司徒以保息六養萬民民生既蕃户口必增則國家之根本以固而形勢以强故入其境其政可望而知也至治之世民人必多民多則田墾而食餘役衆而事集獨山四司二舍户口昌熾生齒繁

衍屋舍比連繡壤交錯望萬家之烟火數百室之倉箱富庶之象宛然在目蓋

聖朝百餘年來休養生息之所致也志村落

獨山司

擺九寨　高巖寨　拉細寨　榔木寨

擺篤寨　擺魯寨　苗林寨　瑶家寨

弄志寨　蠻求寨　播寨　浪流寨

塘丈寨　茂桑寨　塘八寨　堯寨

白巖寨　董隆寨　祭榮寨　甲牌寨

雞窩寨　拉者寨　蠻納寨　播要寨

蠻勞寨　坡同寨　問口寨　滿羅三寨

金寨　甲龍寨　拉把寨　甲撈寨

翁奇寨　唱漫寨　苗宜寨　甲定寨

夾西寨　義寨　基高寨　夾東寨

塘古寨　傍理寨　巴錄寨　更周寨

土把寨　坡毫寨　鄢家寨　韋家寨
拉拜灢寨　牛角寨　然存寨　巖花寨
支谷寨　打作寨　區懷寨　塘木寨
暮卑寨　苗翁寨　塘鴨寨　甲台寨
班台寨　甕秦寨　拉林寨　苗攀寨
拉干寨　新寨　蠻墨寨　班志寨
敖寨　虎場寨　高乙寨　文家寨
三脚寨　平正寨　甲塘寨　堯落寨
拉灢寨　漂寨　亥寨　羅寨
秧寨　塘容寨　董旦寨　拜顏寨
巴羊寨　蠻端寨　堯元寨　打羊寨
更念寨　其標寨　打然寨　更塘寨
濫泥寨　甕喬寨　奇三寨　小河寨
母魚河寨　水巖寨　打錫寨　拉羅寨
寧寨　央才寨　千送寨　大水東寨
討籠寨　維寨　雍寨　州后寨
雞寨　當寨　高寨　江寨
拉辨寨　王圭寨　利沙寨　巴賽寨

打仙寨　里蜡寨　鐔子窑寨　知查寨
者蜡寨　里院寨　蠻傍寨　巴懷寨
魯降寨　朵羅寨　蠻洗寨　馬鞍寨
石板寨　交然寨　大地寨　短汝寨
蠻甕寨　蠻孔寨　交董寨　大麻寨
小麻寨　蠻塘寨　平左寨　塘勒寨
簡麗寨　雞袍寨　瓢洞寨　堯罕寨
羊地寨　塘董寨　塘懷寨　蘭寨
然供寨　莫四寨　拜捧寨　更撓寨
巴敬寨　巴香寨　計力寨　然色寨
熟肉寨　送恭寨　巴牙寨　塘王寨
更折寨　小兔場寨　蠻莊寨　塘谷寨
蠻化寨　蠻柳寨　者眠寨　長塘寨
大巴寨　訖賴寨　傍塘寨　孔講寨
擺羅寨　萬家寨　楊家莊　胡家莊
摇梭寨　拉彼寨　拉步寨　拉平寨
丙瓦寨　甲報寨　蠻修寨　龍井寨
命寨　大甕坑寨　小甕坑寨　丙寨

瓊寨　鑾祿寨　拉丙寨　拜奇寨　拉熟寨　納拜寨　格寨　何家寨

鑾牙寨　雞公寨　夾沙寨　者梭寨　夾賽寨　擺丢寨　交林寨　雞寨

拉羨寨　巴囊寨　翁彪寨　該寨　更莊寨　三應寨　約寨　彙朗寨

鑾凹寨　拉咬寨　朗留寨　翁進寨　小水東寨　翁奇三寨　拜寅寨　菡淵三寨

鑾了寨　康朗寨　甲乃寨　甲詐寨　哨上寨　三駡寨　抵巖寨　把寨

等寨　槐花寨　夜寨　堯朗寨　義董寨　仁近寨　獨勒寨　打老寨

豐寧上司

上旺堆寨　下旺堆寨　拉貢寨　庚莊寨

扯旺寨　歌寨　下江寨　槐高寨　牛角寨　者堯寨　三坡寨　王龍寨

者保寨　更郡寨　唐又寨　坡要寨　王拉寨　西林寨　拉饒寨　坡懷寨

拉蕩寨 浪寨 拉磨寨 牙寨 拉才寨 打拉寨 項魯寨 近寨

進寨 磨雅寨 堯情寨 打林寨 堯塤寨 燕寨 甲馬寨 蠻慕寨

弄桃寨 交擺寨 打線寨 龍塘寨 冗點寨 賀寨 冗井寨 納寨

王冗寨 末田寨 饒寨 者維寨 末洞寨 者匣寨 末慕寨 蠻狀寨

坡降寨 蠻麻寨 上坡寨 拉唐寨 下坡寨 唐號寨 蠻孔寨 辮寨

蠻傍寨 上黑寨 打或寨 下黑寨 蠻隆寨 唐倫寨 更若寨 化良寨

交喬寨 拉襖寨 外卜寨 外東寨 角寨 外旦寨 唐忙寨 拉賴寨

拉干寨 袍寨 總乃寨 冗納寨 者拉寨 母化寨 者報寨 董寅寨

者桃寨 拉鬧寨 坡來寨 魯降寨 者饒寨 母拉寨 母羅寨 冗懷寨

納慕寨　者乖寨　冗打寨　洒力寨　王寨　堯合寨　干拉寨　海寨

苟寨　拉外寨　蓋寨　者降寨　翁想寨　公九寨　拉幹寨　董拉寨

拉橫寨　鑾甫寨　福寨　鑾冗寨　拉捧寨　峯匣寨　納懷寨　甲雅寨

峯甲寨　巴蕉寨　者蒙寨　半寨　拉外寨　點寨　拉朵寨　唐必寨

唐改寨　香夜寨　拉達寨　冗毫寨　唐本寨　鑾任寨　香干寨　任墨寨

巴言寨　拉蔑寨　巴浮寨　打冒寨　巴懷寨　者耶寨　鑾角寨　拉號寨

東堯寨　董大寨　景平寨　情寨　琴寨　更言寨　養寨　鑾然寨

巴廷寨　甲浪寨　鑾所寨　冗更寨　拉約寨　弄別寨　唐收寨　梘懷寨

鑾看寨　年今寨　者佳寨　丙艾寨　者然寨　總夜寨　英羊寨　者弄寨

平寨　曾寨　黑石寨　甲角寨　交魯寨　坣下寨　札寨　垻尾寨

甲也寨　拉松寨　拉偶寨　打頭寨　堯賀寨　坟山寨　拉諷寨　撒文寨

堯眉寨　豐寧下司　者按寨　慕龍寨

董内寨　白花寨　龍井寨　九門寨　拉暮寨　哆囉寨　拉蘿寨　王後寨

蠻兔寨　蠻維寨　蠻洛寨　蠻亥寨　蠻萌寨　蠻連寨　蠻魯寨　蠻烘寨

拉岜寨　憨寨　拉桑寨　摇内寨　拉者寨　茅平寨　拉垻寨　扁近寨

小斗寨　納羊寨　三脚寨　塘頭寨　南會寨　鐵坑寨　打寨　摇拉寨

黄泥寨　南寨　斗蓮寨　尾寨　布寨　扳達寨　交暮寨　扳甫寨

摇南寨　拉來寨　長塘寨　拉尾寨　打葉寨　扳連寨　蠻往寨　扳兔寨

董台寨　牛角寨　拉溜寨　拉若寨　搖益寨　拉樓寨　播寨　者交寨

落桑寨　者宜寨　拉莊寨　把盞寨　拉邊寨　慕八寨　打宅寨　打六寨

賣寨

爛土土司

打邪寨

堯輝寨　拉右六寨　堯瓦寨　天星圭三寨　罕唐四寨　打勿寨　菲寨五寨　水扳五寨

討賴四寨　中安三寨　董領寨　教寨三寨　闖上寨　交卧三寨　窜寨　克偕寨

排掃寨　陽樂四寨　濛寨三寨　唐志寨　蠻乏寨　拉號寨　羊脚三寨　過拉壞五寨

羅家寨　唐力寨　拉浪三寨　大良寨　蠻窮寨　蠻巖寨　蠻盤寨　蠻拱寨

助上寨　蠻存寨　器寨三寨　丙法寨　蠻漫寨　巴右寨　者然六寨　架橋寨

者涼寨　慕陶寨　騍馬寨　打鋤二寨　破曲寨　巴紫寨　王香寨　巴璧寨

賽帽寨　蠻蒙寨　拉要寨　巴外寨
拉懷寨　蠻囚寨　李家寨　明寨
豪寨　堯平寨　丙條寨　抗谷寨
董蒙寨　巴卜寨　蠻陽寨　巴棉寨
三脚四寨　姑婁寨　外賞寨　姑卦寨
牌稍寨　拉攬寨　大畧三寨　右切寨
營寨　拉罷寨　巴架寨　落馬寨
巴才寨　塘右寨　拉芒寨　打桃寨
茂桃寨　貫者寨　董丙寨　羊脚寨
羊猛寨　羊落寨　拉灑寨　拉墻寨
沙納寨　旺寨　沙葉寨　巴平寨
烏勞寨　排灑寨　董熱寨　山冲寨
排捧寨
三棒舍　灑地寨　漫孔寨　巴開寨
倒寨　王襖寨　屋寨　翁良寨
然榮寨　干坪寨　傍旣寨　董汪寨
拉午寨　蠻道寨　央寨　翁寨
瑶弓寨　瑶王寨　八約寨　瑶峯寨

然戎寨　用寨　唐年寨　董蠟寨
哆囉寨　坡圍寨　猺赫寨　猺董寨
瑶令寨　甲翁寨　冷水寨　蠻在寨
瑶郎寨　董嶺寨　瑶琴寨　房寨
董八寨
普安舍　瑶連寨　瑶蒙寨
交然三寨　堯基二寨　巴若二寨　冗片寨
交同寨　平寨二寨　冗羊寨　巴念寨
沃壟三寨　馬場三寨　巴林二寨　堯平寨
瀼從寨　張家冲二寨　交賴寨　蠻蘭寨
巴艾五寨　打劍三寨　班台四寨　羊倫二寨
夜高四寨　苗基七寨　普壟六寨　苦竹寨
甲蜡四寨　的刁四寨　總蔣五寨　烏工三寨
知照二寨　羊東三寨　羊勇五寨　高然三寨
排月寨　翁其三寨　以濟三寨　高同五寨
擺殘二寨　烏拉寨　擺招二寨　亞工寨
排都二寨　拉覽二寨　巖鋤二寨　羊忙寨
底到寨　交梨四寨　打孟三寨　高壟三寨

大塘寨　者戏四寨　梨巖寨　蓑蒲二寨
巴盂寨　牛皮二寨　鄧寨二寨　洛價寨
外朋寨　彙塤寨　拉高寨　蒸上寨
四十寨　盧未寨　巴潭寨　新寨
慕岡寨　羊能寨　拉厭寨　塘印寨
巴棉寨　王家寨　拉毫寨　高要寨
也足寨　使牛寨　烏控寨　也非寨
同是寨

論曰余於四司二舍所轄村落問其田賦則各司舍徵之以起解於州也問其徭役則各司舍調之以聽命於州也問其園林貲穀大半係土民恒產而黎庶之數戶口之衆又貴乎維持其政而綱紀其人焉考之周官有州鄉縣鄙之制

粤若管仲有軌里連鄉之對所謂人與人相疇家與家相疇世同居少同遊居同樂行同和守則同固戰則同强者其法甚善夫固良有司所宜擘畫以行之令日也

獨山州志
七

獨山州志卷之三

地理志

苗蠻

蠻彝載在通志種類不一言語不相通嗜欲不相同

聖天子以彝治彝德威兼施在昔蜂屯蟻雜不可爬梳好則人怒則獸今頗知急公奉上小心畏義其始不解文字刻木為信服飾各殊今亦漸通漢語改漢妝讀書識字獨山名曰苗疆而入其

境反不若黔省諸内地雜結侏儷者之衆若不聞其言語之異竟不識為苗也者蓋由我
朝教澤涵濡傾心向化不徒在衣冠文物間也雖然苗民善驚而多疑畏威而不知懷德革其心而緝其志在為之牧者酌劑之有道焉志苗蠻

一狆家好樓居衣尚青以帕束首婦人多纖好以青布蒙髻長裙細褶多至二十餘幅拖腰以綵布一幅若綬仍以青布襲之勤於紡織春二三月間各携筐籃沿山採菜年少婦女艷飾濃

粧山花滿髻項掛銀圈腰繫白銅烟盒彩線絲

條環身炫目男女成羣山歌互答父母舅姑自

古不禁斂牛馬雞犬皮骨以米糁和之作醋至

酸為佳婚姻聘用牛隻或一二隻或三五隻每

牛掛角銀二兩嫁時新婦徒步以傘自覆項圈

一二條簪花滿髻送親幼婦成羣男女混雜交

飲為歡歌聲達旦是夜新婦不與親夫會合明

早携甕出汲登梯上樓即隨送親羣婦一路同

歸此後遇插秧曰收禾日方往夫家夜則與小

姑同宿不一二日即轉約三五年始相交合生育後同室偕老姑之長女定為舅媳稍有不允遂構大釁親死以白帕裹頭合族不食肉只啖魚蝦以為齋菜婿家購魚為賻以助喪祭凡屬親眷及瓜葛本村鄰舍男婦絡繹成羣喪家屠牛或二三隻或五六隻盡分親友牛多者為大户以大甕貯酒各置大小瓢杓男女對擊銅鼓木鼓鼓聲相應稍不合節罰酒一瓢飲至昏醉男女艷曲隨口唱和宰牛馬會親戚聚飲名曰

砍替例葬用棺以傘蓋墓上瘞埋之後不祭掃

一狇家苗衣尚黑長不過膝好魚獵婦女勤紡

織短衣長裙婚姻用牛隻與狆家同計財賠嫁

喪則打銅鼓宰牛馬聚遠近親戚會飲亦名砍

替例食惟糯米不盡用匙箸半以手揑團食之

其女子項圈繫頸有多至五六條者

一黑苗衣服皆尚黑故曰黑苗婦人綰長簪耳

垂大環銀項圈衣短以色錦緣袖男女皆跣足

陟岡巒躐荆榛捷如猿猱勤耕樵女子更勞曰

則出作夜則紡績食惟糯稻舂甚白炊熟必成團冷食時或無匙箸輒以手掬鹺於鹽用蕨灰浸水食得死犢羔豚雞犬鴟鴞等置之甕中層層按納俟其蝍蛆臭腐始告缸成名曰醅菜珍為異味間有一二寨以十月跳月吹笙歌婚以牛隻行聘歸三日即回母家或半年而一返父母家向婿家索頭錢不與或另嫁有婿女時皆死猶向女之子索者名鬼頭錢人死亦哭泣椎牛敲銅鼓名曰鬧屍葬或以棺置洞中亦有以

火焚化瘞埋者按黔書云生苗以九名九姓當之今查近年苗屬安靜不應復言生苗黔書又云夭苗在陳蒙爛土夭壩一名黑苗緝木葉以為上服衣短帬女子年十五六即構竹樓野外處之人死不葬以藤蔓束之樹間今查在普安八寨交界其俗已改各色苗屬疾病俱不服藥信巫名曰做鬼惟狆家通漢語知禮數延師教子有入學者婦女漸改漢粧

論曰明史載獨山蠻彝或云都掌蠻或云九名九姓蠻或云黑苗今按四司二舍種類黑苗仍古號狆家狇家得毋即古都掌蠻九名九姓蠻

遺種耶竊考我

朝雍正間勦平八寨來牛等處苗疆土吏蒙琰張

克承等各帶土兵隨征樹有勲伐亦足見苗民

聽提調效忠順與昔時獷悍桀驁之習迥殊矣

雖然苗民多愚而易惑乾隆三十一年貴定叛

狆韋學文勾結麻哈狘狆設計騙錢散賣布照

由八寨蔓及普安爛土各寨多被騙者事發知

州劉岱守備廖方太聞信漏夜往捕一一就縛

蒙各大憲審係痴愚被騙奏聞

天子憐而從輕擬釋其事皆起於狆家狇家内有麻
哈楊國臣及其子興爛土之劉譚保皆江西人
則漢人不許擅入苗寨
功令宜遵近日狆家狇家奸宄大宜防範云

獨山州志
五

獨山州志卷之三

地理志

方言

周禮秋官七歲屬象胥諭言語協詞命九歲屬瞽史諭書名聽聲音夫有象胥以通五方之言又有樂官以同六書之名察五音之和此重譯而通山海之外所以使上情得以下宣下情得以上達也昔郝隆作南蠻參軍盡解蠻語獨山蠻語數種各有異同侏儒之言相對以臆及以

文字譯之遂可以通聲音而得其解竟有番爲蠻歌而文義音韻悠然可聽者以不解解之解人不當如是耶志方言

狆家語

天曰悶　地曰赧　日曰犬撻　月曰冗亂

星曰閘宜　風曰戎　雲曰窩　雨曰問

雪曰耐　山曰播　水曰禳　河曰打

溝曰墁　田曰納　薗曰蒜　官曰賽

祖父曰豹　祖母曰稚　父曰波　母曰媄

兄曰比。弟曰暖。夫曰交。妻曰雅。

子曰侖。孫曰爛。叔曰波好。伯曰波龍。

甥曰爛。舅曰拿。男曰晒。女曰諜。

粘米曰豪箭。糯米曰豪你。稗曰豪旺。粱曰豪粱。

豆曰朶。蕎曰豪孟。麥曰豪摸。小米曰豪汪。

飯曰岩。酒曰老。肉曰儺。油曰欲。

鹽曰決。柴曰文。米曰豪。食曰更。

馬曰麻。牛曰節。雞曰蓋。犬曰罵。

豕曰暮。鵝曰罕。鴨曰並。蛇曰額。

獨山州志 二

虎曰共 豹曰標 鰕曰鳥 鳥曰若

草曰哈 水曰歪 一曰廖 二曰宋

三曰散 四曰細 五曰哈 六曰若

七曰怎 八曰便 九曰孤 十曰漆

百曰罷 千曰認 萬曰挽 升曰損

斗曰鳥 戥曰當 秤曰葬

狇家語

天曰悶 地曰底 日曰拿巟 月曰報年

星曰報夜 風曰泥弄 雷曰泥巴 雨曰奮

雪曰内。霜曰内八。山曰努怎。水曰囊。
河曰業。溝曰面。田曰阿。路曰困。
薗曰羡。君曰王。官曰翁。祖父曰共。
祖母曰牙。父曰布。母曰呢。兄曰懷。
弟曰奴。夫曰夜。妻曰涯。子曰辣。
孫曰漢。叔曰布低。伯曰布龍。甥曰臘漢。
舅曰祖。男曰臘玩。女曰臘面。粘米曰豪箭。
糯米曰豪恨。稗曰豪旺。粱曰豪粱。豆曰朵。
蕎曰豪孟。麥曰豪摸。小米曰豪汪。飯曰豪。

酒曰蒿　肉曰難　菜曰篤　吃曰借

用曰拜台　油曰們　鹽曰那　柴曰令

米曰豪　馬曰麻　牛曰波　羊曰縛

雞曰蓋　犬曰罵　豕曰務　鵝曰安

鴨曰夜　蛇曰誨　虎曰蒙　豹曰標

魚曰猛　鳥曰諾你　獸曰線你　草曰亞

木曰埋　一曰奪　二曰蜡　三曰汗

四曰戲　五曰訛　六曰署　七曰幸

八曰罷　九曰局　十曰速　百曰辨

千曰羡　萬曰挽　升曰頉　斗曰乎

戥曰當　秤曰浪

黑苗語

天曰翁（以喉音借調）　地曰堆　日曰項　月曰拉

星曰孩　風曰戠　雲曰浪　雷曰咆皆

雨曰囊　雪曰崩　露曰標好　山曰卧

坡曰悖　水曰窩　君曰旺　官曰泾

祖父曰菊　祖母曰包　父曰壩　母曰買

兄曰歌　嫂曰義　弟曰皂　夫曰脚

妻曰味　子曰洞　孫曰洽　穀曰貢

粘米曰箭　糯米曰那　麥曰糟下平聲　豆曰布倒

稗曰放　蕎曰祭　粱曰累粱　小米曰笒

飯曰麻　酒曰助　吃曰赧　飲酒曰好助

肉曰阿　菜曰務　柴曰杜　炭曰貼

馬曰罵　水牛曰紐　猪曰買　羊曰央

狗曰戾　房曰蔽　一曰以　二曰阿

三曰罕　四曰魯　五曰巴以唇音倘調　六曰交

七曰想下平聲　八曰牙　九曰祖　十曰早

百曰以杯。　千曰以賓。　萬曰以王。　升曰審。

斗曰倒。　戥曰當。　秤曰春。

蠻歌

利完聲入案繞寮喇悶鍋聲上玩滴赧盎笑眉歹氷

聲入蒲乃覔雖寶胆歎底般聲入攘晚拈聲入譯之曰

盛世恩膏遍普天衢歌擊壤樂陶然太平愚賤無

將報但願江山享萬年

線·逃聲入玄凹寮槐吝貶線更聲去老聲平也降闌聲入

軟求聲入菩完聲入教斂備晚般聲入蒲乃盎備黎譯

之曰仙桃開花滿樹紅八仙飲酒在堂中願祈

人主活千歲萬國黎民樂歲豐蓋此地彝人亦有讀

詩書者能以彝語為詩歌其聲亦有音節故取

其一二以見文教之遠敷云

論曰州牧為親民之官未有不通其語言而可

以同其嗜欲者也夫言者心之聲得其言矣然

後因其言以想其心而為之旁引曲喻以通其

所不能言之隱獨山蠻語微特狆家與狇家異

狇家與黑苗異即如獨山司苗林壆之苗與普

安之苗其聲音語言亦即截然不同茲載狆家
語狇家語黑苗語及兩蠻歌蓋各舉一以見端
非遂以之概四司二舍蠻語蠻歌也

獨山州志
六

獨山州志卷之四

營建志

城池

獨陽形勢以彭比諸山爲金城以獨山江諸水爲湯池固自足以外控慶遠内藩都匀然而易稱重門擊柝以待暴客禮稱夏官掌授管鍵以啟閉國門譏出入不物者則保障之設誠建邦之急務也前明設州荒山度土規模粗具我朝輝煌雉堞易土而石言言仡仡崇墉在望至於

獨山州志

三脚壘設官後即建土城爲新疆門户固獨陽

之東籬也志城池

明

弘治七年設州未建城

萬曆五年知州歐陽輝諭令南北二街民各照

界限修築土城高一丈厚三尺以資保障

崇禎間知州王希曾詳請建石城大吏是其議

值公帑告匱未准行

國朝

康熙三十五年知州趙完壁補葺土城

雍正十三年知州陳于中增築土城

乾隆九年七月知州謝國史州同史金詔請領

公帑築三脚壵土城一座週圍一百七十丈東

南西三門城樓三座炮臺四座

十年張制軍廣泗

題准建獨山石城至十三年四月二十日知州解

韜領帑八月十六日興工十四年十二月工竣

週圍八百一十六丈計四里五分零内除東西

南北四城門各寬三丈三尺共一十三丈二尺又除小西門寬二丈二尺二共除去一十五丈四尺外實修城身八百丈零六尺每城身高一丈又加垜口高四尺脚寬一丈收頂七尺東西南北四處城門臺硐四座每座高一丈六尺寬三丈三尺進深二丈二尺捲硐中空高一丈二尺濶一丈一尺城上炮臺四座大小六門各有題額東門額曰善長門南門額曰嘉會門西門額曰義和門北門額曰固城門小東門曰次東

門小西門曰次西門

案州城分南北街二編保甲十自北門至學門曰北街一甲自學門至州署曰北街二甲自州署至營盤口曰北街三甲自營盤口至楊泗殿下曰北街四甲自楊泗殿下至小西門曰北街五甲自南門至舊營盤口曰南街一甲自舊營盤口至萬壽宮下曰南街二甲自萬壽宮下至新街口曰南街三甲自新街口至大東門曰南街四甲莫寨雞場編作南

街五甲明州治原建獨山麓居民即編十甲嗣乃徙於文筆山白虎山間當時南街五甲有十餘戶居民不同徙而自徙於雞場其南街五甲下丁徭遂相沿到今明末又有北街居民數戶徙於兎場故兎場到今亦並在甲云

二十三年東門右城垣坍知州閻公銑補葺之

三十年東門右城垣坍知州劉岱捐葺之

三十二年北門右城垣坍知州劉岱捐葺之

論曰明牧歐陽輝諭街民築土城不過聊捍牧圉迨我

朝州牧解韜奉建甃以石乃稱宗子价人已遍奉

聖天子慎重封疆念斯民保障全在城垣普天率土
增置修築自估建以及收工責成撫司大員城
工之峻厚堅固帑不虛糜迥異從前但已修之
城責成後來有司年終詳報不許稍有坍頹是
以各有司仰體
朝廷德意一值頹落多則詳報少則捐俸補葺不
容後時然則獨山城垣永永乎金湯之固已惟
三脚壵土城歲歲修葺尚非經久之計應俟通
省城工竣後詳明易置石城爲要云

獨山州志卷之四

營建志

公署

州之設官所以課士治民而練兵也官之有署
士民與兵所以就理也發號施令宣德達情壯
觀瞻而肅體統於是乎在夫夏屋渠渠臨政有
赫奕之形退食有委蛇之適一木一石動關
國帑攸芋攸寧罔非民膏念拮据之維艱思棟梁
之綦重得不謀所以幈幪乎億兆扞圉乎邊徼

耶詩云躋彼公堂稱彼兕觥處斯署者能使士民興兵頌聲作焉則居之安矣志公署

州署在北街正中坐西北向東南大堂五間過廳二間廳南書房三間二堂三間三堂五間左右廂房四間二堂東角住房十二間二堂西角住房八間大堂前書吏房左右各三間班房一間儀門三間儀門北土地祠三間更夫房三間南囹圄所八間頭門三間照壁一座卡房三間

案舊志明弘治創建州署時皆四土司分任

修造嗣後州牧張心傳改修州牧王希曾鑿
署後之北偏為池植荷花常盛前人菊圃因
希曾詩得傳　國朝功令衙署責成現任官
修理不許因循坍頹順治時州牧蘇九有重
修柏秀亭乾隆十五年州牧解韜修書房六
間二十一年州牧閻公銑修三堂住房五間
舊制大門外八字牆二甬壁一乾隆十五年
州牧解韜圍以栅欄轅門排以左右鼓房術
者謂於方向不宜三十三年州牧劉岱改復

舊制

三脚屯州同署大堂三間二堂三間迴廊三間書吏房三間班房三間二門三間頭門三間書房六間內宅備

案三脚設官之始無城無署原在三脚大寨內造茅屋以居乾隆九年州同史金詔修城工竣並建署城內州同杜兆豐添修左旁住宅額曰司馬署

學正署在明倫堂後講堂三間左右廂房各兩

間儀門三間左為土地祠右為節孝祠。

案康熙三十八年修學並修學正署雍正十年學正何泌以署坐癸向丁與聖殿同嫌於居聖殿上首不敢安處乃改移向東乾隆二十二年州牧閻公銑修明倫堂並重修

訓導署在學宮西講堂三間內宅三間頭門一間

案設訓導時原無署雍正九年州牧杜理創修乾隆二十四年訓導李廷諭重修

吏目署在州署東北大堂三間過廳二間二堂
三間内宅八間大堂左右書役房六間頭門一
間甬壁一座
案吏目署在明代額於蒙司專修　國朝乾
隆二十四年州牧閻公銑吏目莫范重修舊
制甬壁外圍以石牆從州署頭門北繞道入
三十三年吏目馮光榮改石牆圍州署北另
造大門甬壁臨街並修左右班房六間
守備署在大西門内大堂三間二堂三間書房

六間箭廳三間儀門三間頭門三間栅欄甬壁

全内宅備

案獨山汛原設把總駐劄東南門之間為舊

營盤雍正三年改設守備州牧俞大坤以舊

營盤地狹乃於大西門内立新營盤修守備

署草房十三間雍正六年守備單世元修内

宅瓦房五間乾隆三年移遊擊駐劄改為遊

擊署十九年遊擊林焕奎修箭廳三間二十

四年本營守備馬建功護理遊擊印改修瓦

房三十間二十五年遊擊姜必昌即書屋旁

濬池植荷最盛時白蓮盈池一朶獨變池前紅蓮香倍清開甚久

植衆花牡丹最盛遂爲牡丹園二十九年守

備移駐復爲守備署

千總廨一在州城守備署東一在三脚坔城内

把總廨一在下司一在把開一在打罯

外委廨一在州城營盤内一在雞場一在三埲

一在三脚坔一在打罯

論曰自有明改土設流後州屬四境惟州之上

下兩衙署已爾當時責成土司分修蓋漢官祿
入無多且盡出之土司亦隱然柔其驕悍之習
使之知有漢官當效勤勞於其下也沿及我

朝設官大備公廨廣增堂皇氣象邁前明遠矣方

今

聖天子大中以爲宅至仁以爲居百官承流各覆冒
其境土自獨山論之刺史其堂奧也州丞尉其
庭階也兩學博其戶牖也七汛弁其垣墉也四
司二舍則處宇內以供指使俾士民與兵咸無

上雨旁風之漂摇也責任所在各有攸歸不然

大廈之昭布境内豈徒爲美輪美奐之觀已哉

独山州志卷之四

营建志

学校

王者建国君民教学为先盖风化之本在于明人伦人伦之明在于设庠序虞夏商周党庠术序之规班班可考汉唐以来莫不由之故师道立则善人多上之昌明理学接洙泗之心源次亦明体达用有以储国家栋梁之选历览古今处为醇儒出为名臣孰非由学校中作育而成

之者耶

聖朝文教覃敷禮義之澤浸潤深而漸被尤遠獨山

建學未百年人文蔚起固已炳炳烺烺幾埒中

州矣學者生逢

休明之代優游芹藻泮水間覩典章之明備緬富

美之宫牆尚思爭自琢磨沉潛乎道德之中以

無負菁莪棫樸之化焉則得矣志學校

建學

明

獨山州原附都勻府學崇禎間知州王希曾詳
建值帑匱未准繼奉院行麻哈獨山清平共立
一學乃擇北門内地捐建學宫

國朝

順治七年遭流寇郝永忠之亂學宫火
案康熙十二年十二月吴三桂反獨山在竊
據内偽牧張瑚詳請建學設官率舊庠生周
光昇等捐貲修學宫二十餘間時有偽學正
胡求章一員十七年三桂死二十一年

王師平三桂孫世璠亂遂削瑚迹學宫就蕪

康熙三十八年王撫軍燕

題准建獨山學暨設學官知州趙完璧領帑不敷

捐俸增益即因北門内舊學址建大成殿五間

東西廡十間大成門五間門内右爲名宦祠左

爲鄉賢祠門前泮池一泓池前櫺星門三楹甬

壁一座頭門一間殿後明倫堂三間殿東隅崇

聖祠三間三十九年州牧萛舜鼐學正何允中

接修乃竣

案田撫軍雯疏建永寧獨山等學在康熙二十七年黔書丁煒云先生入黔首上此疏明詔報可其時獨山即得建學未知何以未建又至三十八年始蒙題建

五十六年學正李嗣白率紳士易舊木櫺星門以石

雍正六年先賢先儒牌位毀學正陳嘉修新之

十一年殿廡大成門圮州牧杜理學正何泌訓導章升率紳士重修

乾隆元年櫺星門石梁漸損州牧陳于中學正何泌訓導章升率紳士支以磚木改殿後爲崇聖祠殿東隅爲明倫堂

二十二年州牧閻公銑率紳士盡鋪殿前條石甃桂花石臺二大成門前右建名宦祠三間左建鄉賢祠三間鼎新明倫堂學基四圍外築土牆一層内砌磚牆一層

二十八年櫺星門將傾州牧劉岱學正謝庭薰訓導李廷諭率紳士重修

至聖神龕易石座移泮池於櫺星門外崇聖祠前鋪

條石營桂花石臺二明倫堂前鋪條石營柏樹

石臺二照壁一帶圜以磚牆編砌學門內外石

道

文廟題額

康熙二十四年欽奉

御書萬世師表金字題額雍正三年欽奉

御書生民未有金字題額乾隆三年欽奉

御書與天地參金字題額均懸正殿

文廟座次

大成殿

至聖先師孔子

孔子帝嚳之後也帝嚳生契契為司徒敬敷五教明人倫播施德化早開萬世之文明始封于商賜姓子是為子姓之祖傳十三世生成湯革夏有天下相傳十六世武王克商封帝乙之子微子啟國於宋以奉湯祀故孔子嘗自謂丘殷人也微子傳國至五世曰哀公熙熙生弗父何及厲公何避國於厲公何世為宋卿生宋父周周生世父勝勝生正考父三命益恭又得商頌於周太師歸以祀其先王考父生孔父嘉五世親盡別為公族始以孔為氏焉嘉生木金父木金父即肇聖王孔子五世祖生睪夷　睪夷即裕聖王孔子高祖生防叔　防叔即詒聖王

避華氏之禍奔魯故孔氏世為魯人孔子曾祖生伯夏　伯夏即昌聖王孔子祖生叔梁紇　紇仕魯為鄹大夫即啟聖王　王娶顏氏即聖母周靈王二十一年十月庚子生孔子於魯昌平鄉鄹邑即今之八月二十七日也孔子人倫之至斯文之宗道高德厚教化無窮生於周末歷聘諸邦每思以道濟天下而明王不作莫能宗予退而刪詩書定禮樂贊周易序春秋其道雖晦於一時而其教澤已津乎萬世及門之徒頗受業者三千而身通六藝者七十有二自漢高帝過魯以太牢祀孔子而歷代因之凡天子釋奠皆以師禮祭拜禮樂皆擬王者明太祖洪武元年二月詔以太牢祀孔子於國學去塑像易木主至明世宗嘉靖始罷封爵釐正舊號題曰至聖先師孔子神位崇禎十四年上視太學釋奠先師定制每歲仲春仲秋上丁日天子以太牢致祭孔子於太學令司府州縣各提調官用少牢致祭本郡邑　國朝因之康熙二十五年

御敘蓋自三才建而天地不居其功一中傳而聖人代宣其藴有行道之聖得位以綏猷有明道之聖立言以垂憲此正學所以常明人心所以不泯也粤稽往緒仰遡前徽堯舜禹湯文武達而在上兼君師之寄行道之聖人也孔子不得位窮而在下秉删述之權明道之聖人也行道者勲業炳於一朝明道者教思周於百世堯舜文武之後不有孔子則學術紛淆仁義湮塞斯道之失傳也久矣後之人而欲探二帝三王之心法以為治國天下之準其奚所取衷焉然則孔子之為萬古一人也審矣朕巡省東國謁祀闕里景企滋深敬攄筆而為之贊曰清濁有氣剛柔有質聖人參之人極以立行著習察舍道莫由惟皇建極惟后綏猷作君作師垂統萬古曰惟堯舜禹湯文武歷百餘歲至聖挺生聲金振玉集厥大成序書删詩定禮正樂既窮象繫亦嚴筆削上紹往緒下示來型道不終晦秩然大經百家紛紜殊途異趣日月無踰羹牆可晤孔子

之道惟中與庸此心此理千聖所同孔子之德
仁義中正秉彝之好根本天性庶幾夙夜勗哉
今圖遡源洙泗景躅唐虞載歷庭除式觀禮器
搞毫仰讚心焉遐企百世而上以聖為歸百世
而下以聖為師非師夫子惟師於道統天御世
惟道為寶泰山巖巖東海泱泱牆高萬仞夫子
之堂孰窺其藩孰窺其徑道不遠人克念作聖

頒定四配十二哲位次（雍正二年祇十一哲乾隆三年有子始升共十二哲）

東配　復聖顏子

顏子名回字子淵魯人郕國之後也生而明睿
甫成童即從孔子天姿學力未達聖人者僅一
間而其深潛純粹之氣渾然不露圭角識者擬
之和風慶雲且聞道最早有聽受無問難真積
體驗而默識心通故孔子平日每屬望以傳道
之任嘗私謂顏子曰家貧居卑胡不仕乎對曰
回有郭外之田足以給饘粥郭內之田足以供
絲麻鼓琴足以自娛學於夫子足以自樂不願

仕也回顧貧如富賤如貴無勇而威與士交通終身無患難孔子曰善哉貧如富其知足無欲也賤如貴其讓而好禮也無勇而威其恭敬而不失於人也終身無患難其擇言而出之也回其至矣乎卒葬魯東防山之陽歷漢唐宋元封贈屢加無已至明嘉靖議去封爵稱復聖顏子

國朝因之贊曰聖道早聞天資獨粹約禮博文不遷不貳一善服膺萬德來萃能化而齊其樂一致禮樂四代治法兼備用行舍藏王佐之器

述聖子思子

孔伋字子思伯魚之子孔子之孫也父早卒述事王父初就學問於夫子曰物有形類事有真僞必審之奚由子曰由乎心於是潛心力學研究性命之理毅然以斯道爲己任後孔子卒子思承父之重服喪三年遂受業於曾子曾子謂曰伋吾執親喪水漿不入口者七日子思曰先王制禮不敢過焉君子居喪水漿不入口者三日杖而後能起焉是其幼而知禮也既而適衛

田子方使人遺狐白之裘辭之不受遂反乎魯魯繆公以為臣因勸繆公行周公之政終不能用乃退而修講授之業述父師之意作為中庸爰筆之書以授孟子傳授心法其味無窮後復遊衛薦衛人李音之賢舉苟變干城之將卒不能用遂反魯卒於家葬先聖墓南數十步宋封沂水侯元贈述聖公明嘉靖改稱述聖子思子

國朝因之贊曰於穆天命道之大原靜養動察庸德庸言以育萬物以贊乾坤九經三重大法是存篤恭慎獨成德之門卷之藏密擴之無垠

西配

宗聖曾子

曾子名參字子輿魯南武城人鄫國之後也性至孝家貧食力敝衣躬耕日不舉火而歌聲若出金石魯君聞而致邑焉固辭不受甘貧樂道力食以養親時孔子在楚參奉父命之楚而受學焉一日忽心動即白夫子告歸拜見母母曰吾囊者思汝遂囓其指予知之乎曾子以心動

告夫子聞之曰至哉曾子之孝也精感萬里年二十齊欲聘以為卿不就曰吾父母老食人之祿則憂人之事吾不忍遠親而為人役也耕於泰山嘗雨雪不得行思父母作梁父吟焉及其學於聖門賦性椎魯不及顏子然曰三省其身於聖人之道身體力行求至其極故一貫之傳獨得其宗又復潛心禮記侍坐孔子論辨明王七教三至之道反覆詳詁各得其義因自設教於武城著大學一書以授子思而聖門之傳乃有統系及其臨終易簀而斃死得其正矣歷漢唐宋元追贈屢威明嘉靖改稱宗聖曾子國朝因之贊曰洙泗之傳魯以得之一貫曰唯聖學在茲明德新民止善為期格致誠正均平以推至德要道百行所基纂承統緒備明訓辭

亞聖孟子

孟子名軻字子輿鄒人魯公族孟孫之後也三歲喪父母賢德挾其子三遷以居斷織以教孟子懼旦夕勤學不息乃於魯請見子思道性善

言仁義子思深悅而教之因問於子思曰堯舜文武之道可力致乎子思曰彼人也我人也稱其言履其行夜思之晝行之汲汲焉如農之赴時商之趨利惡有不至者乎孟子曰謹受教悅道既通乃應聘列國初見梁惠王道仁義王以為迂遠不能用遂去魏適齊見宣王陳王道王亦疑其迂濶於是去齊反魯未幾母卒歸葬魯焉自是之宋之滕之任皆以國小不能行其道而為客於齊方是時諸侯放恣處士橫議天下方務於縱橫以攻伐為賢而楊朱墨翟之言盈天下孟子乃述唐虞三代之德是以所如不合退而與及門之徒序詩書述仲尼正人心息邪說作孟子七篇以道援天下而無君無父之教不行於世其功不在禹下矣年七十四卒於家宋封鄒國公　配享孔子元贈亞聖公明嘉靖改稱亞聖孟子　國朝因之贊曰哲人既萎楊墨昌熾子輿闢之曰仁曰義性善獨闡知言養氣道稱堯舜學屏功利煌煌七篇並垂六藝孔學

攸傳禹功作配

東哲

先賢閔子

閔子名損字子騫魯人天性純孝爲人容貌端潔而表裏洞然幼喪母爲後母所苦冬月以蘆花衣之父令御車體寒失轡父責之騫自引咎既而父察知之欲出後母騫跽言曰母在一子單母去三子寒父嘉其言遂止母亦悔悟待三子如一焉年甫弱冠即從事聖門坦然樂道而忘勢利視不義之富貴不啻犬彘然故終身不仕大夫不食汚君之禄及居親三年喪畢見於孔子與之琴使之絃切切而悲作而曰先王制禮不敢過焉孔子曰閔子哀未盡能斷之以禮不亦君子乎卒以德行著名夫子稱其孝焉唐開元從祀孔子追封費侯宋封瑯琊公明嘉靖改稱先賢閔子 國朝因之宋王旦贊曰子騫達者闇闇成性德冠四科孝先百行人無間言道亦幾聖公衮增封均乃天慶

先賢冉子

冉子名雍字仲弓伯牛之宗族也以德行著名其為人寬洪簡重而短於口才或人以不佞少之夫子獨許之可使南面嘗仕於魯問孔子政事凡刑禁之聽訟獄之成問之甚詳孔子告之甚悉雍再拜受教故能優乎人君之度子貢嘗稱之曰在貧如客使其民如借不遷怒不深怨不錄舊罪是冉雍之行也夫子稱其賢曰有土之君子也唐開元從祀廟庭追封薛侯宋封下邳公明嘉靖改稱先賢冉子　國朝因之宋人贊曰不佞之仁具體之賢登彼堂輿用之山川代逢偃草禮畢升禋錫以三壤貴茲九泉

先賢端木子

端木子名賜字子貢衛人也少從事孔子嘗鬻貲於曹魯之間七十子之徒賜最為饒益每有億度輒中當世之務所言無不應者好揚人美亦不匿人過孔子化之始從孔子適齊齊景公問何師對曰魯仲尼曰仲尼賢乎曰聖人也景

公曰其聖何如對曰不知也臣終身戴天而不知天之高終身踐地而不知地之厚師事仲尼譬猶操壺杓就江海而飲之腹滿而去安知江海之深乎後從夫子遊衛衛用以宰信陽將行辭於孔子子曰治民莫若平臨財莫若廉廉平之守不可改也君子慎之子貢再拜受教以行後因衛亂乃從夫子復反於魯蓋子貢為人明敏才辨亞於顔子自受學聖門結駟連騎束幣帛以聘享諸侯所至國君無不分庭與之抗禮使孔子之名播揚於天下者子貢先後之也及其晚年益自進德親受一貫之傳而嘆性與天道之興心服孔教主喪廬墓其見道深而信道篤也豈僅居言語之科而已哉唐封黎侯詔從祀廟庭宋加封黎陽公明嘉靖改稱先賢端木子　國朝因之明張先贊曰穎悟夙成辨才絶世深造晚年性道斯契學識之功瑚璉之器輝映聖門揚休奕禩

先賢仲子

仲子名由字子路魯之汴人也性孝勇志抗直初見孔子冠雄雞冠佩豭豚拔劍而舞之曰古之君子固以劍自衛乎孔子曰君子忠以為質仁以為衛何待劍乎由聞之遂儒服請為弟子魯定公八年孔子使子路為宰墮三都收其甲兵既而隨孔子之衛適宋匡人圍之子路奮戟欲戰孔子止之命之歌子路彈琴而歌孔子和之三終而圍解後隨孔子之楚反衛衛以為蒲宰治蒲三年孔子過之稱善者三曰恭敬以信也忠信以寬也明察以斷也少年家貧事親常食藜藿為親負米百里之外後南遊楚積粟萬鍾願食藜藿為親負米而不可得對夫子言之泣下子曰由也事親可謂生盡力死盡哀矣生平英斷果決而勇於有為子貢以為不侮鰥寡不畏强禦及死於衛孔子哭之痛曰自吾有由惡言不入於耳賢矣哉唐贈衛侯宋封衛公明嘉靖改稱先賢仲子　國朝因之宋陳堯叟贊曰猗歟魯哲義勇無儔獨立不懼從政惟優欽

屬仁聖勅封介丘褒賢進號載顯英猷

先賢卜子

卜子名商字子夏衛人受業於夫子篤信謹守以文學著名家貧不仕衣若懸鶉初登夫子之堂見先王之仁義則榮之不移於紛華盛麗故得道而肥學詩於夫子嘗讀之不厭子問曰爾何大於詩也對曰詩之於事昭若日月燎若星辰上有堯舜之道下有三王之義雖居蓬户而彈琴以咏先王之風亦可以發憤忘食矣子曰嘻商也始可與言詩已矣後問喪禮於孔子孔子具以告詳檀弓見子夏習之及居喪既畢見夫子夫子與之琴使之絃衎衎而樂作而曰先王之禮不敢不及孔子曰君子也其哀既盡能引之及禮年二十八孔子卒服心喪三年歸教授於西河於詩著爲爾雅相傳毛詩一序皆子夏之遺說或曰子夏受周易春秋於孔子公羊穀梁皆從之學春秋者也蓋其氣象謹嚴而能篤守聖道子貢嘗稱之曰送迎必敬上下交接若截

馬是卜商之行也唐貞觀從祀廟庭明皇封魏侯宋加封河東公明嘉靖改稱先賢卜子國朝因之宋儒臣贊曰詩動天地起予者商温柔文教文學升堂雅頌得所治亂攸彰慶成嘉贈其道彌芳

先賢有子

有子名若字子有魯人為人天姿清粹而篤學不倦强識好古明習禮樂其言行氣象有似夫子夫子門人欲以所事孔子事之强曾子曾子不可乃止蓋聖門弟子實見其表裏粹然與聖相類故敬服而師事之觀其年三十四即能卓然自立於禮言動可法惜其不以壽終卒之太早故其喪也悼公弔焉子游殯焉唐開元追封汴伯詔從祀宋封平陰侯明嘉靖改稱先賢國朝因之乾隆三年徐元夢奏請升哲宋理宗贊曰人稟秀德氣貌或同而子儼然溫溫其容江漢秋陽皜皜末從以禮節和斯言可宗

西哲

先賢冉子

冉子名耕字伯牛魯人以德行稱亞於顏閔定公十年辛丑孔子為司空以伯牛為中都宰布教施化四方則之嘗從阨於陳蔡之間餒甚而儒服彈咏不輟又設教於洙終身不仕其為人也言不出口恂恂儒者也尸子曰仲尼志意不立子路侍儀服不修公西華侍禮不習子游侍辭不辨宰我侍亡忽古今顏淵侍節小物冉伯牛侍子曰吾以六子自厲也白虎通曰冉牛危言正行而遭惡疾朱子曰此乃有生之初氣禀一定而不可易者孟子所謂莫之致而至者也唐開元從祀廟庭宋封東平侯明嘉靖改稱先賢冉子 國朝因之宋王旦贊曰聖門達者德行為先洙泗來學顏閔差肩天封展禮公衮褒賢生則命蹇歿而道宣

先賢宰子

宰子名予字子我魯人長於言語嘗問鬼神於孔子子曰人生有氣有魂有魄氣魂魄會謂之

生氣者神之盛也魄者鬼之盛也生必有死死必歸土此謂鬼魂氣歸天此謂神聖人因物制極享祀鬼神教民反始不忘其本上下用情禮之至也他日又問五帝之德孔子告之後又嘗使於楚昭王問之宰我曰夫子道行則樂其治不行則樂其身方見天下道德寢息志欲興而行之如有欲治之君夫子固猶為之何必遠辱君之貺他日歸以告孔子子貢以其言未盡夫子之美子曰言貴實使人信之舍實何稱乎是賜之華不如予之實也蓋宰子為人能言而或不達故夫子嘗曰以言取人失之宰予然其智足以知聖自有不可没者觀其賢夫子於堯舜非信道之深烏足以云之嘗仕齊為臨淄大夫唐開元詔從祀封齊侯宋封臨淄公明嘉靖改稱先賢宰子　國朝因之宋馮拯贊曰綽彼宰予服膺宣父學洞堂奧名揚鄒魯再期設問五常垂矩遇我慶成增封茅土

先賢冉子

冉子名求字子有仲弓之宗族嘗仕為季氏宰
進則理其官職退則受教聖門其為人也多才
藝而優於牧民故夫子許其藝可從政但其資
稟謙退見義或不能勇為然當此之時季氏旅
泰山用田賦伐顓臾僭禮樂夫子皆望求救正
而激厲切責之乃求也卒能承聖教明大義使
季氏保其家以事其國而終不陷於大惡則皆
平日勸導之力也故孔子曰大夫有爭臣三人
雖無道不失其家季氏無道極矣然而不亡者
以冉有季路為之宰也子貢曰恭老卹幼不忘
賓旅好學博藝省物勤己是冉求之行也孔子
語之曰好學則知恤孤則惠恭則近禮勤則有
繼堯舜篤恭以王天下其稱之也曰宜為國老
唐贈徐侯宋加封任城公明嘉靖改稱先賢冉
子國朝因之宋陳堯叟贊曰謙謙令德少著
嘉聞敏於從政治以斯文垂鴻報本道遇明君
巖稱永錫載揚清芬
先賢言子

言子名偃字子游吳人自吳之魯受業於孔子每侍側輒問禮孔子曰禮者君之柄所以別嫌明微考制度列仁義立政教安君臣上下者也子游再拜受教他日問喪之具子曰稱家之有無子游曰有無惡乎齊子曰有毋過禮茍無矣斂手足形旋葬懸棺而封人豈有非之者哉喪事貴哀有餘也祭祀貴敬有餘也子游承教日久時習於禮以文學著名其宰武城能以禮樂化民又能甄識賢者而澹臺滅明由是進於聖門巍然為羣弟子之冠要其學道之效自有不可及者昔人謂吳公豪傑之士而南方之學得其精華豈不信哉子貢曰先成其慮及事而用之故動則不妄是言偃之行也孔子曰欲能則學欲知則問欲美則詳欲給則豫當是而行偃也得之矣唐贈吳侯從祀廟庭宋封丹陽公明嘉靖改稱先賢言子　國朝因之宋趙安仁贊曰魯堂登科觀輿將聖武城之小可以觀政澹臺之舉行不由徑追進上公素風逾盛

先賢顓孫子

顓孫子名師字子張陳人也為人有容貌資質寬沖博接從容自負不屑屑於尺寸之行初入聖門猶志學干祿求聞達於諸侯及從遊夫子於蔡問行而得忠信篤敬之教敬書諸紳自是心服聖訓學能鞭辟近裏著己故日進於高明而執德欲弘信道欲篤問仁問政夫子以心法授之王道傳之既而有父之喪公明儀相焉問稽顙於孔子子曰拜而後稽顙頹乎其順也稽顙而後拜頎乎其至也三年之喪吾從其至矣他日喪既除見於夫子予之琴調之而和彈之而成聲作而曰先王制禮不敢不至也夫子曰君子哉及其臨終召申詳而語之曰君子曰終小人曰死吾今日其庶幾乎宛然曾子易簀之命矣他日子貢語衛文子曰美功不伐貴位不善不侮不佚不傲無告是顓孫師之行也孔子曰其不伐猶可能也其不侮百姓則仁也唐封陳伯從祀廟庭宋封陳公昇十哲位明嘉靖改

稱先賢顓孫子　國朝因之宋張齊賢贊曰堂堂張也高德與隣尊賢容衆崇德依仁入趨函丈退而書紳升中優贈道與名新

先賢朱子

朱子名熹字元晦號晦菴徽之婺源人也自幼穎異嘗從羣兒戲沙中端坐畫八卦父大奇之年十四從父知饒州稟學於胡憲劉勉之劉子翬三君子十八登進士第聞李侗得伊洛正宗徙步往從之侗授以中庸一書公遂盡得其學築室武夷山中窮理致知反躬實踐而以居敬為主宋孝宗三年公訪張栻於長沙因與栻論中庸大義八年修資治通鑑綱目成後以王淮薦提舉浙東茶鹽司務曰訪民隱修舉荒政按行境內所部肅然帝曰朱熹政事却有可觀乃下其倉社法於諸路光宗元年撰大學或問章句成寧宗即位復召熹為煥章閣待制進對時事務格君非時值韓侂胄姦邪蔽主熹辭位家居草封事數萬言欲上之蔡元定決之蓍龜不

吉乃焚其藁日與諸生講學不輟臨終正坐整冠而逝所著有易學啓蒙學庸章句語孟集註孝經刊誤小學家禮近思録通鑑綱目上集千聖之業下開萬世之蒙厥功大矣宋封公明嘉靖改稱先儒崇禎改稱先賢 國朝因之

皇上崇禮有加使子孫世襲五經博士公復由廡升哲非大有功於聖道者孰能處百世而下而與親炙聖人之賢一堂食報哉 國朝江浦張善贊曰統承百王功被萬世燦然大成道器一致豪傑之才聖賢之學景星慶雲泰山喬嶽

頒定東西廡位次乾隆十八年 錄後

東廡

先賢蘧子

蘧瑗字伯玉衛人（今河南衛輝府）仕衛為大夫忠信以宰物靖恭以事君外寬内直自繩於幽隱而方寸不敢自欺一夕靈公與夫人夜坐聞車聲轔轔至闕而止過闕復有聲夫人曰此必蘧伯玉也公曰何以知之夫人曰禮下公門式路馬所

以廣敬也夫忠臣孝子不為昭昭伸節不以冥冥墮行蘧伯玉賢大夫也仁而有智敬以事上必不肯以闇昧廢禮是以知之公問之果然故孔子在當時所與善者齊有晏嬰鄭有子產衛有伯玉而孔子學易以寡過伯玉知非於暮年獨引伯玉為知心焉且衛多賢才甯武之愚史魚之直皆衛之君子也而孔子獨以君子歸伯玉蓋伯玉內雖介介外則渾融甯之愚史之直皆其所能而不為也唐開元從祀廟庭追封衛伯宋真宗加封內黃侯明嘉靖以張璁議謂伯玉聖人之友改祀於鄉今復祀聖廟稱先賢

贊曰衛之君子寡過未能聖友同契玉墨金繩想以及物嚴以飭躬千秋俎豆輝映庠黌

先賢澹臺子

澹臺子名滅明字子羽武城人其狀貌甚惡孔子以為材薄既因子游之言受業於孔子退而修行益自砥礪言動不苟名施於諸侯孔子聞之曰吾以貌取人失之子羽後居於楚友教士

大夫一時荆漢之俗皆斌斌為北方之學焉子貢曰貴之不善賤之不怒苟利於民廉於行己是澹臺滅明之行也唐開元封江伯詔從祀宋封金鄉侯明嘉靖改稱先賢 國朝因之宋温仲舒贊曰不由徑行其直可貴不私見人其公可畏擊蛟既勇毁璧且義紀號益封旌厥賢士

先賢原子

原子名憲字子思宋人清淨守節貧而樂道嘗居魯環堵之室蓬户甕牖匡坐絃歌子貢聞之結駟連騎入窮巷而往見之原思樺冠藜杖而應門整冠則纓絶振衣則肘見納履則踵決子貢曰先生何病也憲曰無財之謂貧學而不能行之謂病憲貧也非病也若夫希世而行仁義之慝車馬之飾憲不忍為子貢面有慚色不辭而去憲乃徐步曳杖行歌商頌陶然自樂終身無求於人焉唐封伯詔從祀宋封侯明改稱先賢 國朝因之宋向敏中贊曰賢哉子思介然清淨貧惟固學道乃非病衣冠忘敝草澤遂性

升中進秩垂芳尤盛

先賢南宮子

南宮子名适字子容魯孟僖子之子懿子之弟仲孫閱也居南宮因姓焉師事孔子遂隨孔子至周問禮於老聃老子送之曰凡當今之士聰明深察而近於死者好譏議人者也博辯閎遠而危其身者好發人之惡者也南容獲與聞之遂三復白圭焉孔子以其謹於言行因妻以其兄之子每誦之曰自季孫之賜我千鍾而友益親自南宮敬叔之乘我車也而道加行容固翩翩濁世之佳公子哉唐封郯伯詔從祀宋封汝陽侯明嘉靖改稱先賢 國朝因之宋寇準贊曰先覺既位籍履並馳尚德君子爾乃兼之羿奡可懲禹稷可師三復此道載觀白圭

先賢商子

商子名瞿字子木魯人嘗受易於孔子年長無子其母欲為之再娶室請之孔子孔子曰無憂也瞿年四十後當有五丈夫子已而果然性

喜學易孔子傳之瞿志之又嘗為孔子筮曰子
有聖智而無位孔子泣曰天也命也鳳鳥不來
河無圖出嗚呼天之命也其後瞿傳易於後人
傳受者不絶至漢梁丘賀京房諸氏列於學宫
善言易者皆祖於瞿焉唐封蒙伯詔從祀宋封
須昌侯明嘉靖改稱先賢　國朝因之宋晁迥
贊曰易之為書彌綸天地五十乃學師則有是
子能受授洗心傳世知幾其神宜被厥祀

先賢漆雕子

漆雕子名開字子若蔡人習尚書孔子嘗使之
仕開以未信對子説之嘗問開曰子事臧文仲
武仲及孺子容三大夫孰賢開對曰臧氏家有
守龜其名曰蔡文仲三年而為一兆武仲三年
而為二兆孺子容三年而為三兆開從此見之
若三人之賢不賢未敢識也孔子曰君子哉漆
雕氏之子其言人美也隱而顯言人過也微而
著故智不能及明不能見得毋數卜乎唐封滕
伯詔從祀宋封平興侯明嘉靖改稱先賢　國

朝因之宋李宗諤贊曰闕里之堂邈矣難造猗歟子若實覩其興學優當仕非乃攸好明祀益封式稽古道

先賢司馬子

司馬子名耕字子牛宋人向魋之弟也魯哀公十四年向魋作亂與其弟子頎子車入於曹以叛宋牛不能禁時因兄弟濟惡每懷憂懼嘗自言獨亡兄弟子夏以四海皆兄弟之語寬之其後趙簡子鞅陳成子恒知其賢皆召之頃卒於魯郭門之外魯人葬諸丘輿唐開元追封向伯詔從祀孔廟宋封綏陽侯明嘉靖改稱先賢

國朝因之宋理宗贊曰手足甚親志異出處魋將為亂子乃脫去在污能潔危而有慮內省若斯何憂何懼

先賢梁子

梁子名鱣字叔魚齊人家語傳其三十未有子欲出其妻商瞿謂曰子未也吾年三十八無子吾母欲為吾更取室夫子曰無憂瞿過四十當

有五丈夫子令果然吾恐子自晚生耳未必妻之過也從之二年而有子其信友以全義叔魚之所存者厚矣唐封梁伯詔從祀宋封千乘侯明嘉靖改先賢 國朝因之宋周起贊曰元聖舊邦森然精爽於惟子魚式瞻遺像紀號傳鑾侯封錫壞儒道有光百王所仰

先賢冉子

冉子名孺字子魯魯人志稱勤學好問其為人也聖學是務勵己斯約好問乃裕容止可度唐封紀伯詔從祀宋封臨沂侯明嘉靖改稱先賢

國朝因之宋李維贊曰聖人之道一以貫之允矣子魯堂興斯窺惟帝登岱克陳上儀追封侯社沂水之湄

先賢伯子

伯子名虔字子楷史記字子析魯人儒行既成聊伯乃建兢兢守道奕奕巍弁唐封聊伯詔從祀宋封沭陽侯明嘉靖改稱先賢 國朝因之宋王曾贊曰肅肅魯堂侁侁闕里伯氏達者克

肖夫子運偶慶成禮崇追美後學式瞻高山仰
止

先賢冉子

冉子名季字子産魯人志稱姿性淵妙敏於問
答唐封東平伯詔從祀宋封諸城侯明嘉靖改
稱先賢　國朝因之宋李維贊曰冉子挺生鍾
是純粹游聖之門切磨道義時邁升中禮成肆
類錫壤諸城式昭遺軌

先賢漆雕子

漆雕子名徒父字子有家語字子文魯人嘗仕
於魯有治術唐開元追封須句伯詔從祀宋加
封高苑侯明嘉靖改稱先賢　國朝因之宋陳
堯叟贊曰受教聖人服勤墳籍如彼時術故能
日益元封慶成介圭追錫圖形繪像鏤美金石

先賢漆雕子

漆雕子名哆家語作侈字子斂魯人唐開元中
追封武城伯從祀廟庭宋真宗咸平三年加封
濮陽侯明嘉靖改稱先賢　國朝因之宋理宗

贊曰子皙受封爰居武城亹亹其聞翩翩其英摳衣時習願學日明誕敷孔教爵理疏榮

先賢公西子

公西子名赤字子華魯人姿質斌雅習於禮容應對子貢嘗語衛將軍彌牟曰齊莊而能肅志通而好禮擯相兩君之事篤雅有節是公西赤之行也孔子語門人曰二三子欲學賓客之禮其於赤也至觀其養親則若與朋友處然恩勝禮也及孔子之喪公西子為志焉飾棺牆置翣設披周也設崇殷也綢練設旐夏也蓋用三王之制以尊師且備古也唐封鄁伯詔從祀宋封鉅野侯明改稱先賢 國朝因之宋王嗣宗贊曰翊聖賢者徂徠之英謙言小相終成大名立朝儒雅出使光榮佐佑禮法諸侯作程

先賢任子

任子名不齊字子選楚人淑聞雅馳才華清遠兢長力行愛日黽勉唐開元追封任城伯宋加封當陽侯明嘉靖改稱先賢從祀廟庭 國朝

因之宋陳充贊曰荊衡毓粹賢生其中服膺數
仞誠明感通地通長坂爵加素風虔尊祀典列
侍儒宮
先賢公良子
公良子名孺字子幼陳人賢而且勇孔子周行
嘗以家車五乘從他日孔子適衛路出於蒲會
公叔氏以蒲叛衛而阻之公良子曰昔從夫子
遇難於匡伐樹於宋今又遇困於此命也與其
夫子遇難寧我鬭死挺劍而合眾將與之戰蒲
人懼曰苟無適衛吾則出子以盟孔子與之盟
而出之東門遂適衛子貢曰盟可負乎孔子曰
此要盟也要盟非義何負之有衛侯聞孔子來
喜而郊迎之故公良子在聖門隨從之功蓋亞
於仲氏云唐封東牟伯宋封牟平侯明嘉靖改
稱先賢從祀廟庭　國朝因之宋張智贊曰子
幼真賢從師宣父服膺大猷配享終古運屬聖
神時巡鄒魯五等疏封三綱式敘
先賢公肩子

公扃子名定字子中魯人唐開元追封新田伯
從祀廟庭宋加封梁父侯明嘉靖改稱先賢
國朝因之明呂本贊曰英英子中受教闕里聖化
存神博文約禮劍佩從容入奉杖几維王報功
侯爵是與
先賢鄡子鄡音梟
鄡子名單字子家家語作縣亶字子象衛人史記稱鄡單
鉅鹿鄡縣人目令順德府有鉅鹿縣唐封縣亶
銅鞮伯宋加封聊城侯明嘉靖獨從史記改稱
先賢鄡子從祀廟庭國朝因之明月中桂贊
曰聖門之英乃有子象冠劍肅然入趨函丈服
道既堅孔直且諒追惟素風俎豆斯尚
先賢罕父子
罕父子家語作宰父名黑字子黑史記作子索闕里志又作罕父索
按氏族通考止有宰父恐言罕父誤矣魯人唐
開元追封乘丘伯從祀廟庭宋真宗加封祁鄉
侯明嘉靖改稱先賢罕父子 國朝因之明張
邦直贊曰天縱聖師至德妙道罕父其賢賓親

至教優飫聖言學由深造皇皇褒封輝映廊廟
先賢榮子
榮子名旂字子祺家語作子期魯人學於聖門
匪善莫行惟德乃據唐開元追封雲樓伯從祀
廟庭宋真宗加封厭次侯明嘉靖改稱先賢
國朝因之宋楊億贊曰聖人之門學者侁侁彼美
子祺行修志諄異端斥闢微言服勤格于我宋
侯封是新
先賢左子
左子名人郢字子行或曰複姓左人名郢魯人
唐開元追封臨淄伯從祀廟庭宋真宗加封南
華侯明嘉靖改稱先賢　國朝因之宋王曾贊
曰伯彼臨淄子行稱賢希蹤千古秀穎三千心
悦誠服家至户傳樂只君子文聲益宣
先賢鄭子
鄭子名國（古史作邦）字子徒（家語作子從）字魯人先儒書贊
之曰伯夫滎陽實惟令德優入聖門過不留跡
道以目傳妙則心識猗歟偉歟後代之式唐開

元追封榮陽伯詔從祀孔廟宋加封朐山侯明嘉靖改稱先賢　國朝因之宋陳彭年贊曰懿彼子徒挺生闕里日遊聖門躬受微旨德音孔昭令聞不已疏爵朐山式旌遺美

先賢原子

原子名亢字子籍魯人唐開元追封萊蕪伯從祀廟庭宋真宗加封樂平侯明嘉靖改稱先賢

國朝因之明馬世奇贊曰大哉聖道學無能名聞一斯貴豈曰六經矯哉原子早進趨庭博通聖教俎豆斯馨

先賢廉子

廉子名潔字子庸家語子曹字衛人涵泳素教揭昭儒宗杏壇操頤洙泗從容唐開元追封莒父伯從祀廟庭宋真宗加封胙城侯明嘉靖改稱先賢　國朝因之明張可聞贊曰天生至聖大明中天時維廉子入室大賢彈琴鼓篋則古稱先昔從闕里馨祀几筵

先賢叔仲子

叔仲子名會(史記作噲)字子期魯人年最少與孔璇
年相比二人迭侍孔子執筆記事孟武伯見孔
子而問曰此二孺子之幼也于學豈能識于壯
哉孔子曰然少成若天性習慣成自然也唐開
元追封瑕丘伯從祀孔廟宋加封博平侯明嘉
靖改稱先賢　國朝因之宋劉鍇贊曰斯文有
宗吾道不窮執筆迭侍惟賢比崇少成習慣函
丈順風東巡駐蹕霈澤儒宮

先賢公西子

公西子名輿如字子上魯人親承聖教敬業樂
羣居仁由義崇禮修文唐開元追封重丘伯從
祀廟庭宋加封臨朐侯明嘉靖改稱先賢　國
朝因之宋范雎贊曰鍾生魯邦從師魯國展矣
斯人道臻聖域禮墨金繩慶敷文德薦享侯封
永光廟食

先賢邽子

邽子名巽家語作選原姓邦避漢高諱改邦為
國又誤邽字子欽魯人牆仞已及堂陛將升良

玉斯琢寒水必氷唐開元追封平陸伯從祀廟庭宋加封高唐侯明嘉靖改稱先賢　國朝因之宋姜嶼贊曰展矣子欽孔門高弟模範將聖博通六藝斯謂達者顯於前世追封列侯流芳

永祀
先賢陳子

陳子名亢字子禽陳人性魯鈍少智慧兄子車死于衛其妻與其家大夫謀以妾殉葬謀定而子禽至因以告曰夫子死莫養於下請以殉葬子禽曰以殉葬非禮也雖然則彼泉下當養者孰若妻與妾得已則吾欲已不得已則吾欲以二子者之為之也於是弗果用其敏折又如此唐開元追封潁伯詔從祀宋加封南頓侯明嘉靖改稱先賢　國朝因之宋理宗贊曰於美子禽服膺尼父問一得三垂訓千古名由實賓德以位序運屬封戀爵崇介士

先賢琴子

琴子名牢字子開亦字子張衛人初與宗魯為

友宗魯事衛公子孟縶齊豹作亂殺公子宗魯死之琴張欲往弔孔子曰宗魯者齊豹之盜而孟縶之賊也君子不食姦不受亂不蓋非義不犯非禮女何弔焉琴張乃止後與子桑戶孟子反遊莫逆於心相與為友及子桑戶死孔子使子貢往弔之琴張子反編曲鼓琴相和而歌曰汝已反其真而我猶為人子貢以臨尸而歌為非禮反告孔子孔子曰彼遊方之外者也烏知死生先後哉在聖門牆稱為狂者唐封南陵伯詔從祀宋封陽平侯明嘉靖改稱先賢　國朝因之宋趙昌言贊曰反魯之始從師去里不試故藝善言攸紀非義罷弔遵聖知禮銘獻益封用旌君子

先賢步叔子

步叔子名乘字子車齊人學於孔子親炙几席唯喏趨隅發微既博雅道是扶唐開元追封淳于伯從祀孔廟宋真宗加封博昌侯明嘉靖改稱先賢　國朝因之宋理宗贊曰聖人之門子

車服勤學以時習道宜日新數仞奚處函丈是
親追封遺烈旌美儒臣

先賢秦子

秦子名非字子之魯人學於聖門樂善不倦而
傳道克正執德以弘而用心必剛衮黄業履式
贊素王唐開元追封汧陽伯從祀廟庭宋真宗
加封華亭侯明嘉靖改稱先賢　國朝因之宋
楊億贊曰七十之賢皆傳聖道彼美子之學臻
堂奥珍席圭璋儒宫黼藻列爵華亭令名長保

先賢顔子

顔子名噲字子聲魯人學於聖門美才素藴而
就師薰陶以成其德故列於七十二賢之内非
泛泛頗受業者三千之徒可比也唐開元追封
朱虚伯從祀廟庭宋真宗加封濟陰侯明嘉靖
改稱先賢　國朝因之宋王旦贊曰回也庶幾
諸顔近之洙泗受業汶上從師輔翊儒道經營
德基俾侯于濟君子攸宜

先賢顔子

顏何字冉魯人受業於孔子顏回之同族也按顏氏世家云顏氏世為魯國鄉士族最蕃衍孔門達者七十二人顏氏居八顏父曰無繇次曰辛曰高曰祖曰之僕曰何曰噲合顏淵為八又顏子四十代孫真卿序家譜亦曰孔門達者顏氏八人唐開元封開陽伯宋真宗封崇邑侯明嘉靖張璁矯議稱顏何秦冉不載於家語而史記載之似不可考遂奏罷祀　今據史記載顏何聖門弟子宜復祀孔廟稱先賢贊曰聖門諸賢顏氏稱最猗歟子冉儒雅是萃數仞忽隔復隨劍佩八愷八元鍾茲純粹

先賢懸亶

懸亶字子象孔子弟子家語載其姓字特以史記不載遂去之史記載鄡單姓名家語無之按鄡單懸亶姓名各異在昔以懸亶史記不載因亶單同音定為一人乃祀鄡單而去懸亶當時止從史記原無確據　今從家語兼祀懸亶故下贊語亦因其字同鄡單附子象贊語贊曰聖

門之徒乃有子象冠劍肅然入趨函丈服道既堅孔直且諒追惟素風俎豆斯尚

先賢樂正子

樂正子名克孟子弟子孟子稱其為善人信人又聞其為政喜而不寐稱之曰好善優於天下夫孔子嘗以顏子為好學孟子亦稱樂正為好善知弟者莫如師其賢可知也故孔廟首以復聖顏子配享樂正子雖不及顏子德冠諸賢而能好善以有諸已方之聖門亦可與柴高同列迨今過魯及鄒謁孟廟見西向配享者惟樂正一人以其善信足稱也今擬入廡享祀列孔門弟子之下位漢唐諸儒之上贊曰亞聖既作心接洙泗傳道後人及門高弟好善不輟浴德孟氏霈澤黌宮垂芳永世

先賢萬章

萬章孟子弟子其為人也雖未嘗見稱於孟子然據其辨問想見其人當戰國之時勢利熏灼天下士皆驚於縱橫連合以為朝秦暮楚之遊

章獨不囿於世俗而以孟子為依歸几席承教尚論古今堯舜禹之禪繼伊尹孔子之行藏百里奚之出處與夫士大夫交際之禮不見諸侯之義諄諄辨論務得儒術實修以立人心世道之防韋亦翩翩濁世之賢君子哉　今擬登祀廟庭贊曰戰國相爭處士橫議名世大賢救焚拯溺及門有徒折衷道義登進儒宮俎豆百世

先賢周子

周子名敦頤字茂叔宋時營道縣人父名輔成嘗為桂嶺縣令敦頤早孤依於舅氏鄭珦仁宗慶曆四年授洪州主簿有獄久不決茂叔一訊立判邑人驚曰老吏不如也洛人程珦使其二子顥頤往受學焉每教二程以尋孔顏樂處至英宗治平四年提點廣南刑獄以洗冤澤物為己任熙寧初以疾求知南康軍因家廬山蓮花峰下其麓有溪潔清紺寒茂叔築室其上學者宗之稱濂溪先生所著有太極圖明天理之根源究萬物之終始著通書四十篇言約而道大

文質而義精上接洙泗千載之統下啓河洛百世之傳會道有元脉絡貫通而其胸次灑落如光風霽月不由師傳反身而誠者也故自孟氏之後欲觀聖道明陰陽五行之奥達仁義中正之旨者必自濂溪始宋理宗封汝南伯詔從祀元封道國公明改稱先賢國朝因之朱子贊曰道喪千載聖遠言湮不有先覺孰開我人書不盡言圖不盡意風月無邊庭草交翠

先賢程子

程子名顥字伯淳河南洛陽人珦之子頤之兄生而神爽十歲能詩受學於周茂叔辨異端闢邪說崇孔孟正道仁宗嘉祐二年進士及第英宗四年為澤州晉城令專尚德化民愛之如父母神宗朝為御史勸帝正心窒慾求言育才務以誠意感動人主一日被召赴中書議事王安石議行新法言者厲色以待顥徐曰天下事非一家私議也願平氣以聽之安石為之愧屈先儒謂先生一坐一立如泥塑人接人則渾是一

團和氣賢愚善惡咸得其心狡偽者獻其誠暴慢者致其恭聞風者誠服觀德者心醉惜其道未行乃著定性書語錄五經四書傳註性理大全學者稱明道先生宋寧宗賜謚曰純理宗封河南伯從祀孔廟明崇禎改稱先賢歷今嫡孫世襲翰林院五經博士朱子贊曰揚休山立玉色金聲元氣之會渾然天成瑞日祥雲和風甘雨龍德正中厥施斯溥

先賢邵子

邵子名雍字堯夫其先范陽人隨父游河南遂家焉時有李之才祖陳摶精易道聞雍好學即造其廬曰子亦聞物理性命之學乎雍對曰幸受教乃師事之受河圖洛書伏羲八卦及六十四卦圖象雍伏而學之冬不爐夏不扇夜不就寢者數年探賾抜根妙悟神契曠乎有所自得布裘蔬食躬爨以養父母而居之裕如不求人知乃遠近嚮慕就問者衆時有富鄭公司馬君實呂晦叔二程子嚴敬重之生平天性高邁迥

出千古無書不讀而必窮其本原德氣純粹坦易温厚不見圭角而接物以誠與人言必依于孝弟忠信程伯子嘗稱之曰堯夫内聖外王之學也又其至誠之道可以前知聞杜鵑鳴于洛陽即知天下多事程叔子曰其心虚明自能知之所著有皇極觀物漁樵問對傳于世謚曰康節宋度宗詔從祀封新安伯明稱先賢國朝因之朱子贊曰天挺人豪英邁蓋世駕風鞭霆歷覽無際手探月窟足躡天根閒中今古靜裏乾坤

先儒公羊子

公羊子名高周末齊人深慕春秋尊王討賊之義遂喟然曰天下大綱凜然秋日遂往西河受春秋於卜子夏盡得其學作爲春秋公羊氏傳以授其子平平傳其子地地傳其子敢敢傳其子壽壽與弟子齊人胡母子都趙人董仲舒著以竹帛其學遂大行於漢世與左穀齊名唐貞觀詔從祀孔廟宋咸平加封臨淄伯明嘉靖改

稱先儒國朝因之宋晁迥贊曰高也解經辨惑感服學宫所傳齊名左穀追與肇封衆心允屬闕里彌縫斯文載郁

先儒伏子

伏子名勝字子賤秦濟南人也明經爲秦博士時下詔焚詩書伏生乃壁藏之厥後兵起流亡漢興伏生求其書亡數十篇獨得二十九篇即以教於齊魯之間孝文帝時欲求能治尚書者天下無有乃聞伏生賢而能治欲召之時年已九十餘老不能行乃詔太常使晁錯往受之爰作尚書傳四十一篇以授張生張生授歐陽生歐陽生授兒寬寬復授歐陽之子世世傳至曾孫高是謂歐陽之學自此以後又有夏侯都尉受業於張生以傳族子始昌始昌傳族子勝是爲大夏侯之學勝傳從子建又别爲小夏侯之學故書有歐陽氏大夏侯氏小夏侯氏三家並立皆祖於勝焉子孫以儒術顯名襲封最盛唐貞觀詔從祀宋封乘氏伯明嘉靖改稱先儒

國朝因之宋楊億贊曰伏子明經爲秦博士祖習微言流離耄齒壁藏其文口授厥旨建號旌儒錫封仁里先儒董子

董子名仲舒字寬夫漢時人居廣川少治春秋漢景帝時爲博士下帷發憤潛心力學三年不窺舍園人罕見其面一進一退非禮不行遠近之士負笈爭師之漢武帝元年詔舉賢良方正之士仲舒對以天人三策開陳王道極言禮樂教化之功武帝喜其對以仲舒爲江都相事易王易王素驕悍仲舒以禮匡王王敬重之嘗語王曰仁人者正其誼不謀其利明其道不計其功蓋自孟子没後士鮮知尊尚孔子而申韓蘇張之説横行於世獨至董子一出推尊孔孟崇尚仁義正學·始明而申韓亂政之説始息稱漢醇儒所著有春秋繁露皆傳于世元文宗從祀孔子明洪武追封江都伯成化改封廣川伯嘉靖改稱先儒國朝因之明呂調陽贊曰漢繼

絶學孰專其門推子倡始聖道斯尊春秋繁露
議論淵源正誼明道萬世名言

先儒后子

后子名蒼字近君漢時人居東海郯地少從同郡孟卿受禮最明其業在曲臺校書因説禮數萬言號曰后氏曲臺記蒼授沛人慶普梁人戴德及德從兄子戴聖二戴又各集爲禮篇删其繁重簡其精拔號曰二戴禮並立於學宮而求其精粹深厚雅馴近古者必以曲臺記爲最宜其典制詳明質核不謬可立於萬世也漢宣帝時蒼爲博士官至少府一時明經術者如蕭望之梁丘賀皆衍其傳自唐貞觀以後議祀典者多舉先儒未及后氏至明嘉靖九年考古求禮始以蒼爲禮之宗詔從祀孔廟序於漢儒董子之次稱曰先儒后子　國朝因之明呂一經贊曰曲臺唱禮傳自后公二戴樹幟立之學宮篇四十九人推馬融疇不宗下少府之功

先儒杜子

杜子名子春字時元東漢時河南緱氏人周公所制官政名曰周官杜子通之自秦始皇禁學周官棄絕不傳至西漢時有李氏得其書獻河間獻王獨闕冬官一篇購以千金不得遂取考工記補成六篇奏之成帝時黄門郎劉歆表而出之王莽時置博士以行于世子春受業劉歆家於南山教授鄉里至漢明帝永平初子春年已九十猶能誦識有知之者盡能講習其義時鄭衆賈逵往受其業二子發明其説著周禮解其後扶風馬融作周官傳以授鄭康成康成又作周官註微言奥義皆疏析闡發炳若日星蓋其説皆祖于春馬唐貞觀詔從祀孔子宋真宗追封緱氏伯明嘉靖改稱先儒國朝因之宋查道贊曰三川二室英靈所鍾學窮周制譽藹儒宗杏壇闕里差肩比踪一命作伯慶我天封

先儒諸葛子

諸葛子名亮字孔明處東漢之末寓居襄陽隆中嘗以道自處抱膝謳吟義不苟合當世固有

耕莘釣渭之風一遇昭烈三顧枉駕咨以當世之事遂委身事之入相則周公召公出將則方叔召虎昭烈托孤白帝受遺流涕每欲竭股肱之力效忠正之節繼之以死及其輔事後主上表出師又曰鞠躬盡瘁死而後已卒踐其言出師祁山義不與賊兩立而忘身殉國之思動乎遠邇其忠肝義胆雖千載而下凜凜然猶有生氣也孔子曰臣事君以忠夫事君能忠如亮可謂至矣朱子亦曰義利大分武侯知之有儒者氣象張栻謂其輔漢於蜀所以扶皇極正人心者直與日月同光可對先聖先賢無愧焉宜具俎豆千秋者也　令擬從祀孔廟稱先儒贊曰

伏龍高卧　天生偉人　事君不二　忠順以勤　武鄉遺烈　百代猶存　薦享廟食　旌美儒臣

先儒王子

王子名通字仲淹河津人隋文帝仁壽三年以布衣謁見帝因奏太平十二策帝不能用乃歸龍門教授於河汾之間潛心著書蒐討六經弟

子自遠至者甚眾如河東薛收趙郡李靖鉅鹿魏徵太山姚義皆北面師事之受以王佐之道越公楊素甚重之勸之仕通曰通有先人之敝廬足以庇風雨薄田足以供饘粥讀書談道足以自樂不願仕也嘗語門弟子曰樂天知命吾何憂窮理盡性吾何疑門人賈瓊問以息謗曰無辨問以止怨曰不爭又曰聞謗而怒者讒之囮也見譽而喜者佞之媒也絶囮去媒讒佞遠矣門人共議謚曰文中子明嘉靖九年釐定祀典詔從祀孔廟稱先儒　國朝因之明呂元善贊曰綺靡之後誰復知儒普天不醒獨立大呼手續六經世孰傳諸自公而韓脉遞程朱

先儒范子

范子名仲淹字希文宋時人居江南吳縣性至孝樂善好施初判河中郡士子執經問難者無虛日仁宗慶曆年間與韓富諸公内輔朝政遇事敢言欲成其先憂後樂之志蓋自做秀才時公即以天下為己任也是時西夏侵宋邊鄙常

為國憂公至整飭軍政料敵如神西賊戒其軍士曰小范老子胸中有數萬甲兵不可欺也其為敵人畏服又如此厥後歸里廣置義田以贍宗族閭巷士民愛戴如父畫像以祀之卒謚文正國朝於康熙五十五年詔從祀孔廟稱先儒蔚州後學張俣附贊曰龍圖老子羌人愛稱胸藏兵甲西夏胆驚功高韓富教徧河汾從祀孔廟俎豆斯芬

先儒歐陽子

歐陽子名修字永叔宋時廬陵人幼敏悟讀書過目成誦比舉進士遊隨州得韓退之遺稿讀而心慕焉至忘寢食遂以文章名冠天下仁宗景祐初召試遷館閣校勘時范仲淹以忠諫忤呂夷簡斥貶在外修貽書司諫高若訥責其不能救止若訥怒上其書修亦坐貶至慶曆二年召知諫院上奬其忠直顧侍臣曰如歐陽修者何處得來後召知貢舉是時進士爭上怪險修獨取詞義古質文體自是少變矣英宗朝參知

政事與韓琦同心輔政故嘉祐號稱得人神宗朝諫止青苗法王安石惡之遂致仕所著有新唐五代史及本論文集其學推韓愈孟子以達乎孔子以通今學古為高以救時行道為賢以犯顏納諫為忠宋時以修有定策功贈太子太師謚文忠明嘉靖詔從祀孔廟稱先儒　國朝因之明呂兆祥贊曰文忠作相聲高宋世奇專百代書分唐志撰脉宗韓藝雄天地聖宫配祀濮園特議

先儒楊子

楊子名時字中立將樂人天性仁孝幼喪母哀毁如成人後事繼母尤謹比長潛心經史宋神宗九年中進士第見河南大程於潁昌以師禮事之相得甚歡後又見二程於洛一日程偶瞑坐時與游酢侍立不去程既覺則門外雪深尺許矣久之歷知三縣皆有惠政後得荊州教授德望日重四方之士多從之遊號曰龜山先生至徽欽朝居諫垣凡所論列皆切于世道而其

大者則闢安石排和議論三鎮不可棄尤為有功已而告老優游林泉以著書講學為事推本孟子性善之説發明中庸大學之道史稱其映于道德明于進退豈虛語哉門人胡宏羅從彦李侗張九成皆克傳其道上承程氏正宗下啓朱子大成云明弘治封將樂伯詔從祀嘉靖改稱先儒 國朝因之明呂濬贊曰志本雍熙力排新學雪立程門霜飛館閣抗復燕雲氣雄萬里龜山片青照人不已

先儒羅子

羅子名從彦字仲素宋時南劍沙縣人少從吴國華學官授惠州博羅縣主簿後聞同郡楊時得河南程氏學慨然慕之遂徒步往從之游見龜山三日即驚汗浹背曰不至是幾虛過一生矣於是築室山中絶意仕進謹守龜山之學終日端坐瞑目靜思看喜樂哀樂未發以前氣象何如操存嚴毅性明而修行全而潔充之以廣大體之以仁恕與人相接不言而飲人以和如

春風動物使人自化莫知其所以然間謁龜山將樂溪上吟咏而歸恒充然自得也朱子謂龜山先生其徒甚衆然潛思力行任重詣極惟羅公一人宋徽宗時抱道隱居著尊堯錄一篇行于世卒傳其學于同郡李侗侗又傳其學於朱子其道始顯學者稱豫章先生明萬曆孫慎行熊尚文交疏于朝詔與李侗並從祀孔子稱先儒　國朝因之宋陳協贊曰有德有言世隱君子守道授徒高山仰止尊堯致君惓惓畎畝豈曰沮溺隱怪之比

先儒李子

李子名侗字愿中宋時南劍人幼而穎悟少長聞郡人羅仲素得河洛之學於龜山之門遂往學焉受春秋中庸語孟從容潛玩有會於心於是退居山田謝絕世故講誦之餘危坐終日以驗夫喜怒哀樂未發以前氣象何如而求所謂中者久之而知天下之大本在是矣由是操存涵養精明純一觸處洞然發必中節其接後學

答問隨人淺深誘之而要以反身自得為本建安朱松與侗為同門友嘗與沙縣鄧迪語及侗曰愿中如冰壺秋月瑩徹無瑕非吾曹所及遂命朱子就學於侗門以師事之所著有延平問答及語錄行於世學者稱延平先生宋理宗謚文靖明萬曆詔從祀孔廟稱先儒　國朝因之朱子贊曰精義造約窮深知微凍解氷釋發於天機仁孝友弟灑落誠明清通和樂展也大成

先儒呂子　呂子名祖謙南宋時金華人夷簡六世孫也夷簡生公著公著生希哲希哲生好問好問生本中呂本中生二子長祖謙次祖儉祖謙學本家庭有中原文獻之傳長從胡憲游胡憲字原仲係安國從子朱子師事之最久祖謙亦師事之又與朱子張敬夫為友講索益精遂纂成博議一書論斷精嚴宿儒信不及也孝宗元年舉進士授太學博士至淳熙元年類集宋中興以前事一百五十卷上之賜名皇朝文鑑七年作大事記起于周敬王上接春秋絕筆下迄五代至武帝征

和三年未及成書而明年卒朱子謂其考按精博議論純一自有史册未之有也生平所學本中原文獻以關洛為宗旁稽載籍心和氣平教育英才擇及數世一日誦孔子言躬自厚而薄責於人忽覺平生忿懥涣然氷釋其能變化氣質如此居家之政皆可為後世法所著有考定周易闇範官箴辨字録春秋博議行於世學者稱東萊先生宋寧宗賜謚曰成理宗改謚忠亮封開封伯從祀孔廟明嘉靖改稱先儒國朝因之按史書祖謙弟祖儉在宋寧宗朝以府丞抗疏顯斥韓侂胄伸救趙汝愚孤忠凜然而晚年造道義精仁一如其凡不可沒也熟明薛瑄贊曰心平氣和德優才博友契閩中學宗關洛任道維堅責人從薄景仰前賢式欽著作

先儒蔡子

蔡子名沉字仲默福建建寧人西山先生第二子也學悟夙成入則服膺父教出則從朱子遊朱子晚年訓傳諸經畧備獨尚書未及傳欲於及門求可付者遂以屬沉至於洪範之數久失

其傳父元定獨心得之然未及論著曰成吾書者沉也沉年甫三十即屏棄舉業潛心反覆恐負父師之托其於書也考序文之誤訂諸儒之說以發明二帝三王之心法治道至洛誥秦誓諸篇集註詳明皆先儒所未及其於範數則窮神知化變通象數遂定洪範皇極內篇克成父師之志初從父謫道州恬淡自適安手義命父沒後徒步護喪以歸隱居九峯名鄉薦用皆不屬就世稱九峯先生明太祖頒所著書與朱子集註永定為法正統詔從祀孔廟謚文正成化封崇安伯嘉靖改稱先儒 國朝因之明呂原贊曰帝王之書治法斯存猗歟仲默傳繹微言精一執中萬世攸遵聿從明祀式表推恩

先儒陳子

陳淳朱子弟子南宋閩地人也少習舉子業林宗臣一見而奇之謂曰此非聖人事業也因授以近思錄淳讀之遂盡棄其學而學焉及朱子至漳淳請受教質疑問難朝夕不輟朱子語人

曰吾南來喜得陳淳及朱子沒淳追思不忘痛
自裁抑為學益力仕終安溪主簿著大學中庸
論語講義等書行於世其言太極言仁諸篇發
明天理全體學者宗為標指以為深明周子濂
溪之學與黃幹為同門友令擬從祀孔廟稱
先儒贊曰賢哉陳子學宗紫陽依仁游義攝齊
升堂羽翼聖道物色上庠榮登千仞百世之光
先儒魏子
魏子了翁南宋蜀地人與真德秀同事理宗其
性鯁直知無不言言無不盡開禧初以武學博
士召試學士院對策因諫開邊事忤當道御史
徐相劾其狂妄遂以親老辭去築室白鶴山下
即今嘉定府以所聞於輔廣李燔者開門授徒士爭
負笈從之由是蜀人盡知義理之學及為瀘川
轉運判官上書乞與周程張氏錫爵定謚崇獎
儒臣示學者趨向朝廷從之至是以起居舍人
進改起居郎未幾史彌遠忌之諷言官劾其欺
世盜名遂貶靖州了翁至靖凡江浙湖湘之士

不遠千里負書從學乃著九經要義百卷周禮井田圖說發明聖道有功先儒王褘亦嘗爲之請祀今增祀典宜與真德秀同登廟庭稱先儒贊曰名世真儒高山仰止九經要言發揮宗旨正學遂明斯文振起功德在人宜申從祀

先儒王子

王柏字會之南宋時金華人何基弟子少慕諸葛亮之爲人自號長嘯年踰三十遂捐去俗學勇於求道著論語通旨至居處恭執事敬惕然嘆曰長嘯非聖賢持敬之道因深自斂抑以何基嘗從黄幹學得朱熹正傳即往從之於論語學庸通鑑綱目標注點校尤爲精密居家嚴整雖暑月子弟來謁非衣冠不見也臨終整襟端坐而逝國子祭酒楊文仲請於朝謚文憲生平高明剛正學者比之謝上蔡所著有讀易記禮記博辨春秋記及太極衍義伊洛精義四書通旨行於世號金華處士今擬入廡享祀稱先儒贊曰宋有喆人文憲煕耀早悦諸葛一變至

道則正高明誕敷朱教登進黌宮是則是效

先儒趙子

趙復字仁甫元初德安人元太宗發兵取德安一方庶民數十萬俘戮無遺凡儒生掛俘籍者許脫之以歸復在其中姚樞知其賢欲載歸北地復以九族俱殘不欲北樞留帳中共宿既覺則寢衣具在復亡矣令人追覓之見其被髮跣足仰天號痛欲投水而死樞曉以徒死無益當留其身以所學傳後世復強從之隨樞行北以所記程朱著述經傳盡錄以付樞及復至燕弟子從學者衆世祖嘗召見問曰吾欲取宋卿為鄉導對曰宋吾父母國也豈有引他人以代父母者乎世祖知其賢不强之仕因建太極書院取周程張朱遺書八千餘卷請復傳授生徒復乃作傳道圖上自羲農堯舜繼天立極顏孔曾孟垂世立教以及周程張朱微言大義標其宗旨由是許衡郝經劉因皆得其書而篤信之北方知有程朱之學者自復始其為人樂易而耿

介燕居不忘故土與人交尤篤分誼情義交盡

家江漢之上以江漢自號學者稱江漢先生

今復擬從祀孔廟稱先儒贊曰江漢先生大元

名世蹇際流離藝雄燕地傳道程朱發明奧義

繼往開來追崇廟祀

先儒許子

許謙元順帝時人金華處士金履祥弟子初聞

仁山金履祥講道學于蘭谿委己而學焉履祥

告之曰吾儒之學理一而分殊辨其分之殊要

其歸於一聖人之道中而已矣謙味其言而潛

心於學素志冲淡以道自樂文身制行甚自刻

責而所以應世者不謬於古不流於俗介而不

矯通而不隨身在草萊心存當世浙東憲府聞

謙名辟以為掾弗就廉訪使趙宏偉舉遺逸命

除舍館迎致之謙欣然為之起而不久留也既

東還遂屏迹入華山中學者翕然從之隨其才

分咸有所得四方之士以不及門為恥縉紳大

人必即其家而存問焉臨終正其衣冠肅容端

視而逝門人以義制服者數百人因其自號題其墓曰白雲先生所著有讀四書叢說二十卷讀書傳叢說六卷觀吏治忽幾微數卷皆行於世謚曰文懿 今擬從祀孔廟稱先儒贊曰華山有人潛彼白雲恬然自好講業樂羣叢說數卷百世攸遵聿從明祀式表推恩

先儒吳子

吳澄字幼清 元朝撫州崇仁人生三歲穎悟日發教之古詩隨口成誦五歲日受千餘言九歲鄉試前列既長經傳皆通用力聖賢之學澄身若不勝衣正坐拱手氣融神邁答問亹亹使人渙然冰釋著孝經章句校定易詩書春秋儀禮大小戴記侍御史陳鉅夫請置澄所著書於國子監以資學者朝廷命有司即其家錄上左丞董士選薦澄有道擢應奉翰林文字未幾除江西儒學副提舉旋以疾去至大元年召爲國子監丞陞司業教法有經學行實文藝治事四條一夕謝去英宗即位超遷翰林學士進階太中

大夫有旨集善書者粉黄金為泥寫浮屠藏經詔澄為序澄曰主上寫經為民祈福甚盛舉也若用以追薦臣所未知蓋福田利益雖人所樂聞而輪回之事彼習其學者不過謂為善之人死則上通高明其極品則與日月齊光為惡之人死則下淪污穢其極下則與沙蟲同類其徒遂為薦拔之説以惑世人今列聖之神上同日月何用薦拔且國初以來凡寫經追薦不知幾舉若未効是無佛法矣若已効是誣其祖矣撰為文辭不可以詔後世會帝崩而止嘗云道之大原出於天神聖繼之堯舜而上道之元也堯舜而下其亨也洙泗鄒魯其利也濂洛關閩其貞也分而言之上古則羲皇其元堯舜其亨禹湯其利文武周公其貞乎中古之統仲尼其元顔曾其亨乎子思其利孟子其貞乎近古之統周子其元程張其亨也朱子其利也孰為今日之貞乎未之有也然則可以終無所歸哉其早以斯文自任如此故退朝而歸四方從學者不

下數千人卒贈江西行省左丞上護軍追封臨川郡公謚曰文正國學禮樂錄諸儒列傳後註云吳澄改祀於鄉祀典又云嘉靖九年詔罷吳澄從祀 國朝乾隆二年九月內部衙門覆准原任尚書甘汝來奏請從祀稱先儒貴陽後學謝庭薰贊曰鉅夫品目草廬先生不序淳屬昌黎同聲近古道統自任以貞諸經校正聖門干城

先儒胡子

胡子名居仁字叔心江西餘干縣人幼而穎異方六七歲時學于家塾言動不苟年十八受春秋為舉子業知無所得而稍厭之聞吳康齋講義理之學往從之遊於是厭記誦而耑心于內其學以主忠信為本以求放心為要以聖學成始成終在於敬因以敬名齋處家庭如朝堂對妻孥如賓客隱微幽獨省察益密其居家日以悅親為事色養備至其敬兄也兄每外歸必躬迓門外有疾亦躬調湯藥居親喪則哀毀踰節

三年不入寢室祠堂月朔之薦四時之祭及緦功小喪悉遵古禮至於篤宗族訓子弟家人化之築書室於梅溪山中聚徒講學推尊程朱以爲正傳至異端佛老必深闢之所著有居業錄

敬齋集行於世明憲宗成化十二年卒於家生平學問大類尹和靖先生總是一敬字做工夫端莊整肅是敬之入頭處湛然純一是敬之無間處清明精詳是敬之收效處萬曆詔從祀孔子稱先儒

國朝因之聖門志贊曰翼翼叔心絶俗高蹈學則爲己治則王道泌之洋洋從吾所好青青子衿是則是效

先儒王子

王子名守仁字伯安浙江餘姚縣人明弘治舉浙江鄉試以禮經中會試第二授刑部主事日事案牘夜誦經史尋移病歸越即陽明洞闢書屋究仙經秘典所養益純甲子聘考山東鄉試得人最盛正德元年劉瑾亂政公首抗疏乞誅瑾瑾縛杖闕下幾斃謫貴州將於隘道殺之公

以討得脫五年逆瑾伏誅陞南京刑部主事七年陞太僕少卿政事少暇專以良知之旨訓後學隨方而答必暢本原十一年巡撫廣東湖南等處時宸濠潛蓄逆志劇盜劫掠伯安用兵神秘破賊巢穴境内大治及宸濠謀反伯安百計討平奸佞在朝忌功不賞逮嘉靖年間詔錄其功封新建伯又平岑猛之亂刻石立功嶺南悉平因以病致仕先生平居體驗聖學直求諸心而其教人也以致良知為主嘗語門人曰學者克己功夫貴在當幾剖斷如言語正到快意時便截然能忍默得意氣正到發揚時便翕然能收斂得憤怒嗜欲正到騰沸時便廓然能消化得此非天下之大勇不能也所著有文獻錄傳習錄行於世人稱陽明先生萬曆詔從祀稱先儒 國朝因之明呂兆祥贊曰蠖屈龍場嶽究性術一脈良知千載先覺武戡濞戊學幟虔吉傳習有訓斯文穀率

先儒羅子

羅欽順字文升號整庵明時泰和人幼而篤志於學弘治五年舉鄉試第一成進士授翰林院編修閒户下帷謝絶交謁潛心格物致知之學十二年授南京國子監司業釐正士習嘯歌自如正德三年劉瑾用事朝士悉出其門或謂宜謁通之先生拒之益力劉瑾削其籍及瑾誅復職上疏言四事曰修德曰勤政曰作士氣曰審時宜疏入不報自是以太常少卿遷吏部右侍郎嘉靖初轉吏部尚書嘗曰此理在心目間天人物我内外本末一以貫之而已矣是時陳白沙論學以致虛為務王陽明以致良知為尚先生以二者為斯道之賊乃遵程朱之學以上達孔孟辭而闢之使不得以似亂真因著困知記以勵後學敦實守正闢邪有功卒年八十三贈太子太保謚文莊稱整庵先生　今擬享祀孔廟稱先儒贊曰洙泗心傳不絶如髮整庵挺出聖道勃發寂學既排昏昧乃揭升賢進秩旌獎儒雅

西廡

先賢林子

林放字子邱魯人生平事業不見於史書獨論語問禮之本夫時至春秋舉世靡靡爭以紛華相尚而林放獨務內拔根反叔季之人情為古處而慨然欲復黄農虞夏之遺其維持乎世道人心者直與夫子追從先進之思同出一轍焉故夫子實於心而大其問又因季氏僭旅泰山而嘆其知禮林放之賢何待問乎唐開元追封清河伯從祀孔廟宋真宗加封長山侯明嘉靖以張璁議謂林放為聖人所推尊不宜在弟子列改祀於鄉　今因至聖所賢稱宜享天下之祀不當僅祀一鄉復進享祀於廡稱先賢贊曰翩翩林子東山之英舉世弄影獨追其宗大哉一問天開日晶永光廟食式昭令名

先賢宓子

宓子名不齊字子賤魯人為單父宰請其耆老賢者與之共治遂不下堂而治孔子曰子治單

父而眾悦，何施而得之？對曰：「不齊父其父，子其子，恤諸孤而哀喪紀。」子曰：「是小民附矣，猶未也。」曰：「不齊所父事者三人，兄事者五人，友事者十二人。」子曰：「父事三人，可以教孝；兄事五人，可以教弟；友事十二人，可以教忠。是士附矣，猶未也。」曰：「此地有賢於不齊者五人，常師之而稟度焉。」子曰：「堯舜治天下，務求賢以自輔。夫賢者，百福之宗也，神明之主也。惜乎不齊之治者小也。」唐封單父伯，從祀。宋加封侯，明改稱先賢。國朝因之。宋温仲舒贊曰：天生良材，為魯君子。堂上琴作，邑中民治。五人致逸，受教成美。展禮崇賢，疏封有煒。

先賢公冶子

公冶子，名長，字子長，齊人。遊於聖門，卓行宏度，高出尋常。内省不疚，羅災非罪。孔子以其子妻之。及後魯君聞其賢，嘗使為大夫，辭弗受。相傳姑蘇城北有冶長涇，居民鑿井，得石，題曰「公冶長之墓」。豈其依於言偃，遂僑居不返耶？唐封莒

伯從祀孔廟宋封高密侯明嘉靖改稱先賢
國朝因之宋向敏中贊曰德行貞純公冶孰倫本
非其罪枉拘縲身魯堂推善孔門配姻俾侯之
貴久而彌新
先賢公皙子
公皙子名哀字季次齊人系出姬姓衛公子黑
背字子析之後也爲人潔清不滓鄙天下多仕
于大夫家者終身不肯屈節孔子貴之曰天下
無行多爲人臣惟季次賢未嘗仕焉太史公曰
季次原憲讀書懷獨行君子之德義不苟合當
世終身蓬户褐衣蔬食死而後已四百餘年弟
子志之不倦可以知其賢矣唐封郳伯詔從祀
孔廟宋封北海侯明嘉靖改稱先賢國朝因
之宋寇準贊曰賢哉季次屢潔居貞卷懷不仕
家臣是輕素王攸嘆式昭令名封戀均慶侯社
疏榮
先賢高子
高子名柴字子羔齊人敬仲高傒十代孫也爲

人篤孝而有法年少居魯知名孔門自見孔子未嘗越禮足不履影夫子之影啓蟄不殺方長不折執親之喪泣血三年未嘗見齒孔子以為難仕於衛為士師則人之足俄而衛有蒯聵之亂子羔逃之則者守門焉初示之徑子羔不徑次示之竇子羔不竇又曰于此有室子羔乃入將脫難而出謂刖者曰吾刖子足今吾在難正宜報怨而反逃吾者三何也刖者曰斷足吾自取之獄將決而見君愀然不樂君非私我也天生君子其道固然何敢為怨孔子聞之曰善哉為吏用法一也思仁恕則樹德加嚴暴則樹怨公以行之其柴乎是時蒯聵爭國子路赴難夫子聞變遂決之曰柴也其來由也其死矣唐封共城伯詔從祀宋封共城侯明嘉靖改稱先賢國朝因之宋晁迴贊曰猗歟子羔孝心篤矣慎終泣血未嘗見齒難能而能君子知己考古褒崇於斯為美

先賢樊子

樊子名須字子遲魯人樊皮之後也學於聖門屢以仁知為問夫子皆詳語之少仕於季氏魯哀公十一年齊伐魯冉求帥左師樊須為右季孫曰須也弱冉有曰年雖少能用命焉師及齊師戰於郊齊師自稷曲師不踰溝樊須曰非不能也不信子也請三刻而踰之如之衆從之師入齊軍獲甲首八十齊人宵遁夫子聞之曰義哉唐封樊伯詔從祀宋封益都侯明嘉靖改稱先賢　國朝因之宋楊億贊曰學優乃仕齒於家陪戎車為右誓衆靡回質疑辨問仁知既該建侯追策垂裕方來

先賢商子

商子名澤字子秀史作子季魯人屏息受業延教登席未踐四科同涉六籍唐開元追封睢陽伯　詔從祀宋真宗加封鄒平侯明嘉靖改稱先賢　國朝因之宋刁衎贊曰子季從師服膺儒雅闕里垂名同於達者昔寵睢陽今旌鄒野運偶登封薦臻純嘏

先賢巫馬子

巫馬子名施字子期陳人篤志好學嘗為單父宰戴星而出戴星而入日夜不遑以身親之因問子賤鳴琴而理不下堂而治何逸也子賤曰我任人子任力任人者逸任力者勞子其勞乎後從孔子孔子命從者持蓋已而果雨期問曰旦既無雲而夫子命持雨具何以知之子曰詩不云乎月離于畢俾滂沱矣昨暮月宿畢以此知之自是期益留心典籍博學多識馬唐封鄫伯從祀廟庭宋封東阿侯明嘉靖改稱先賢

國朝因之宋趙昌言贊曰英英子施受天和氣名登魯堂位沉周季剛克戴星庇民為治讓德進封垂芳永世

先賢顏子

顏子名辛字子柳魯人唐開元追封蕭伯從祀孔子宋真宗咸淳三年加封陽穀侯明嘉靖改稱先賢 國朝因之宋周起贊曰增封雲嶺詔蹕魯堂顯允君子令儀有章英概如挹德音不

忘橫亘千古淳風載揚

先賢曹子

曹子名卹字子循蔡人汝寧河南府志稱樂道明義唐開元中追封曹伯從祀孔廟宋咸平初加封上蔡侯明嘉靖改稱先賢 國朝因之宋理宗贊曰肅肅曹伯王室之裔積習樂道切磋明義惟善則主爾德是類史筆有煥令名永紀

先賢公孫子

公孫子名龍字子石楚人自楚來學在及門年最幼嘗登吳山四望喟然嘆曰嗚呼世有明於事情不合人心者有合於人心不明事情者弟子問其故子石曰昔吳王夫差不聽子胥忠諫抉目而宰太嚭苟容以順夫差而越伐吳後頭懸越旗費仲惡來順紂之心身死牧野頭足異所比干盡忠剖心而死今欲明事情恐有抉目剖心之禍欲合人心恐有頭足異所之患由是觀之君子道狹耳誠不逢其明主狹道之中又將險危閉塞無可從出者豈不悲哉後返乎

荆南方之學賴其教焉唐封伯從祀宋封枝江侯明改稱先賢　國朝因之宋王曾贊曰子石鉅賢探微博古稟粹荆衡從師鄒魯令聞不已儀型斯覩展義疏封遂荒故土

先賢秦子　秦子名商字子丕魯人其父堇與孔子父叔梁大夫俱以力聞然相尚以德俱生賢嗣唐開元追封上洛伯宋封高施侯明嘉靖改稱先賢從祀廟庭　國朝因之宋晁迥贊曰惟聖享天陟於神房惟　帝遵道升玆魯堂允矣君子宛兮清揚式貴先烈錫諸袞章

先賢顔子　顔子名高字子驕魯之有力人也孔子適衛子驕爲僕衛靈公與夫人南子同車出使孔子爲次遊過市孔子恥之顔高曰夫子何恥之孔子曰詩云覯爾新婚以慰我心乃嘆曰吾未見好德如好色者也後復御孔子過匡高學策指匡穿垣曰往與陽虎反從彼缺也匡人聞其言告

其君簡子曰往者陽虎復來矣遂率徒圍之數曰孔子絃歌不絕音曲甚哀子路奮戟而舞頃之有暴風起擊軍士僵仆於是匡人乃知孔子聖人自解去唐封瑯琊伯詔從祀宋封雷澤侯明嘉靖改稱先賢　國朝因之宋咸綸贊曰魯國諸生顏氏為盛達者升堂是以宗聖龍章載加侯服輝映名著遺編人師往行

先賢壤駟子

壤駟子名赤字子徒秦人學於聖門執經請益載道若無得時而駕領袖諸儒唐開元追封北徵伯從祀廟庭宋真宗加封上邽侯明嘉靖改稱先賢　國朝因之宋陳堯叟贊曰猗歟壤駟信而好古驅駕咸秦樞衣鄒魯言必成文動不踰矩成禮介丘追榮社土

先賢石子

石子名作蜀字子明秦人學於聖門懋衣有德克述無言鼓篋槐市名揚里門唐開元追封郈邑伯宋真宗加封成紀侯明嘉靖改稱先賢從

祀廟庭　國朝因之宋陳克贊曰宣尼日月無得而踰學有哲士書為學徒登封偶聖至德崇儒以地進爵斯文乃殊

先賢公夏子

公夏子名守史記作首字子乘一字子元唐開元追封元父伯宋加封鉅平侯明嘉靖改稱先賢從祀廟庭　國朝因之明呂元善贊曰及門之英乃有公夏容鬢如存脈源難畫泗水沂雲春凝秋瀉元父綸言瑽琤聲價

先賢后子

后子名處字里之齊人師事孔子攬道之華東德之柄深造閫域不乖言行唐開元追封營丘伯從祀廟庭宋加封膠東侯令祀稱先賢從史記家語俱作石子字子里明陳應元贊曰宣聖宮牆壁立千仞於維石子克從先進服膺儒雅道腴德潤膠東之封永錫祚胤

先賢奚容子

奚容子名蔵字子偕史記作子晳魯人奚仲之

後也唐開元追封下邳伯從祀廟庭宋加封濟陽侯明嘉靖改稱先賢　國朝因之宋楊紳贊曰雍容子晳已望堂室幼則有造成則祖述文采日化儒效力弼永觀厥成德音秩秩

先賢顏子

顏子名祖字子襄魯人唐開元追封臨邑伯從祀孔廟宋真宗加封富陽侯明嘉靖改稱先賢
國朝因之明莊杲贊曰聖門斌斌顏氏稱最猗歟子襄儒雅是萃服道既勤懷寶茲貴侯封富陽芳軌如對

先賢句子

句子名井疆字子野衛人家語字子強山東志字子孟唐開元追封淇陽伯從祀廟庭宋加封滏陽侯明嘉靖改稱先賢　國朝因之宋戚綸贊曰衛之君子達者比肩服勤鼓篋學慕韋編升中覃慶儒術攸先嶶侯疏爵闕里之賢

先賢秦子

秦子名祖字子南秦人志稱強力志學唐開元

追封少梁伯從祀廟庭宋加封郿城侯明嘉靖改稱先賢　國朝因之宋理宗贊曰秦有子南贊贊述作守道之淵成德之博範若鑄金契猶發藥歷世明祀少梁寵爵

先賢縣子

縣子名成字子祺魯人夙侍聖教擅譽魯邦偉矣風猷時哉用舍唐開元追封鉅野伯從祀廟庭宋真宗加封武城侯明嘉靖改稱先賢　國朝因之宋石中立贊曰果能之士孔徒實繁悦服至德祖述微言憲禀天爵師聖成賢追崇之典胙以侯藩

先賢公祖子

公祖子名句兹字子之魯人得聖而師與賢俱進彬彬雅道翼翼令儀唐開元追封期思伯從祀廟庭宋真宗加封即墨侯明嘉靖改稱先賢
國朝因之宋寇準贊曰子之生魯從師尼父恂恂闕里峩峩章甫非聖勿言惟道是以千古而下俾侯齊土

先賢燕子

燕子名伋字子思山東兖州府人石室圖作秦地漁陽人能習聖道以賢達稱唐開元追封漁陽伯詔從祀宋加封汧源侯明嘉靖改稱先賢

國朝因之宋陳知微贊曰八九之徒俱傳大義賢哉子思聖道不棄鍾靈咸鎬浴德洙泗增封汧源皇澤斯被

先賢樂子

樂子名欬字子聲魯人信道能篤見善克明引領高節載微思成唐開元追封昌平伯從祀廟庭宋真宗加封建成侯明嘉靖改稱先賢國朝因之明呂維祺贊曰翩翩樂子東山之英春風泗水劍佩隨行服膺師訓天開日晶千秋俎豆輝映庠黌

先賢狄子

狄子名黑字晳之衛人泳游聖化揚厲素風偉識既異持教乃隆唐開元追封臨濟伯從祀廟庭宋真宗加封林慮侯明嘉靖改稱先賢國

朝因之宋陳克贊曰嬌嬌子晳來學有方依仁
游藝攝齊升堂羽翼先聖物色上庠林慮錫壤
百世之光

先賢孔蔵子

孔子蔵子名忠字子蔵孔子兄孟皮之子孔子
之姪也親承家學佩服聖訓嘗為單父宰勤於
為治政教大興後子賤代焉唐開元追封汶陽
伯從祀廟庭宋真宗加封鄆陽侯明嘉靖以稱
孔子無別先聖改稱先賢孔忠子國朝因之
宋高宗贊曰賢哉先生宗學夫子道貴承聖聞
斯行已闕里服膺國庠從祀載享侯封式昭德
美

先賢公西子

公西子名蔵字子上魯人係魯邦之望以德則
貴惟道是唱師聰師明友直友諒唐開元追封
祝阿伯祀孔廟宋真宗加封徐城侯明嘉靖改
稱先賢國朝因之宋周起贊曰魯多學者服
勤遊聖祝贏惟肖蔵也成性綽有餘裕是亦為

政追封於徐用均天慶

先賢顏子

顏子名之僕字子叔魯人親承聖教而步趨皆依規矩東武有賢名唐開元追封東武伯從祀廟庭宋真宗加封宛句侯明嘉靖改稱先賢

國朝因之宋楊紳贊曰洙泗悠悠子叔優優及肩等賜升堂並由元后時邁禮成介丘旌此達者爵為列侯

先賢施子

施子名之常字子恒魯人學於聖門參稽百行贊理王綱唐開元追封乘氏伯從祀廟庭宋真宗加封臨濮侯明嘉靖改稱先賢施子　國朝因之宋王曾贊曰懿彼施常學深儒雅魯國上賢孔堂達者跡晦名彰德高言寡侯封是邪昭錫純嘏

先賢申子

申子名棖字子周魯人居嘗師孔子其性介不茍合冠佩既肅言動皆直故論語或人以剛目

之唐開元追封魯伯詔從祀宋真宗加封文登
侯明嘉靖改稱先賢國朝因之宋楊億贊曰
洙泗之秀橫經魯堂名亞十哲道尊五常時迴
駐蹕闕里增光封侯錫命永代流芳

先賢左子

左子名丘明魯人楚左史倚相之後也親受麟
經於孔子故其傳春秋皆發明聖意或先經以
始事或後經以終義或依經以辨理或錯經以
合異隨意而發其例之所重文采若雲月高深
若山淵皆史之極也孔子春秋托始于平丘明
身為國史又采錄平王以前上自周穆下訖魯
悼智伯無不備載以為國語其文不主於經故
號曰春秋外傳後孔子沒丘明因盲失明遂以
春秋傳授魯申公申公遞傳後人授受不絕至
漢哀帝劉歆言左氏春秋得其正傳可立專門
講肄哀帝納之左氏始得立於學宮唐貞觀詔
從祀孔廟宋封瑕丘伯明嘉靖改稱先賢國
朝因之宋王曾贊曰猗歟左氏聞道素王依經

作傳徽音用彰詞有餘韻人希末光慶封錫壤
廣魯之疆

先賢秦子

秦冉字子開（家語無史記有）一統志曰春秋時蔡人（今河南汝寧府）孔子弟子志稱其德藝有成唐開元追封彭衙伯宋真宗加封新息侯明嘉靖九年張璁矯議史記誤書竟奏罷祀今按史記仲尼弟子列傳載秦冉字開宜復祀孔廟稱先賢贊曰天縱聖師至德妙道子開英賢實親至教優飫聖言學出深造趨庭暫隔新光廊廟

先賢牧子

牧皮孔子弟子力牧之後也孟子曰如琴張曾皙牧皮者孔子之所謂狂矣夫以聖人謂之狂則狂者皆聖門高弟其未達中行者僅一間而狷者又其次也故孔子在陳思歸不忘小子狂簡誠欲藉以傳道則牧皮之賢同乎曾點琴張其胸襟磊落足稱特達高明之士可知三子同屬弟子點牢從祀皮獨不與亦屬遺憾今擬

從祀廟庭稱先賢贊曰聖道淵源狂者進取沂水春風聖心獨與牧氏特達點也與比升進宮牆用旌君子

先賢公都子

公都子孟子弟子其為人也誌無可考僅見於孟子論性諸篇夫孟子之所以述聖道而傳後世者言性善也言義內也正人心息邪說闢楊墨以宗孔子而發明聖道也自告子以性為有善有不善而性道不明以義為外而義亦不著公都子反復折辨而孟子以情言性以行吾敬之義言義則性善義內之真乃明於人心又引孟子以好辯而孟子乃得以申述堯舜禹湯文武周公孔子之道以正人心而息邪說當是時處士橫議楊墨盈言而公都獨能推崇孟子承教几席研究性善之旨力闢義外之說賢矣哉不可沒也昔因孟子弟子不敢列於孔門今擬入廡享祀贊曰覺世大儒義精仁熟邪說惑眾獨立大呼研究疑似賴有公都性善義內萬

代祖述
先賢公孫子
公孫丑齊人孟子弟子在齊稱為辯士學於孟
子嘗慕管仲晏子之功而心乎霸業故嘆孟道
之高美而以為不可幾及然能辨問孟子不動
心之道而孟子知言養氣之學始能發出當是
時孟子所入不合退而與及門之徒序詩書述
仲尼以道援天下及其既沒丑能與萬章公都
記其所言集孟子七篇以傳法於萬世丑於孟
門不可少之人也　令列孔門弟子之後並入
從祀之班贊曰孟道高美視若登天親承師教
養氣知言集書遺後孟子七篇榮登庠序馨祀
几筵
先賢張子
張子名載字子厚宋時郿縣人少孤年十八喜
談兵范文正公一見知其遠器乃責之曰儒者
自有名教可樂何事于兵因勸讀中庸載誦其
書猶未以為足又訪諸釋老知無所得反而求

之六經嘉祐初坐虎皮講易京師聽從者衆一夕二程子至戴與論易乃語門人曰二程深明易道吾所不及汝輩可師之即撤座與二程論道學之要渙然自得乃盡棄異學醇如也神宗朝與王安石論新政不合遂退居橫渠潛心造道或有得則中夜起坐取燭疾書學者有問則告以知禮成性變化氣質之道故其學以易為宗以中庸為體以孔孟為法黜怪妄辨鬼神其家冠婚喪祭率用先王之意而傳以今禮倡道講學為關中士人宗所著有東西銘正蒙擴前聖所未發與孟子性善養氣之論同功宋賜謚曰明詔從祀封郿伯明嘉靖改稱先賢 國朝因之朱子贊曰蚤悅孫吳晚逃佛老勇撤皋比一變至道精思力踐妙契疾書西銘之旨示我廣居

先賢程子

程子名頤字正叔年十四五言動舉止便學聖人宋仁宗時舉進士嘉祐四年廷試報罷遂不

復試哲宗元豐間司馬光疏其行義曰河南處
士程頤力學好古安貧守節言必忠信動遵禮
度望擢不次使士類有所矜式遂召爲崇政殿
說書時在經筵每進講色甚莊厲繼以諷諫然
多用古禮蘇軾惡其不近人情目爲洛黨遂罷
講職至紹聖年間章惇蔡卞誅斥正類詔削籍
編管涪州先生赴涪渡江船幾覆舟中人皆號
哭先生獨正襟安坐如常人問之曰心存誠敬
耳生平於書無所不讀其學本於誠以學庸語
孟爲標指而達於六經動止語默一以聖人爲
師所著書有易春秋傳當世學者多出其門如
呂大臨游酢尹焞楊時成德尤著號曰伊川先
生宋封伊陽伯詔從祀孔廟明嘉靖改稱先賢
今嫡孫世襲五經博士朱子贊曰規圓矩方繩
直準平允矣君子展也大成布帛之文菽粟之
味知德者希孰識其貴

先儒穀梁子
穀梁子名赤字元始魯人昔孔子以春秋口授

子夏子夏以授穀梁赤赤遂作春秋傳羽翼麟經微詞奧義於聖道多所裨益因授孫卿卿授魯申公申公授瑕丘江公至漢武帝時董仲舒宗公羊春秋傳而穀梁之傳寖微及漢宣帝即位丞相韋賢言穀梁本魯史正傳公羊乃齊學也由是穀梁之學大盛唐貞觀詔從祀孔子宋真宗封襲丘伯　徽宗以犯聖諱改封睢陽伯明嘉靖改稱先儒　國朝因之宋楊億贊曰仲尼修經獲麟絕筆赤也發揮奧義斯出立學名家道隆盛日列爵疏封式崇儒術

先儒高堂子

高堂子名生字伯漢魯人齊公族也系出齊卿高敬仲之後以其食采於高堂因氏馬西漢初興諸學者多言禮而魯高堂生為最生初不願仕力舉為博士遂傳儀禮及博士禮十七篇至武帝時又有禮古經出於魯淹中合五十六篇並威儀之事惟高堂生能言之生因以經授之瑕丘蕭奮奮授東海孟卿卿授郯人后蒼孝宣

之世后蒼最明習禮儀戴德戴聖慶普皆其弟子三家立於學宫故儒林傳云漢興傳禮者十三家惟高堂生五傳至戴德戴聖而禮大明矣唐貞觀詔從祀孔子宋封萊蕪伯明嘉靖改稱先儒

國朝因之宋周起贊曰秦曆告窮炎靈啓祚篤生令人允貞王度名教斯宗禮文有素

勅封告成式昭餘裕先儒孔國子

孔安國字子國漢時人先聖十一世孫也父忠爲漢博士封褒成侯安國方少曾學詩於申公受尚書於伏生年四十仕武帝朝爲諫議大夫時魯共王壞孔子宅于壁中得所藏虞夏商周諸古書皆蝌蚪文字人莫能曉悉還之安國乃集諸門人刻意考論古今文字撰衆師之義凡五十九篇爲四十六卷悉上送官承詔作傳引序各冠其首列爲篇次立於學宫斯時司馬遷亦從遊討問故凡史遷所載堯典禹貢洪範金滕尚書古文之學皆本之安國云始由諫議遷

侍中博士後遷臨淮太守年六十卒於家唐貞
觀詔從祀宋真宗封曲阜伯明嘉靖改稱先儒
國朝因之宋錢惟演贊曰顯顯臨淮聖人之系訓
傳遺文克示永世繪像朝廷聿章善繼東封受
封是膺褒異
先儒毛子
毛子名萇字長公又字嘿漢時人居趙地大毛
公亨之子人號為小毛公嘗為河間獻王博士
善說詩漢初有魯齊韓三家詩傳並立萇自謂
子夏所傳初子夏作詩序以授魯申申授李克
克授孟仲子仲子授根牟子根牟子授荀卿卿
授毛亨萇受亨詩為獻王博士每說詩獻王悅
之取詩傳加毛字以別魯齊韓三詩也萇所著
有毛詩故訓二十卷詩傳十卷漢平帝時立于
學宮馬融賈逵鄭成皆宗之唐貞觀詔從祀孔
子宋真宗追封樂壽伯明嘉靖中改稱先儒
國朝因之宋王曾贊曰孔徒受業商也言詩研精
訓詁誰其嗣之毛公興詩永代師資疏封錫命

禮治禎期

先儒鄭子

鄭玄字康成東漢北海高密人尚書鄭崇八世孫也少習孝經論語兼通三統曆九章算術及京房易術又學周官禮記左氏春秋閲山東無可師者乃西入關求教於扶風馬融融門徒四百餘升堂者僅五十餘士玄在門下三年不得見會融集諸生考論圖緯聞玄善算乃召見於樓上一叩大悦融嘗算渾天儀諸生莫能解召玄令算一轉便合衆咸駭服因從融質諸疑義及業成乃辭歸融對門人曰鄭生此去吾道東矣玄既歸隱居修經業學徒數百人會黄巾寇青郡道遇玄皆下馬羅拜約不入其邑境其為强暴所服如此漢獻帝徵為大司農未及受爵而卒年七十四為人身長八尺鬚眉秀美而温和之氣見者咸服所著禮記六十三卷周禮四十一卷儀禮十七卷行於世唐貞觀詔從祀孔子宋真宗封高密伯明嘉靖以張璁議學未顯

著改祀於鄉　今復祀孔廟稱先儒贊曰漢繼
絕學鄭氏康成周官周禮受教馬融圖緯象數
該博精通聖宫配祀輝映庠黌

先儒范子

范甯字武子東晉鄢陵人性質直好儒學著春
秋穀梁傳晉世以浮虛相扇何晏王弼蔑棄典
文幽沉仁義謂六經為聖人糟粕禮壞樂崩波
蕩風俗獨甯崇尚實學著為崇實論推尊周孔
以闡發仁義而洙泗之教賴以不墜實為兩晉
一人所著穀梁傳至今遵行之宋儒嘗稱之曰
三傳之學惟穀梁所得最多諸家之解惟范甯
所核最善唐貞觀詔從祀孔廟宋真宗封新野
伯明嘉靖張璁議以學未顯著改祀於鄉
國朝復入廡享祀稱先儒贊曰晉世綺靡孰傳洙
泗祖尚虛無賢者中立手緒春秋傳法後世復
祀黌宫允協道義

先儒韓子

韓子名愈字退之唐時南陽人通六經百家之

學舉進士第唐憲宗時為刑部侍郎上遣中使迎佛骨入禁中公上表切諫乞付有司投畀水火上大怒將加極刑裴度力救之乃貶潮州刺史時潮人方患鱷魚公至為文祝之魚遠遁既而移袁州拜國子祭酒乃日與生徒會講倡明孔孟之道至穆宗朝鎮州作亂殺成德節度田弘正而立王廷湊上命愈宣慰其軍愈至陳說利害大義責之廷湊歸順帝大悦以愈為京兆尹既蒞事六軍不敢犯法私相謂曰是尚欲燒佛骨何可犯也當是時文章委靡道德不競而佛教誣民韓子惡其蠹財惑衆竭力排之倡明絶學遵述孔孟著為原道諸篇撥亂世而反之正學者尊之若泰山北斗所謂功不在禹下者良非誣也宋元豐詔從祀追封昌黎伯明嘉靖改稱先儒　國朝因之明儒王守仁贊曰斯文在茲不絶如髮維公挺生聖道勃發異端既排昏昧乃褐億萬斯年天地日月

先儒胡子

胡子名瑗字翼之宋仁宗時人居泰州海陵七歲善屬文年十三通五經以聖賢自期進退不苟往泰山與石守道孫明復同讀書十年景祐初范仲淹力薦於朝更定雅樂及為蘇湖二州教授嚴條約以身先之雖大暑必公服終日以見諸生嚴師弟子之禮解經至有要義懇懇為諸生言之學徒數千日月刮劘為文章皆傳經義必以理勝又置經義制事二齋因材以教其弟子散在四方隨其人之賢愚皆循循雅飭其言談舉止遇之不問可知為先生弟子也是時宋運鼎盛瑗獨能倡明道學一新故習自河汾以後端師範造人材必以瑗為首學者稱安定先生其門人最知名者則徐積劉彝表表稱賢達焉程頤嘗言凡從安定先生學其醇厚和易之氣望之而可知也明嘉靖詔從祀孔廟稱先儒 國朝因之明張可紳贊曰鄒魯既徂孰司黨庠經義制事煥然成章主敬存誠禮經樂緯師道真傳人倫極軌

先儒司馬子

司馬子名光字君實宋時人居山西夏縣仁宗朝舉進士第授知諫院英宗二年詔議濮王典禮舉朝莫敢發公獨奮筆先發曰為人後者為之子不得顧私親最得典禮之正神宗時以光為御史中丞光請編資治通鑑乃編修上自周威烈王下終五代合三百五十四卷上之後因新法切諫不聽居洛十五年天下以為真宰相哲宗元祐以光為尚書僕射革去新法如救焚拯溺時謂有旋乾轉坤之手然欲身殉社稷年六十八病革不復自覺諄諄如夢中語莫非朝廷大事也死之日四方畫像以祀詔封温國公謚文正其平生孝友忠信恭儉正直自少至老未嘗妄語自言吾無過人者但生平所為無不可對人言耳其門人劉安世最著子康孫植皆為名臣宋度宗詔從祀孔廟明嘉靖改稱先儒

國朝因之朱子贊曰篤學力行清修苦節有德有言有功有烈深衣大帶張拱徐趨遺像凜然可

肅薄夫

先儒尹子

尹焞南宋高宗時人係和靖處士高宗時金人陷洛焞闔門被害焞死復甦門人救至山谷中得免劉豫聘之不從以兵恐之焞自商州奔蜀至閬得程頤易傳於其壻邢紹拜受之因止於涪涪即頤讀易地也焞闢三畏齋以居研究程氏之學州人不識其面紹興七年以焞為崇政殿說書焞以疾辭不至張浚力薦之言焞拒劉豫之節所學所養有大過人者焞復辭之是時秦檜和議誤國焞以為非不拜生平德備中和學窮根本質直弘毅而身體力行南宋以後首任斯道之責者胡安國楊時尹焞三人而已所著有論語解四書集註朱子附之集中學者稱和靖先生今因有功聖道與楊時同學程門宜從祀孔廟稱先儒贊曰式尊程氏進修不息質直弘毅克躋道域傳註發揮四書羽翼升進儒宫後人矜式

先儒胡子

胡子名安國字康侯宋時崇安人少以朱震爲友後又得之謝上蔡宋紹聖四年中進士第欽宗北狩高宗紹興二年以給事中召入對因上時政論二十一篇帝稱善復進言春秋經世大典天下事物具備乃傳心之要典先聖筆削以正綱常自王安石廢之人主不聞其講學士不傳其書亂倫滅理殆由乎此因潛心二十餘年著爲春秋傳以成其志紹興八年上之帝嘉其說爲深得聖人之旨生平强學力行欲達其道以濟時艱而見中原淪没痛切於身雖以罪去而愛君憂民之志遠而彌篤朱子論之曰公傳道伊洛志在春秋著書立言格君傳後所以明天理正人心扶三綱敘九法者深切著明而其正色危言據經論事剛大正直之氣無愧古人矣謝上蔡稱其爲人如嚴冬大雪百草萎落而松柏挺然獨秀者也明正統詔從祀成化封建寧伯嘉靖改稱先儒　國朝因之明呂稱贊曰

仲尼憂世志在春秋發明興義實維康侯致嚴
褒貶功繼前修於皇錫命千古垂休

先儒張子

張子名栻字敬夫四川綿竹人唐相九齡弟九皐之後也父浚宋高宗朝位兼將相中興之功居首生二子長曰栻次曰杓栻穎悟夙成以古聖賢自期自幼與朱子為友長從胡五峰先生問河南程氏之學五峰一見稱之曰聖門有人矣益自奮勵著希顏錄以自警紹興中賊檜執和議沮公父被竄因置公閑散至孝宗朝召栻赴行在督軍治旅與父內贊密謀區畫盡當屢應召對皆引君當道以志於仁生平天性忠孝表裏洞然勇於從義無毫髮滯吝朱子嘗言己之學乃銖積寸累而成如敬夫則大本卓然先有見者也故題其像曰擴仁義之端至於彌六合謹義利之辨至於析秋毫拳拳乎致主之功汲汲乎幹父之勞仡仡乎任道之重卓卓乎立心之高學者稱南軒先生宋詔從祀孔廟封華

陽伯明嘉靖改稱先儒　國朝因之明羅倫贊
曰穎悟夙成進修不怠大本卓然克躋道域傳
註發揮四書羽翼義利之言後人矜式

先儒陸子

陸子名九淵字子靜南宋時撫州金谿人生而
穎異自幼靜重嘗讀書至上下四方曰宇往古
來今曰宙忽大省悟曰宇宙內事乃己分內事
己分內事乃宇宙內事也孝宗八年登進士第
考官呂祖謙奇其文謂九淵曰一見足下之文
心開目明知為江西陸子靜也淳熙元年授靖
安縣主簿因訪呂伯恭於衢伯恭與汪應辰書
云陸君淳篤敬直流輩中罕見其比二年與朱
子約會鵝湖其兄九齡皆在會一時論辨所學
多不合後改建寧府崇安縣適朱子為南康守
九淵訪之朱子與之泛舟而樂遂偕至白鹿洞
請登講席九淵為講君子喻義章當時說得痛
快人聽之有泣下者朱子以為切中學者隱微
深痼之病其後還歸貴溪有山其形如象九淵

登而樂之名曰象山聚徒講學從遊者益衆光
宗元年起知荆門酌情決訟軍民自化修城築
壘數的而就至今倚為金湯學者稱象山先生
明嘉靖詔從祀稱先儒 國朝因之明呂逢時
贊曰子靜之學別有天分立地當場每應必頓
紫陽對答何翅壘陣忽於窮際自得其問
先儒黄子
黄榦朱子弟子字直卿初見朱子請教夜不設
榻不解帶朱子語人曰直卿志堅思苦與之處
甚有益因妻以女授孔孟周程諸書榦益奮勉
精研妙義必求其歸自濂洛關閩而後任斯道
之統者朱子門人首推黄勉齋及朱子病革因
以深衣及所著書授榦與之訣曰吾道之托在
此吾無憾矣朱子没榦弟子日衆編禮著書講
論經學朝夕不倦仕終為朝 奉郎其後金華四
子遞衍其傳正學賴以不絶 今撰從祀孔廟
稱先儒贊曰白鹿講門勉齋服勤追隨函丈學
道日新翩翩良士亹亹令聞千秋俎豆輝映庠

均

先儒真子

真子名德秀，字希元，福建浦城人。宋寧宗五年登進士第，繼試中博學宏詞科，召為太學正。嘉定八年遷江東轉運副使，上疏奏請五事，皆宗社大計。十四年上書切諫道學之禁。理宗朝擢禮部侍郎，因經筵侍講。是時史彌遠誣殺濟王竑，德秀具三綱五常之理，切明其冤，益中彌遠之忌，乃落職歸浦城，修讀書記，語門人曰：此人君為治之門，如有用我者，執此而往可也。後彌遠死，理宗召為户部尚書，入見，以大學衍義進。立朝不滿十載，奏疏數十萬言，皆洞中切要。自韓侂冑立偽學之禁，以錮善類，凡宋朝大儒之書皆顯棄絕之。德秀晚出，毅然以斯文為己任，講習服行，黨禁既開，正學遂明於後世，厥功大矣。所著有大學衍義、讀書記、文章正宗行于世，學者稱西山先生。明正統詔從祀，成化封浦城伯，嘉靖稱先儒，國朝因之。明蔡清贊曰：間世

真儒高山仰止衍義一書發揮宗旨正學遂明
斯文振起功德在人宜申從祀

先儒何子

何基字子恭南宋時金華人師事黃幹幹告之曰為學須有真實心地刻苦工夫基悚然受命於是隨事省察得聞程朱淵源之懿一時來學者眾時有王柏博辨弘遠問難質疑或一事至十往返基終不變嘗曰治經當謹守精要不必多起疑論文集三十卷而王柏問辨者十八卷景定五年以基為婺州教授力辭不受咸淳初授史館校勘兼崇政殿說書終亦不受卒年八十一國子祭酒楊文仲請於朝謚文定生平清介純實學者比之尹和靖所著有大學中庸註釋及周子通書朱子啓蒙行於世號金華處士

國朝入廡享祀稱先儒贊曰賢哉子恭介然清淨
道承晦翁德並和靖金華鍾靈草澤遂性升中
進秩垂芳尤盛

先儒陳子

陳澔元順帝時江西南康府都昌人潛心理學不求聞達博涉書史獨加意禮經因註禮記旁訓集註學者稱雲柱先生明洪武列其書于學宮至今三百餘年士子遵奉之胡安國以春秋傳入祀蔡沈以尚書集註入祀澔亦當以禮記集註入祀故金許為金華四子之二陳澔為五經傳註之一今擬登進孔廟享祀稱先儒贊曰曲臺唱禮東海后公發揮傳註陳子集承學窮周制譽藹儒宗配祀孔廟輝映庠黌

先儒金子

金履祥元處士蘭谿人何基弟子少從學於同郡王柏及何基之門二人蓋得朱熹之傳者宋將亡獻攻戰策當事者不能用遂絶意進取屏居金華山中嘗以劉恕外紀記司馬通鑑以前事不本於經外謬不可信乃斷自尚書旁采子史損益之作通鑑前編又於論孟大學諸經傳及禮樂書各有注疏授其門人許謙以傳當時嘗言王柏之剛正高明似謝上蔡何基之清介

純實似尹和靖己則親得之二氏而並克於己者也居仁山之下學者稱仁山先生元順帝至正中賜謚文安因刊刻所著論語孟子考證諸集相傳後世稱金華處士　令擬從祀孔廟稱

先儒贊曰三國正統綱目與蜀通鑑前編亦正其謬祖述晦庵真傳授受金華哲人千秋俎豆

先儒許子

許子名衡字仲平元時河南懷慶府人幼有異質七歲入學過目輒不忘稍長刻意墳典一言一行必質之書及遺宋末元起遂從柳城姚樞得伊洛程氏及新安朱子著書默契於中語其子曰小學四書吾敬信如神明能明此雖他書不治可也元世祖至元八年以為集賢大學士兼國子祭酒時所選蒙古弟子皆幼稚衡待之如成人出入進退幼儀必謹每說書懇款周折必使通曉久之諸生皆尊師敬業下至童子亦知三綱五常之道其後告老歸家勤於自治閨門之內整肅若朝廷然凡喪祭行禮一遵古制

不用佛老鄉人化之卒年七十三卒之日大雷電懷慶人無貴賤少長皆哭於門四方學士聞訃祭奠有自數千里來者所著有魯齋文集行於世學者稱魯齋先生元封魏國公諡文正詔從祀孔廟明嘉靖改稱先儒 國朝因之明呂本贊曰氣和志剛内圓外方隨時屈伸與道翺翔發揮聖經微旨用彰名登從祀斯文有光

先儒薛子

薛子名瑄字德温山西河津人年十二能詩賦既壯讀周程張朱之書歎曰此吾道正脉也遂專心性命之學至忘寢食明永樂中進士第宣德二年擢御史正統六年召為大理少卿時王振擅權亂政三楊希振旨欲令公就見公正色曰安有受爵公朝拜恩私室者乎三楊愧屈振遂生隙會有獄夫病死其妾欲嫁振姪王山妻在禁妾不得嫁遂誣妻毒殺夫下獄坐妻死罪公辨其冤御史王文希振意誣公受賄棄律竟坐公死罪公怡然曰辨冤獲咎死何愧焉持周

易誦讀不輟將臨刑王振有一蒼頭哭於廚下振聞之知公議不容兼以大臣伸救遂得免歸

天順復位召入内閣值石亨等竊弄威權遂致仕生平以聖賢為師終日衣冠危坐雖燕閒不苟一言一動必循乎理一取一予必揆諸義出處大節光明峻潔其教人惓惓以復性為本所著有讀書録河汾詩集行於世謚曰文清隆慶詔從祀稱先儒　國朝因之楊廉贊曰本朝理學實始於公求之於宋若濂溪翁復性之教最為有功孔孟程朱平生所宗讀書有録無理不窮太露天機豁我顓蒙

先儒陳子

陳子名獻章字公甫明時廣東新會縣人正統舉廣東鄉試聞江右吳康齋講伊洛之學往從之遊遂棄其學而學焉成化二年游太學邢祭酒欲求和楊龜山此日不再得詩句先生即援筆立就名動京師一時名士如殿元羅倫檢討莊㫤皆樂與之遊五年復上禮部不第遂歸隱

白沙寓居江浦日與提學婁克讓檢討莊𣇈分榻一室研究性命宗旨如是者垂十年其後別歸廣南督撫藩臬交薦皆以疾辭杜門不出求以入道然日尋書册泛泛卒未有得於是由博反約靜坐沉思恍然見此心之體呈露於外常若有物日用應酬隨吾所欲各有頭緒乃渙然自信曰作聖之功其在茲乎友人林後稱其學問得力在靜中坐養故其德器完粹脫落清灑獨超造物牢籠之外而寓言寄興於風煙水月之間蓋有舞雩陋巷之風焉雖無著述其答人論學數書已啓聖賢之扃鑰學者稱白沙先生萬曆詔從祀稱先儒　之國朝因之明湛若水贊曰覺世大儒道開嶺粵穎悟夙成端倪自得堯夫法門象山學脉魚躍鳶飛光風霽月

先儒蔡子

蔡清晉江人明成化二年舉進士爲禮部主事三年三原用之吏部竟復禮部又起用南京按察副使督學江西賀藩王壽誕三司官皆用朝

君禮以朝王公辨名分獨去朝服又逢朔望日三司官舊例先朝王次日方謁孔廟公請三司先謁孔子藩王不悅因聽讒言伺公之短使人傳謗京師譏公不能詩文一時僚友又有挾術相傾者遂決意引疾致仕逆瑾專政時起公國子祭酒不就因卒於家生平明經博學不愧衾影行潔而心純氣清而色和外簡內辨與之論天下事凡治俗隆汙學術邪正古今人品優劣事功以禮義折斷其言精深剴切嘗曰善愛吾身者能以一生為萬載之業或一日而遺數百載之休不知自愛者以其聰明際盛時徒就一己之私而已生平喜於學易以善易名因著易經蒙引及四書蒙引行於世贊曰晉江毓粹賢哲鍾靈行潔心正色和氣清衾影不愧天開日晶千秋俎豆輝映庠黌

先儒陸子

陸隴其字稼書浙江平湖人康熙庚戌進士授江南嘉定縣知縣清操飲冰愛民如子因詿誤

被革萬民怨惆未去而皇皇罷市既去而家家尸祝與其妻同駕小舟惟有圖書數卷其妻織機一張而已後因都察院左都御史魏象樞于康熙十八年題請保舉授臺諫勤勤懇懇於章奏之間抒其誠悃一如唐之陸贄其忠君愛民之心時切於中而其居家孝友端方雖一笑一言不涉於苟著作 文藝清真剴切而其剛直之氣溢乎筆端足稱 昭代醇儒允宜陪享俎豆

贊曰雍熙累洽多士浴化象山復生高其聲價孔孟程朱心源接納高山景行服膺儒雅

崇聖祠

肇聖王木金父　裕聖王祈父

詒聖王防叔　昌聖王伯夏

啓聖王叔梁紇

孔子系出微子自宋華督之亂孔氏奔魯遂世為魯人木金父生祈父祈父生防叔防叔生伯夏伯夏生叔梁紇仕魯為陬邑大夫襄公十年春公會諸侯於祖夏伐偪陽丙寅圍之弗克偪

陽人啓門諸侯之戰士見門閉因攻其門偪陽人發懸門以閉攻門之士郰人紇用手扶開之以出戰士之在門内者甲午遂滅偪陽其勇力若此公先娶魯之施氏生九女而無子其妾生孟皮字伯尼有足病遂求婚於顔氏顔氏有三女其季曰徵在顔父問曰陬大夫雖父祖為民然其先聖王之裔今其人身長十尺武力絶人吾甚貪之雖年長性嚴不足為異三子孰能事之徵在願往父曰即爾能矣遂以妻之既往廟見以夫之年大懼不時有男而私禱尼丘之山以祈焉遂生孔子孔子三歲而叔梁大夫卒二十四歲而顔氏聖母卒合葬於防山宋真宗祥符元年追封聖父齊國公聖母為魯國太夫人元文宗加封啓聖王啓聖王夫人明嘉靖因張璁議詔天下學校各建啓聖祠題稱啓聖公孔氏春秋丁祭 國朝因之雍正元年奉

旨追封孔子五代為王改今祠贊曰水精慶胙勇力長驅神監尼阜瑞吐玉書丹山威鳳滄海明珠

卷四 學校

啓聖百代天壤與俱

東配

先賢顏氏

先賢顏氏諱無繇字路回之父也昔武王克商封陸終之裔曹挾於邾至八世而生伯顏諡曰正公其子友別封于郳為小邾子遂以顏為氏以其附庸于魯世為魯卿魯國之族顏氏最為蕃衍自顏友傳及顏鳴皆上大夫自顏鳴傳及顏籍皆下大夫自顏籍傳及顏求又歷六世皆司寇求生爻爻生無繇少孔子六歲孔子始教而受學焉為魯卿士娶妻姜氏生子回唐開元追封杞伯從祀孔廟宋真宗加封曲阜侯元順帝封杞國公諡文裕追封姜氏杞國夫人諡端獻明嘉靖改稱先賢顏氏遷配啓聖祠　國朝因之宋高宗贊曰人誰無子爾嗣標奇行為世範學為人師請車誠非顧匪其私千載之下足以示慈

先賢孔氏

先賢孔氏諱鯉字伯魚孔子子也孔子年十九娶于宋之丌官氏一歲生伯魚魚之生也魯昭公以鯉魚賜孔子榮君之貺故名曰鯉而字伯魚孔子嘗教之曰鯉乎吾聞可以與人終日而不倦者其惟學乎其身體不足觀也其勇力不足憚也其先祖不足稱也其族姓不足道也然則可以聞四方而昭于諸侯者其惟學乎君子不可以不學其容不可以不飾容不飾則無根無根則失理失理則不忠不忠則失禮失禮則不立夫遠而有光者飾也近而愈明者學也伯魚於是潛心深思力志於學年三十而髮早白至於詩禮之訓傳自過庭終始念典學古有獲而賢德遠播哀公嘗以幣召之鯉稱疾不行年五十先孔子卒年（是時孔子六十九）宋封泗水侯從祀孔子明嘉靖改稱先賢孔氏配享啓聖祠　國朝因之宋徽宗贊曰商王啓祚微子開先周召是訓詩禮並傳父作至聖子述大賢文倫慶值奕葉萬年

西配

先賢曾氏

先賢曾氏諱點字子皙少孔子六歲南武城人曾子參之父也少從事孔子當季武子卒大夫往弔點獨倚其門而歌孔子謂之狂後侍坐夫子誘使言志點志在風浴詠歸之樂夫子與之先儒稱其動靜從容胸次悠然直與天地萬物上下同流看其氣象如鳳凰翔於千仞之上云晚年疾世道衰微禮教不行欲修明之孔子善焉生子參年十六孔子在楚點即命往楚受學孔子十餘年卒傳其道點卒葬南成山在今費縣西南八十里唐開元追封宿伯從祀孔子宋真宗加封萊蕪侯明嘉靖改稱先賢曾氏遷配啓聖祠

國朝因之宋王旦贊曰侍坐魯堂各言其志舍瑟而對超乎冉季沂水春風詠歌道義遇我慶成錫壤進位

先賢孟孫氏

先賢孟孫氏激公宜孟子軻之父魯公族孟孫

之後也世居於鄒故為鄒人事無可考孟母仉氏有賢德生孟子三歲而孤挾之以居嘗三遷其舍以教孟子孟子初學不成母因以刀自斷其織曰子之廢學若我斷斯織矣孟子懼於是力學發憤受業於子思之門遂成大儒今鄒縣北馬鞍山東北之麓有孟父母墓元仁宗封孟父為邾國公母為邾國宣獻夫人明嘉靖改稱先賢孟孫氏配享啓聖祠　國朝因之聖門人物志贊曰命世亞聖孕靈精純三遷成教聖善之親崇報厥祀禮稱明禋巍然聖宮萃乎天倫

東廡

先儒周氏

周氏輔成字伯大漢興封周後于汝南輔成蓋其後也世家營道其族繁衍祖名從遠父名智强智强生五子輔成居四即茂叔父也大中祥符八年賜進士出身終賀州桂嶺令葬道州營道縣累贈諫議大夫明萬曆二十三年湖廣撫按郭惟賢上本言周輔成宜從祀啓聖祠奉旨

依議准從祀稱先儒周氏　國朝因之贊曰周族繁衍營道為感昆友聯翩諫議獨夐六舉成名花封試政篤生碩儒俎豆啓聖

先儒程氏

程氏諱珦字伯温宋人二程子顥頤之父也其先曰喬伯為周大司馬封于程遂以程為姓曾祖羽在宋太宗朝以輔翊功顯賜第京師遂居河南仁宗朝錄舊臣後授伯温知龔州神宗行新法伯温獨抗議指其不便當道者怒即移病致仕累轉大中大夫其為人也慈恕而剛斷所得俸錢分贍親戚之貧者恤孤愛寡惟恐有傷初見周茂叔視其氣貌非常知為道學賢士因與為友乃遣二子從遊時二子年方十四五便脫然欲學聖人宗周子為師焉配壽安縣君侯氏賢而內助治家有法伯淳兄弟在襁褓時凡飲食衣服不令擇美常語人曰幼求稱欲長當何如及稍長常使從良師友遊其慈義兼至如此太中公年八十五卒宋元祐追封永年伯明

嘉靖從祀啓聖祠稱先儒程氏　國朝因之聖
門人物志贊曰束身飭行嗇己寵義歷官一介
成子兩驥清節表世新法抗議甲會熙恬公參
其四
先儒蔡氏
蔡氏諱元定字季通蔡子沉之父也生而穎悟
八歲能詩其父諱發字神與博學強記高簡廓
落凡易象天文地理之說無所不通嘗以程氏
語錄邵氏經世張氏正蒙授季通曰此孔孟正
脉也季通深涵其義登建陽西山忍饑啖薺研
析益精聞朱子名往師之朱子叩其學大驚曰
此吾老友不當在弟子列遂與對講諸經奥義
時韓侂胄設僞學之禁臺諫排擊善類遂謫道
州捕季通甚急季通即日就道朱子與從遊餞
別坐客興嘆泣下季通言笑如常朱子喟然曰
友朋相愛之情季通不挫之志兩得之矣杖屨
同其子沉行三千里脚為流血無幾微怨怒行
至舂陵遠近來學者甚衆雖高才傲士亦心服

謁拜執弟子禮尊為西山先生其平生問學多寓於朱子集中所著有律呂新書皇極經世洪範解八陣圖上承賢父蔡神與之志下傳賢子淵沉之學祖孫三世一轍明嘉靖從祀啓聖祠稱先儒蔡氏國朝因之聖門人物志贊曰學嘗啖薺行不愧影說理精瑩涉道要領臆筍百家情田萬頃箕裘者三丹青彪炳

西廡

先儒張氏

張廸字吉甫橫渠之父也世居於郿今陝西鳳翔府仁宗朝為殿中丞出知涪州居官廉直多善政貧不能歸因葬於郿其行己立身端潔可風故道學之傳有開必先

聖朝褒崇先儒恩錫先世周程朱蔡俱祀其先獨追崇未及張氏似為缺典於雍正二年准儒臣議奏以張廸附入崇聖祠享祀位列周氏之下程氏之上贊曰鳳翔鍾靈篤生碩士巍然聖宮天倫萃聚周程蔡朱標美父奇豈以橫渠不崇先

世

先儒朱氏

朱氏諱松字喬年朱子熹之父也徽之婺源人幼讀六經子史以求天下理亂興亡之故遂慨然以行道濟時為己任宋高宗朝中進士第大臣薦之除度支員外郎歷司勳吏部郎時秦檜和議誤國喬年極言其害檜怒諷御史論其懷異自賢乃出知饒州請辭居於家因師事羅豫章先生與李延平為同門友聞楊龜山所傳河洛之學深得聖賢不傳之遺於是益自刻勵痛革浮華以趨本實自知其性褊急恐其害道因取古人佩韋之義名其齋以自儆文章行義皆可為學者師後居饒州疾革以家事屬劉子羽而訣於績溪胡憲白水劉勉之屏山劉子翬且顧謂朱子曰此三人者吾老友也學有淵源汝父事之時朱子年甫十四即稟學於三君子之門元封齊國公謚獻靖明嘉靖從祀啓聖祠稱先儒朱氏　國朝因之聖門人物志贊曰早挾

才思尋酣道腴追宗河洛抗直權輿授子三友為世大儒標美父鵠蔚然華蕚

崇聖祠考

謹按孔廟之祀配以諸賢崇德報功由來尚矣然禮莫大於父子祀莫重於倫次顏曾思三子列配堂上而其父置之廡下在三賢仁孝之心且無以常伸於萬古況丁祭先聖而不推本先聖所自出孔子固人倫之至禮義之盡者水源木本寧無遺憾乎明嘉靖世宗特採輔臣張璁議詔別立啓聖祠祀叔梁大夫稱啓聖公孔氏以顏路曾皙孔伯魚孟孫氏配享稱先賢程伯温朱喬年蔡季通從祀稱先儒至萬曆神宗又詔周伯大從祀啓聖亦稱先儒迨於今丁祭先聖必先祭啓聖如此則秩敘不紊祀典允協既可以曲體大聖尊親之意且以慰賢儒在天之靈此制真千古不没也

名宦祠（詳名宦志）

鄉賢祠（詳鄉賢志）

節孝祠詳列女志

設官

國朝學正一人訓導一人入職官志生徒康熙三十八年設學原附平越府棚場考試乾隆二十八年乃赴都勻府棚場考試

國朝廩生三十名每名年給廩米四石膳銀五錢增生三十名附生歲取八名科取八名貢生拔貢額取一名康熙十年覆准十二年舉行一次康熙三十九年停止康熙六十一年覆准六年舉行一次乾隆七年奉

聖旨仍照十二年之例舉行歲貢三年貢二名

武生歲取八名

苗生雍正間例歲科考取童生一名歲考取武童一名乾隆十六年裁歸民籍

佾生乾隆五年奏准各省府州縣學樂舞生每學遵例舞用六佾即照佾舞之數額設三十六名外加四名以備疾病事更替之用務令各該州縣會同教官考選本籍俊秀通曉音律嫻習禮儀者方准充補遇有缺出另行考選足數此

外不許浮充仍照册申報學臣查核每遇學臣

按臨免其府縣兩試由教官册送府縣敘入考

案之後申送學院憑文錄取

贊禮生康熙三十三年覆准凡地方大小各官

惟萬壽元旦冬至春秋二丁用生員贊禮大

小中學均不過四名

典籍

御製訓飭士子文一本

上諭一部

聖諭廣訓一本

御纂詩經一部　書經一部　周易折中一部

春秋一部

御纂性理一部

欽定樂章一本

欽定四書文一部　學正全書一部

日講四書解義一部　明史一部

明史綱目一部　先賢位次一本

祭器圖一本　鄉飲儀注一本

平定西域碑一道　駁呂留良四書講義一部

于清端集一部　　刺錢名世詩二本

學田地

棠蔭莊租米一石八斗　案明雖未設學而州牧

王希曾捐修學宮以教子弟習禮買此學田一

分以爲修葺之資遺留到今

董渺莊租米一石八斗陳景先納

喇嚷寨租米四斗八升余玉三納

猛仁莊租米一石八斗車甫之納

慕孔莊租米九斗何正邦納

然納三寨租銀四兩

東門外地一幅租銀六錢萬民欽納

爛土司莫洪義田一分租銀五錢生員莫文達

管

董隆莊地租米三斗雍正十三年正月二十五

日游文學靳坤陳弘美三家納

苦竹寨地租銀二錢五分

牛角寨地租銀五錢

中年莊田租米五石王仕元納有爛土司張克
承關防認納一紙
論曰人能弘道蓋聖人之道待人而行獨山自
有明改流迄於我
朝經前大中丞兩次具　題准建學設官蓋
昭代文明無遠弗屆而撫軍暨各州長覃敷盛心
未可議也至若匾額則
宸翰昭宣推尊備至追封則
王言綸綍發祥有由皆
國家重道崇儒千古未有之鉅典天下之大莫不

共仰不敢以一州志乘缺焉弗載抑又思之學
校之設無分大小在一邑則一邑之人皆薈萃
其中凡以明道進德也乃日讀聖賢書而於往
哲事實茫然未悉將何所從以步趨其後爰本
蔚州李周望昆明謝履忠國學禮樂錄列傳暨
蔚州張僎賢儒功德錄為之編敘補校附建置
始末為一册庶幾嘉惠山陬俾學者見聞益廣
將經書子史不徒誦習其言異日必有躬行實
踐奮然而興起者則運會所關又不但獨陽一

獨山州志

州已也

獨山州志卷之四

營建志

典禮

禮之可以為國也久矣與天地並班朝莅官非禮威嚴不行禱祀祭祀供給鬼神非禮不誠不莊故作秩宗戒以維寅維清誠重之也禮者敬而已禮國之幹也敬禮之實也不敬則禮不行在朝則磬折垂佩著穆穆皇皇之儀在廟則對越駿奔昭蹡蹡蹌蹌之度所謂君有君之威儀

臣有臣之威儀也獨山廟宇崇隆祀典備舉凡
朝賀廟祀及一切禮儀謹遵程式有本有文凛
咫尺之威嚴致神人之格享是在乎執事有恪
者志典禮

慶賀禮凡元旦冬至
萬壽節文武大小各官俱遵照會典設香案朝服望
闕行三跪九叩頭禮

儀注凡慶賀預設香案龍亭於公廳至日黎明各官朝服齊集糾儀官一員先行禮立於簷下以糾儀贊禮生贊排班大小各官以次就位文東武西立班齊贊跪叩興各官行三跪九

叩頭禮贊退各官退出其元旦　萬壽前後穿
朝服七日慶賀
皇太后聖誕　皇后千秋儀節同惟　聖誕前後則穿
朝服七日
開讀禮凡遇頒到
詔書地方官員遵照會典具龍亭綵輿儀仗鼓樂出
郊迎接至公庭開讀
儀注本處官員出郭迎接朝使下馬捧詔置
龍亭中南向朝使立於亭東地方官員具
朝服北向行三跪九叩頭禮鼓樂前導朝使上
馬隨亭後行至公廨門外衆官先入文武分東
西序立候龍亭至公庭中朝使立龍亭之東西
向贊禮生贊排班樂作行三跪九叩頭禮朝使
捧詔授展讀官展讀官跪受詔開讀案前宣
讀衆官皆跪宣讀畢展讀官捧詔授朝使朝

使捧置龍亭中衆官行三跪九叩頭禮畢皆退
即行謄黄分頒凡詔書經過地方官員軍民
人等跪路旁候詔過方起五里以内府州
縣衛文武等官俱出城迎送五里外者不許

祭祀禮

文廟

釋奠釋者散也奠者安也散饌
具而安設之以酌奠也

明錢唐傳洪武二年詔孔廟春秋釋奠止於曲
阜天下不必通祀唐伏闕上疏曰孔子垂教萬
世天下共尊其教故天下得通祀孔子報本之
禮不可廢侍郎程徐亦疏言久之乃用其言

國朝因之定為春秋二祭

祭器

爵　登盛太羹　鉶盛和羹　籩盛祭品

豆盛祭品　簠盛黍稷　簋盛稻粱　罇盛酒

俎盛牲　篚盛帛　毛血碟　香爐

燭臺　福胙盤　祝版　冪覆酒尊

杓酌酒　高燈　盥洗盆巾　提燈迎送神用

提爐迎送神用　香爐迎送神用　庭燎

明無祭器存

國朝原置祝版一錫爵二百四隻錫登一個錫鉶二十三個錫簋一百三個錫簠一百三個錫罇十個竹籩四百十四個木豆四百十四個錫香爐一座錫花瓶一對錫燭臺一對錫象罇二把雄黃酒壺一把

祭品 附製法

太牢羊豕太羹和羹黍稷稻粱形鹽槁魚鹿脯榛菱芡棗栗白餅黑餅韭菹醓醢菁菹鹿醢芹菹兔醢筍菹魚醢脾析豚胉糗餌粉餈飽食糗

食

太羹淡肉汁爾雅謂澄以實太羹之清湆肉和汁也太者如太古之質不用調和也

羹猪肉切薄片焯熟調五味用腰子切荔枝形焯熟蓋面臨時用肉汁澆之和五味調和

黍似稷而粒大稷即黃米稻即大米粱似秫而白凡黍稷稻粱四種各舂細揀淨撈蒸成飯入器平口再以小碗另盛一碗反印於上去碗如饅頭形

形鹽食鹽熬白入器印成魚虎或方圓之形故曰形鹽

槁魚每尾約一觔鹽醃曬乾用時溫水洗淨酒浸片時

鹿脯鹿肉切條晾乾用時洗淨酒浸

鹿醢鹿肉切小方塊以滚水焯熟加鹽酒醬醋椒薑拌如鮓如無以鹿肉乾浸濕切用

醓醢猪脊肉切小方塊製如鹿醢

魚醢魚肉切小方塊製如鹿醢

兔醢兔肉切小方塊製如鹿醢

韭菹韭菜洗淨

去兩頭為斷　菁葅　蔓菁去皮切片　芹葅　芹菜洗淨去兩頭切斷　筍葅　筍不論乾鮮泡洗切斷淡用　棗栗榛菱芡　五種不論乾鮮俱可用　白餅　用上麥麪加紅糖餡以木模印成餅形　黑餅　用蕎麥麪作法同白餅　脾析　以羊百葉去黑皮洗淨切條煮熟醋鹽拌用　豚胉　于猪膀上取肉一圓塊鹽醬煮熟用　糗餌　糗者熬米麥而磨之使碎屑也餌者粉餅屑米為粉然後溲之揉成餅也　粉餈　餈者粉稻黍米而合蒸之為餅　酏食　音池餡也以餡合粉為食即今白麪果之類　糝食　糝者取牛羊豕之肉小切之米二肉一合為餌煎之米為主肉為輔合成食也

案獨山州無太牢用豕八羊八

陳設

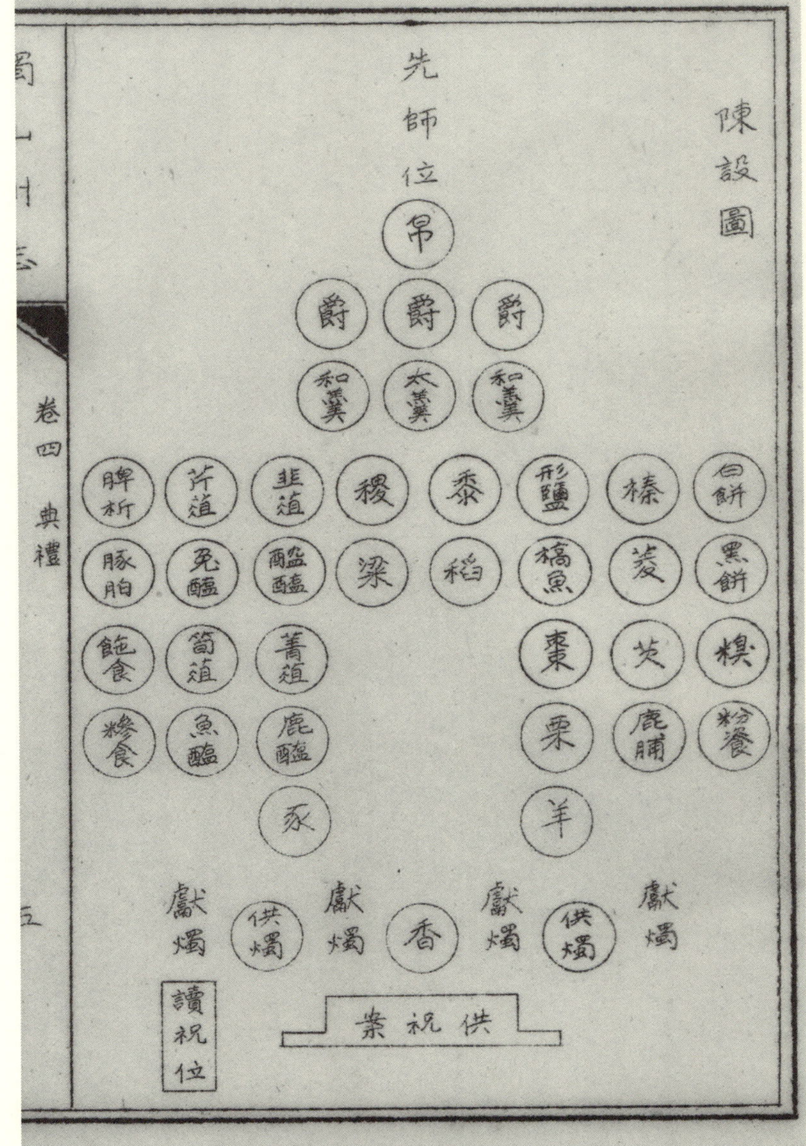
陳設圖
先師位
帛
爵
爵
爵
和羹
太羹
和羹
白餅
黑餅
糗
粉餈
榛
菱
芡
鹿脯
形鹽
槁魚
棗
栗
羊
黍
稻
稷
粱
韭菹
醓醢
菁菹
鹿醢
豕
芹菹
兔醢
筍菹
魚醢
脾析
豚拍
酏食
糝食
獻燭
供燭
獻燭
香
獻燭
供燭
獻燭
供祝案
讀祝位
卷四　典禮

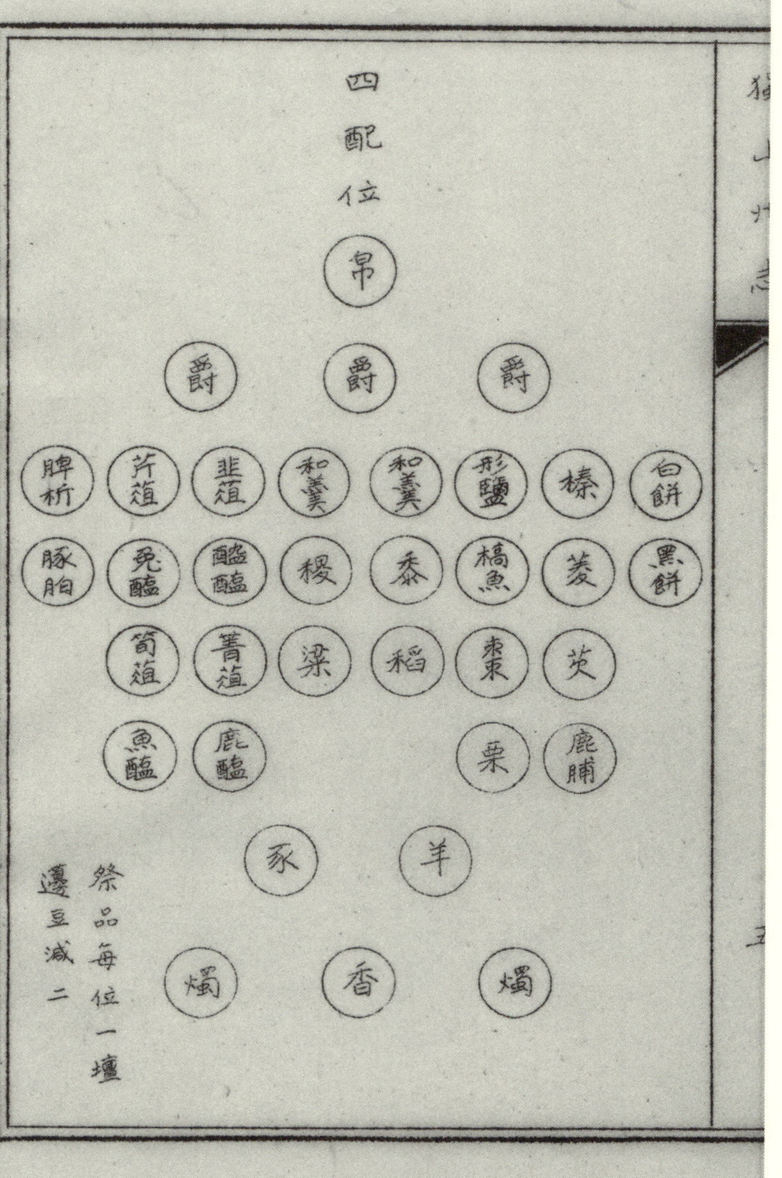
四配位
帛
爵
爵
爵
白餅
榛
形鹽
和羹
和羹
韭菹
芹菹
脾析
黑餅
菱
槁魚
黍
稷
醓醢
兔醢
豚胉
芡
棗
稻
粱
菁菹
筍菹
鹿脯
栗
鹿醢
魚醢
羊
豕
燭
香
燭
祭品每位一壇
籩豆減二

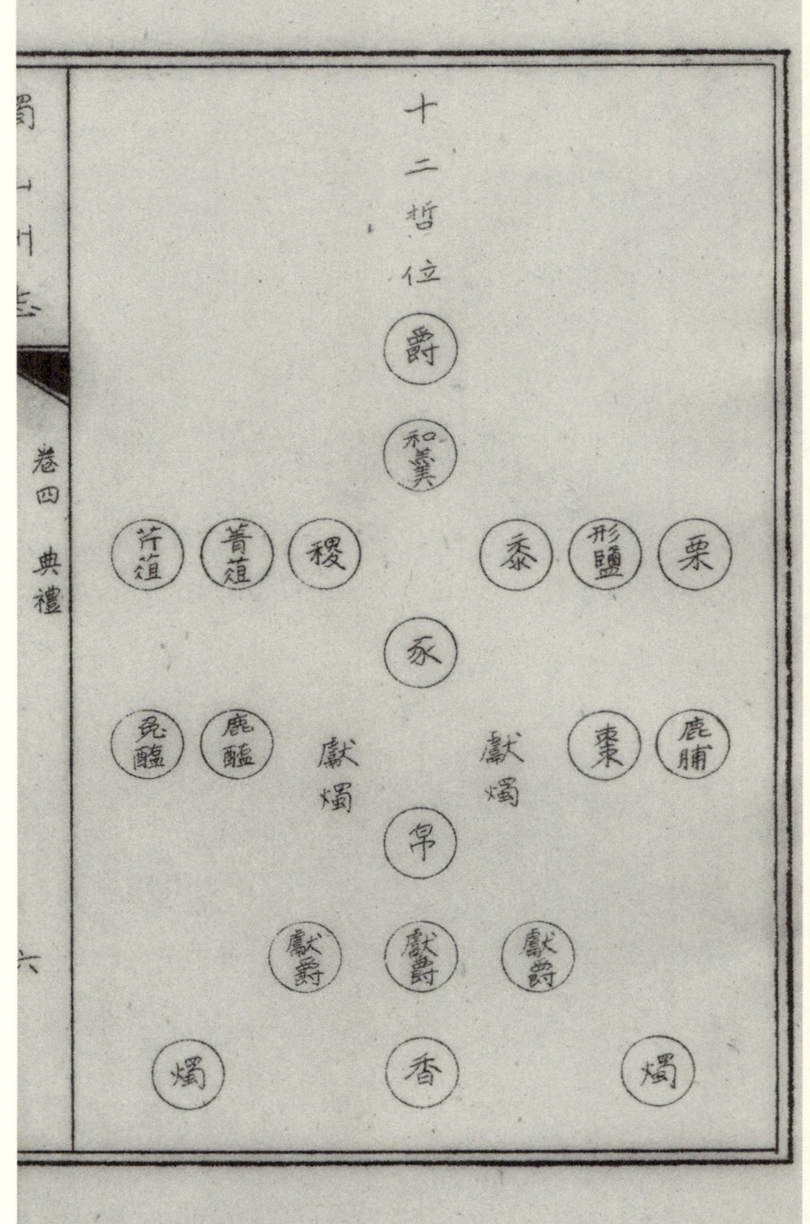
十二哲位
爵
和羹
栗
形鹽
黍
稷
菁菹
芹菹
豕
鹿脯
棗
獻燭
獻燭
鹿醢
兔醢
帛
獻爵
獻爵
獻爵
燭
香
燭
卷四　典禮
六

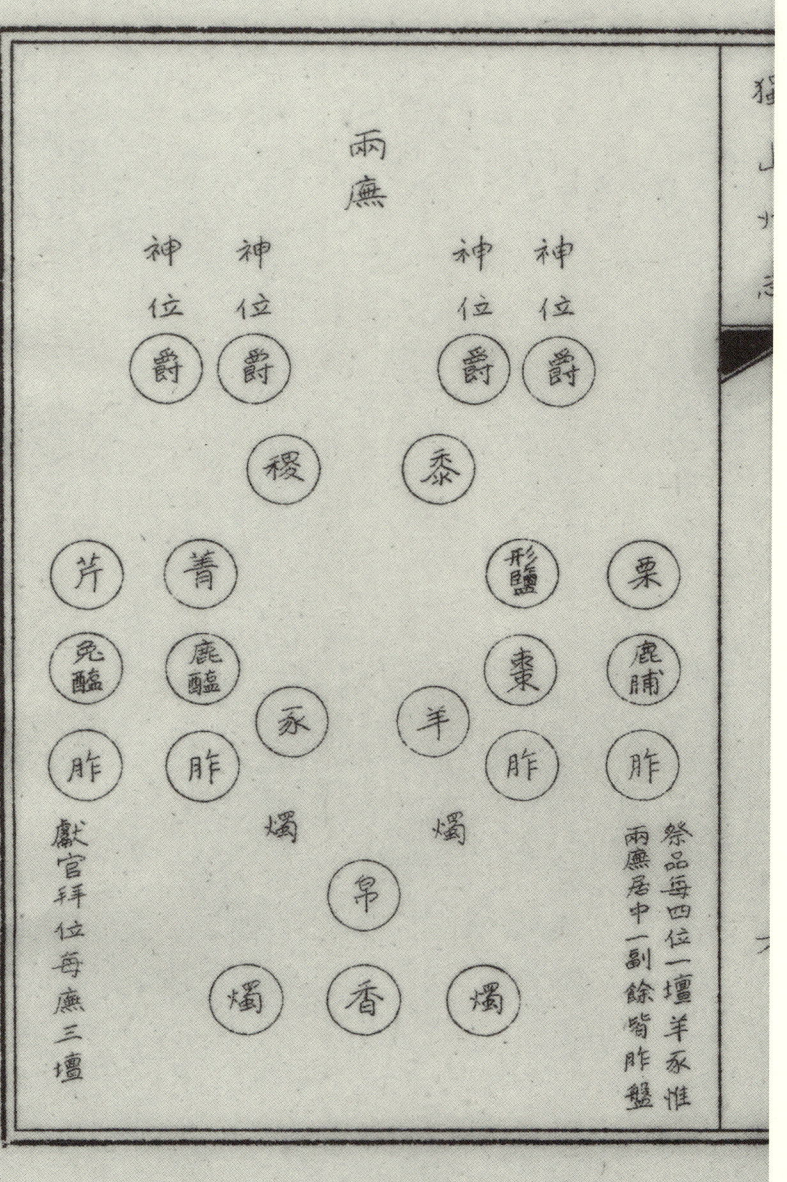
兩廡
神位
神位
神位
神位
爵
爵
爵
爵
稷
黍
芹
菁
形鹽
栗
兔醢
鹿醢
棗
鹿脯
豕
羊
胙
胙
胙
胙
燭
燭
帛
燭
香
燭
祭品每四位一壇羊豕惟兩廡居中一副餘皆胙盤
獻官拜位每廡三壇

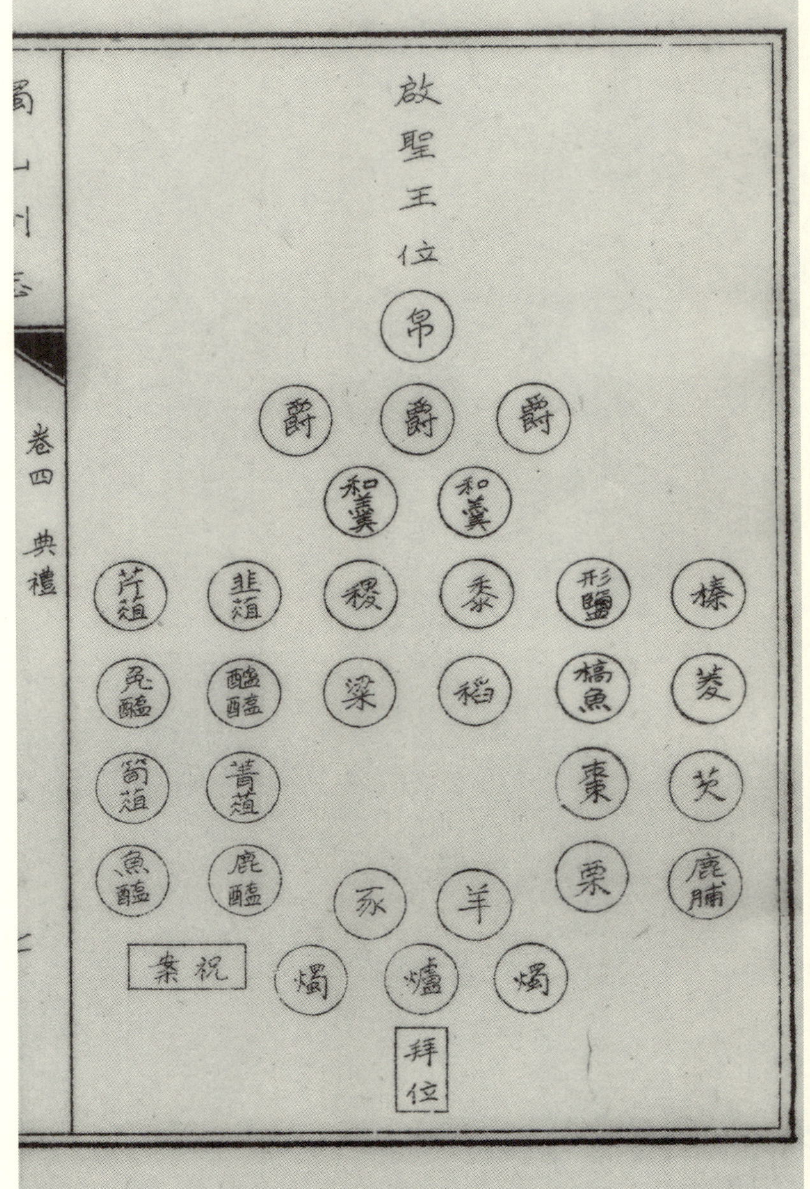
卷四　典禮
啟聖王位
帛
爵
爵
爵
和羹
和羹
芹菹
韭菹
稷
黍
形鹽
榛
兔醢
醓醢
粱
稻
槁魚
菱
筍菹
菁菹
棗
芡
魚醢
鹿醢
豕
羊
栗
鹿脯
祝案
燭
爐
燭
拜位

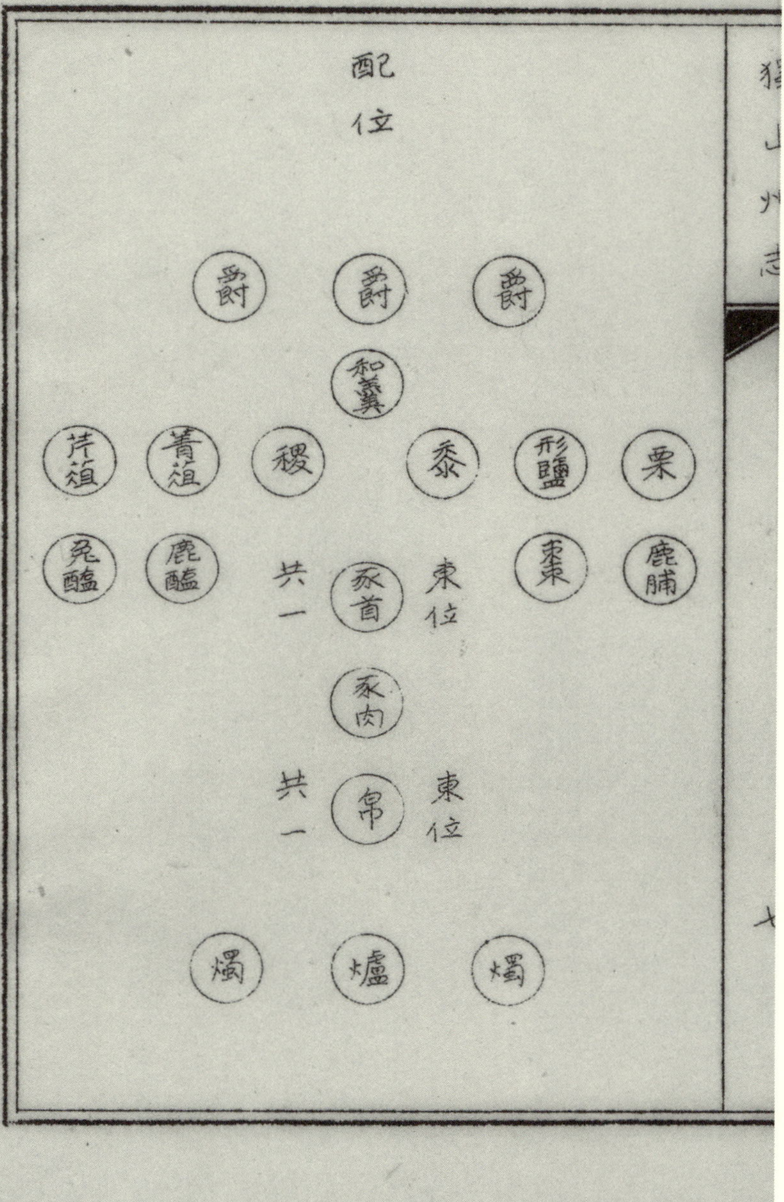

配位

爵　爵　爵

和羹

芹菹　菁菹　稷　黍　形鹽　栗

兔醢　鹿醢　共一　豕首　東位　棗　鹿脯

豕肉

共一　帛　東位

燭　爐　燭

儀注

會典每歲仲春秋上丁曰案月令仲春之月上丁命樂正習舞釋菜天子乃帥三公九卿諸侯大夫親往視之仲丁又命樂正入學習樂陳澔曰仲春上旬必用丁者以先庚三日後甲三日也陳祥道曰釋奠日用上丁者丁象火也火象文教宣明曲禮曰内事以柔日故取陰火也奉部文致祭散齋二日各宿別室致齋一日同宿祭所散齋仍理事惟不飲酒不食葱蒜韭薤不弔喪問疾不聽樂理刑不判署刑殺文字不與穢惡事惟虔理祭事凡祭前一日黎明主祭官詣

文廟行香衆官穿朝服先至候主祭官穿朝服至衆官迎入禮生導引至殿階下行三跪九叩禮衆官文東武西陪立不行禮凡祭前一日晚行省牲禮獻官穿補服詣省牲所唱就位揖官至桌前三揖省牲禮畢宰牲時用小碟盛毛血置正祭日四鼓預將神案下餘毛血埋於淨處牲饌一切陳設整齊候主祭官陪祭官至更衣禮生捧祝文請僉名各官書名派官先祭崇聖祠分獻官臨時派二人派分獻各官四配十二哲兩廡名宦鄉賢各派定分獻通贊升階立唱起鼓樂舞生就位執事者各執其事主祭官就位分獻官陪祭官各就位文東

武通贊唱瘞毛血執事生將案下毛血碟捧從西中階下至西北隅埋於坎内

通贊唱迎神舉迎神樂奏咸平之章樂作引贊

唱跪叩興承祭官分獻官及陪祭各官俱行三跪九叩頭禮興樂止通贊

唱奠帛行初獻禮舉初獻樂奏寧平之章樂作

引贊引主祭官由東階上唱詣盥洗所浴手淨

巾詣酒尊所司尊者舉冪酌酒上東階由殿東

門入引贊唱詣

至聖先師位前跪奠帛以帛進獻帛接帛獻進爵以爵進獻

爵接爵獻叩興引贊唱詣讀祝位唱跪通贊唱眾

官皆跪引贊唱讀祝文讀祝生捧祝版跪於官左讀畢讀祝生叩首不
贊引贊唱叩興通贊唱衆官皆興通贊唱行分
獻禮分獻官之引贊引分獻官各處分獻正殿引贊引獻官唱詣
復聖顏子神位前跪奠帛獻帛進爵獻爵叩興
唱詣宗聖曾子神位前禮同前唱詣述聖子思
子神位前禮同前唱詣亞聖孟子神位前禮同
前引贊唱復位引主祭官由殿西門出下西階
通贊唱行亞獻禮舉亞獻樂奏安平之章樂作
各引贊引主祭官分獻官俱如行初獻禮通贊

唱行終獻禮舉終獻樂奏景平之章樂作各引
贊引主祭官分獻官俱如行亞獻禮惟主祭官
不復位即飲福受胙通贊唱飲福受胙引贊唱
詣飲福位跪通贊唱衆官皆跪引贊唱飲福酒
執爵生將飲福案上預放之爵從右跪進獻官飲訖從左授與執事生引贊唱受
福胙執事生將案上預備之胙連盤從右跪進於獻官官接受從左授於執事生此胙并
餘酒專人送獻官署引贊唱叩興通贊唱衆官皆興引贊
唱復位通贊唱謝神引贊唱跪叩興承祭官分獻官及陪
祭各官俱行三跪九叩頭禮興通贊唱徹饌舉徹饌樂奏咸平

蜀山州志　卷四　典禮　十

之章樂作徹饌訖樂止通贊唱送神舉送神樂

奏咸平之章樂作引贊唱跪叩興承祭官分獻官及陪祭各

官皆行三跪九叩頭禮興樂止通贊唱讀祝者捧祝執帛者

捧帛執爵者捧爵各詣燎位各由殿西門出下西階復由中道行

諸西北隅之燎所通贊唱望燎舉望燎樂樂同送神引

贊唱詣望燎位導眾官至燎位立候祝帛焚將訖通贊唱禮畢

徹班

祝文

正殿曰維先師德隆千古道貫百王揭日月以

常行自生民所未有。屬文教昌明之會，正禮節

樂和之時，辟雍鐘鼓，感格薦以馨香；泮水膠庠

益致嚴於籩豆。茲當春秋仲祗，率彝章肅展微忱

聿彰祀典。以復聖顔子、宗聖曾子、述聖子思子

亞聖孟子配。

崇聖祠曰：維王奕葉鍾祥，光開聖緒；聖德之後

積久彌昌。凡聲教所覃敷，悉循源而溯本。宜肅

明禋之典，用申守土之忱。茲屆仲春秋，聿修祀事

以先賢顔氏、先賢曾氏、先賢孔氏、先賢孟氏配。

樂舞祭時樂舞生首領執麾旛列於兩階聽唱

樂舞生就位各依次立殿廷奏樂之所

迎神樂奏咸平之章無舞

大哉孔子先覺先知與天地參萬世之師祥徵

麟紱韻答金絲日月既揭乾坤清夷

初獻樂奏寧平之章有舞

予懷明德玉振金聲生民未有展也大成俎豆

千古春秋上丁清酒既載其香始升

亞獻樂奏安平之章有舞

式禮莫愆升堂再獻響協鼓鏞誠孚罍甗肅肅

雍雍譽髦斯彦禮陶樂淑相觀而善

三獻樂奏景平之章有舞

自古在昔先民有作皮弁祭菜於論斯樂惟天

牖民惟聖時若彝倫攸敘至今木鐸

徹饌樂奏咸平之章無舞

先師有言祭則受福四海黌宫疇敢不肅禮成

告徹毋疏毋瀆樂所自生中原有菽

送神樂奏咸平之章無舞望燎同

鳧繹峩峩洙泗洋洋景行行止流澤無疆聿昭
祀事祀事孔明化我蒸民育我膠庠
歌彈吹擊四部各照律呂奏樂舞者在殿外臺
上中階兩邊對舞各有譜式六佾縱橫六人左
手執籥右手秉翟舞蹈起伏隨所歌之音以象
之按頌行樂器式麾旛一首金鐘十六面玉磬
十六面大鼓一面搏拊鼓二座柷一座敔一座
琴六張瑟四張排簫二架笙六攢簫笛六枝塤
三個篪二管舞器旌節二首羽籥三十六副佾

舞生三十六名樂工五十二名以上儀注祝文

樂章等遵

會典雍正二年乾隆八年

欽頒圖册

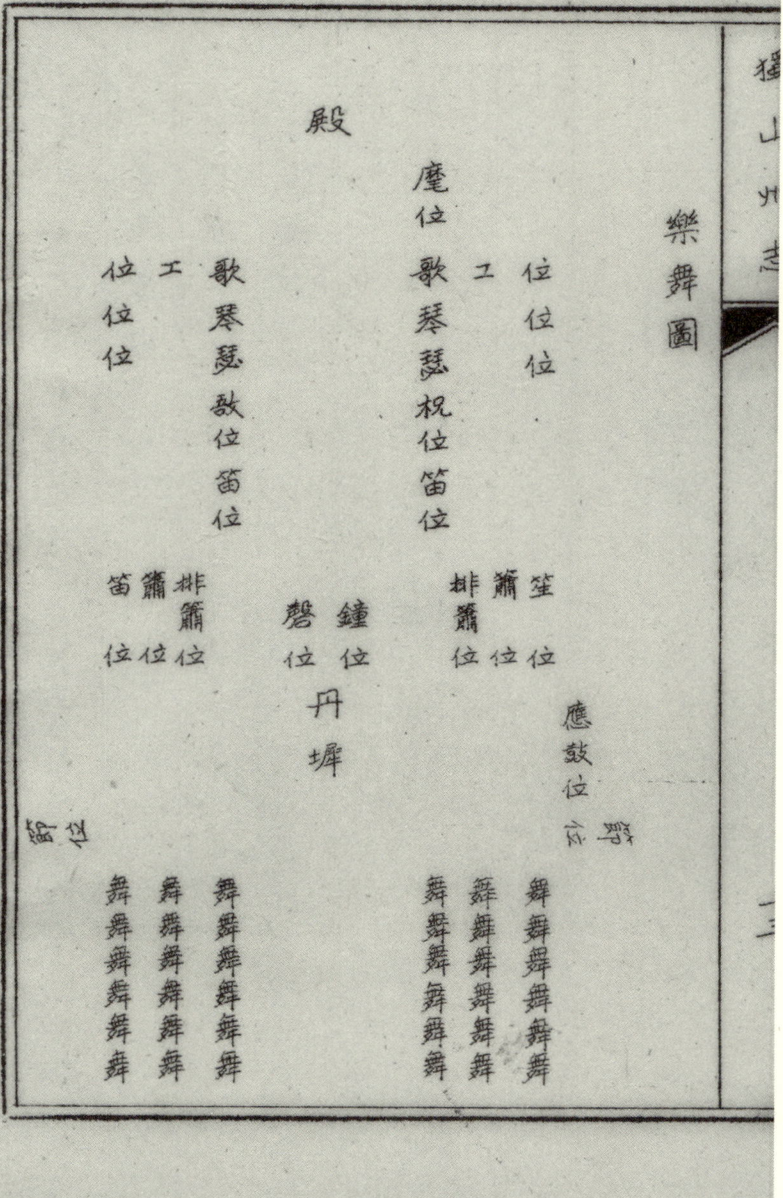

獨山州志 三

樂舞圖

殿

位位位
工
麾位
歌琴瑟柷位笛位

歌琴瑟敔位笛位
工
位位位

笙位
簫位
排簫位

鐘位
磬位

排簫位
簫位
笛位

丹墀

應鼓位
節位

舞舞舞舞舞舞
舞舞舞舞舞舞
舞舞舞舞舞舞

舞舞舞舞舞舞
舞舞舞舞舞舞
舞舞舞舞舞舞

節位

名宦鄉賢節孝祠

陳設

籩四形鹽榛仁棗栗　豆四韭菹筍菹鹿醢魚醢　簠二黍稷　帛一　爵四

羊一　豕一

分獻者教職吏目或齋長代獻

祝名宦祠曰卓哉諸公懋修厥職澤被生靈功

垂社稷茲值仲春秋謹以牲帛粢醴用伸常祀尚

饗

祝鄉賢祠曰於惟羣公孕秀茲邦懿德卓行奕

世流芳茲值仲春秋謹以牲帛粢醴用伸常祀尚
饗
祝節孝祠曰惟靈純心皎潔令德柔嘉矢志完
貞全閨中之亮節竭誠致敬彰閫内之芳型茹
氷蘖而彌堅清操自勵奉盤匜而匪懈篤孝傳
徽
綠綸特沛乎殊恩祠宇昭垂於令典祇循歲祀式薦
尊醪尚饗
武廟東北城外明崇禎壬午年建國朝順治
乙酉年重修乾隆二十三年州牧閻公鉷

修補

勅封順治九年奉文封　忠義神武關聖大帝

乾隆三十三年奉文封　忠義神武靈佑關聖

大帝

雍正九年奉文追封三代曾祖光昭公祖裕昌

公父成忠公業部議以三代名氏未詳引孟孫氏配享崇聖之例止書爵號不書

名氏其後祠亦止設主不塑像

祭祀每歲奉部文仲春秋五月十三日神誕致祭

陳設禮神制帛一白色牛一羊一豕一鉶一籩豆簠

簠與文廟同三代陳設羊一豕一鉶籩豆簠簋

與崇聖祠同

儀注前期一日齋戒省牲滌器至日各官朝服

行三獻禮飲福受胙儀與文廟同惟無樂舞

祝文曰惟神浩氣凌霄丹心貫日扶正統而彰

信義威震九州完大節以篤忠貞名高三國神

明如在徧祠宇於寰區靈應丕昭薦馨香於歷

代屢徵異績顯佑羣生恭值嘉辰遵行祀典筵

陳籩豆几奠牲醪尚饗

三代儀注祭日先遣官詣三代公祠致祭行二跪六叩三獻禮祝文曰維

公世澤貽麻靈源積慶德能昌後篤生神武之

英善則歸親宜享尊崇之報列上公之封爵錫

命優隆合三世以肇禋典章明備恭逢諏吉祇

事薦馨尚饗

社稷壇在小西門外案壇制北向東西南北各二丈高三尺四寸出陛各三級壇下制十二丈東西南各五丈緣之以垣四門紅油由北門入壇外建神廚庫房宰牲房帛坎案令有壇壝餘未如制案石主長二尺五寸方一尺埋於壇上正中近南距壇邊二尺五寸止露圓尖餘埋土中神牌二以木為之硃漆青字身高二尺二寸濶四寸五分厚九分座高四寸五分濶

八寸五分厚四寸五分臨祭設壇上祭畢藏之神庫

祭祀歲奉部文仲春秋上戊日致祭陳設禮神制帛一黑色長一丈八尺羊一豕一鉶一和羹籩四棗栗鹽槁魚豆四韭菹菁菹醓醢鹿脯簠二黍稷簋二稻粱

儀注前三日齋戒前期一日省牲掃除壇之上下設獻官幕次於中門外至日黎明各官朝服行三獻禮飲福受胙儀與文廟同惟無樂舞贊唱望燎改為望瘞執事者以祝帛焚於坎中將畢以土實坎

祝文曰惟神奠安九土粒食萬邦分郡邑以表

封圻育三農而蕃稼穡恭承守土肅展明禋時

屆仲春秋敬修祀典庶丸丸松柏鞏磐石於無疆

翼翼黍苗佐神倉於不匱尚饗

風雲雷雨山川城隍壇（在小東門外講約所旁）

祭祀每歲仲春秋二祭（與社稷壇同日先後行禮）陳設風雲雷雨禮神制帛四山川禮神制帛二城隍禮神制帛一（俱白色長與社稷壇同）羊豕籩豆簠簋與社稷壇同（惟酒盞風雲雷雨前十二山川前六城隍前三仍總獻爵各三）

儀注與社稷壇同（惟獻禮分中左右三位引諸望瘞贊唱改為望燎執事者）

不以土實坎

祝文曰惟神贊襄天澤福佑蒼黎佐靈化以流形生成永賴乘氣機而鼓盪溫肅攸宜磅礴高深長保安貞之吉憑依輩固寶資捍禦之功幸民俗之殷盈仰神明之庇護恭修歲祀正值良辰敬潔豆籩祇陳牲帛尚饗

先農壇在大西門內營盤旁崇神壇木牌高二尺四寸濶六寸座高五寸濶七寸五分紅地金字臨祭迎設壇上祭畢仍捧安神廟崇壇制高二尺一寸深廣二丈五尺後為神廟正殿三間東西房各一間門樓一座周圍繚以垣壇廟門皆南向雍正三年州牧俞大坤修乾隆

三十一年州牧劉岱補修前為
藉田計四畝九分歲收穀六石

祭祀每歲奉　部文季春亥日致祭每祭於藉田穀開銷

不敷銀兩司庫補領陳設禮神制帛一白色餘與社稷壇同

儀注前期二日齋戒前期一日省牲掃壇設幕

檢視耕器農具赤色牛黑色耕種箱青色至日各官朝服行禮

前後三跪九叩三獻飲福受胙儀與社稷壇同祭畢遵依　部行時辰

更換蟒袍補服行耕藉禮知州扶犁吏目執青箱播種行耕旁用耆

老一人牽牛農夫二人把犁向九推九返農夫終畝定耕畢各官率耆老

農夫望

闕行三跪九叩頭禮

祝文曰惟神肇興稼穡粒我烝民頌思文之德

克配彼天念率育之功陳常時夏茲當東作咸

服先疇洪惟

九五之尊歲舉三推之典忝膺

守土敢忘勞民謹奉彝章聿修祀事惟願五風

十雨嘉祥咸沐於神庥庶幾九穗雙岐上瑞頻

書於大有尚饗

厲壇在東門外祭時迎設城隍神位於壇上用

紙多書無祀鬼神等衆字樣牌位列於壇

下兩

旁

祭祀每歲春清明日秋七月十五日冬十月朔日致祭陳設羊三豕三飯米三石壇上城隍神位設羊一豕一壇下厲神用羊二豕二解置於器並羹飯鋪設左右位前香燭紙隨用

儀注前期一日主祭官備香燭詣城隍廟焚告牒行一跪三叩禮至日各官齊穿補服於壇上城隍神位前行禮一跪三叩中間三獻爵讀告文禮畢執事者以告文同紙焚之

告文年月官銜如祝文式曰遵依禮部劄副為祭祀本州闔境無祀鬼神等眾事該欽奉

皇帝聖旨普天之下后土之上無不有人無不有鬼

神人鬼之道幽明雖殊其理則一故天下之廣

兆民之衆必立君以主之君總其大又設官分

職於府州縣以各長之各府州縣又於每一百

户内設一里長以綱領之上下之職綱紀不紊

此治人之法如此

天子祭

天地神祇及天下山川王國各府州縣祭境内山川及

祀典神祇庶民祭其祖先及里社土穀之神上

下之禮各有等第此祀神之道如此尚念冥冥

之中無祀鬼神昔為生民未知何故而殁其間
有遭兵刃而横傷者有死於水火盜賊者有被
人取財而逼死者有被人强奪妻妾而死者有
遭刑禍而負屈死者有天災流行而疫死者有
為猛獸毒蟲所害者有為饑餓凍死者有因戰
鬬而殞身者有因危急而自縊者有因牆屋傾
頽而壓死者有死後無子孫者此等鬼魂或終
於前代或殁於近世或兵戈擾攘流移他鄉或
人烟斷絶久缺其祭姓名泯没於一時祀典無

聞而不載此等孤魂死無所依精魄未散結爲
陰靈或倚草附木或作爲妖怪悲號於星月之
下呻吟於風雨之時凡遇人間令節心思陽世
魂杳杳以無歸身墮沉淪意懸懸而望祭興言
及此憐其慘悽故勑天下有司依時享祭在京
都有泰厲之祭在王國有國厲之祭在各府州
有郡厲之祭在各縣有邑厲之祭在一里又各
有鄉厲之祭期於神依人而血食人敬神而知
禮仍命本處城隍以主此祭欽奉如此令某等

不敢有違謹設壇於城東以某月某日（總填清明等日）

置備牲醴羹飯專祭本州闔境内無祀鬼神等

眾靈其不昧來享此祭凡我一州境内人民倘

有忤逆不孝不敬六親者有奸盜詐僞不畏公

法者有拗曲作直欺壓良善者有躲避差徭耗

損貧民者似此頑惡奸邪不良之徒神必報於

城隍發露其事使遭官府輕則笞決杖斷不得

號為良民重則徒流絞斬不得生還鄉里若事

未發露必遭陰譴使舉家並染瘟疫六畜田蠶

不利如有孝順父母和睦親族畏懼官府遵守

禮法不作非為良善正直之人神必達之城隍

陰加護佑使其家道安和農事順序父母妻子

保守鄉里我等闔州官吏如有上欺

朝廷下枉良善貪財作弊蠹政害民者靈必無私一

體昭報如此則鬼神有鑒察之明官府非謟諛

之祭尚饗

城隍廟明建在白虎坐上嗣徙於小西門内國朝因之

祭祀儀注祝文俱與風雲雷雨山川合壇行禮

龍王廟舊龍王廟雍正間火乾隆二十三年州牧閻公銑即官井前修廟三間三十一年州牧劉岱修廟前八閣亭圍牆一道門樓一座

祭祀儀注同風雲雷雨壇

祝文曰維神德洋寰海澤潤蒼生允襄水土之平經流順軌廣濟泉源之用膏雨及時績奏安瀾曰大川之利涉功資育物欣庶類之蕃昌仰籍神庥宜隆報享謹遵祀典式協良辰敬布几筵肅陳牲醴尚饗

上任禮凡新官上任舊例本衙門預備儀仗前

期出城迎接至日照儀行禮

儀注是日新官具公服首領官率各房吏典併合屬官生員人等導引新官先詣城隍廟陳牲醴致告行一跪三叩頭禮獻爵讀祝或有誓詞讀畢仍行一跪三叩頭禮畢導引至本衙門儀門前陳牲醴致祭行一跪三叩頭禮如前儀畢導引至月臺上設香案朝服望闕行三跪九叩頭禮易公服拜印行一跪三叩頭禮畢坐公座開印皂隸排衙吏房呈押公座畢參見吏役生員屬官畢進內署安設香火灶神三日內行香講書

附行香儀前一日定期至日視各廟應穿禮服及跪叩儀節分別行禮如文廟三跪九叩頭闗帝廟同文廟城隍廟土地祠一跪三叩頭之類

講書儀先於明倫堂設公座及講案文武諸生拱候於儒學門新官至一揖導引詣明

倫堂公座諸生行庭參禮新官拱答如儒學官
同坐敘話畢講書直講之生向上三揖端立抗
聲講說書義畢三揖而退又輪直講如前儀講
畢新官申訓辭分給紙筆奬直講者新官起諸
生仍趨儒學門拱候揖送

開封印信禮每正月開印十二月封印皆遵照
部行欽天監擇定日時行禮
儀注開印儀與上任拜印同封印跪叩同開印惟標記印封不呈押公座

朔望行香禮每月朔望日舊例有司官皆詣各
廟行香
儀注與上任行香同惟雍正年覆准朔望行香須在黎明以昭誠敬又舊例每月行香後

諸明倫堂講書亦與上任講書儀同

迎春禮每歲立春有司官遵照會典迎春於東郊出土牛

儀注先期塑造春牛芒神前一日各官常服迎至府州縣門外土牛南向芒神在東西向立春日早陳設香燭酒菓各官具朝服贊排班贊跪叩興各官行一跪三叩頭禮興贊跪奠酒領班官奠酒三爵贊叩興各官行一跪三叩頭禮興舁土牛芒神行香亭鼓樂前導各官朝服後隨至東郊各官執綵仗環立土牛兩旁贊擊鼓樂工擂鼓贊鞭春各官環擊土牛三禮畢各退按今有司迎春皆前期一日朝服於東郊迎舁土牛芒神安設長官公署之儀門外次日照依立春時刻祀芒神即於安設土牛處鞭春

附土牛式水土取歲德方位牛像頭至尾椿八尺按八卦尾一尺二寸按十二時高四尺按四時胎骨用桑柘木顏色視立春日干為頭角耳支為身納音為蹄尾肚各取所屬五行分青赤白黑黃籠頭构索視立春日支色四孟日麻仲日苧季日絲构子用桑柘

芒神式身像高三尺六寸按一年三百六十日寅申巳亥年像老子午卯酉年少壯辰戌丑未年孩童正旦前後五日內立春為忙芒神與牛並立前五日外立春為早忙立牛前後五日立春為閑立牛後六支陽年立右陰年立左服色視立春日支神受尅為衣尅衣之色為繫腰頭髻前後視立春日納音位罨耳提戴視立春春時氣鞋袴行纏有無繫懸左右視立春日納音之氣與位鞭結用柳枝長二尺四寸按二十四氣結子麻苧絲視日孟仲季俱五采染色

救護禮凡遇日月食文武各官遵照會典依部

頒欽天監推算時刻於本衙門救護

儀注　凡日食結綵於本衙門儀門及正堂設香案於月臺上設金鼓於儀門內兩旁設各官拜位於月臺上俱向日陰陽生報日初食贊禮生贊排班各官俱朝服立贊跪叩各官行三跪九叩頭禮班首官上香贊禮生贊跪各官俱跪班首官擊鼓三聲衆鼓齊鳴再上香各官俱暫起立上香畢各官仍跪以後上香行禮同陰陽生報復圓鼓聲止贊禮生贊跪叩各官行三跪九叩頭禮禮畢各官散月食儀同　按明制外官救護日食朝服於布政司府州縣月食於都使司衛所行禮　國朝順治初年仍沿明制十四年定例日月食俱於本衙門行禮月食救護與日食儀同又會典救護自初食以至復圓皆穿朝服今初穿補服次穿素服次穿朝服

宣講禮每月朔望日各官齊集明倫堂辰日齊

集龍場講約所 案講約所乾隆十四年州牧解韜修 宣講

聖諭十六條曉諭士民人等

儀注 恭設 聖諭牌於鄉約所設約正直月以司講約設木鐸老人以宣警於道路朔望地方文武教職各官齊集贊禮生贊排班各官依次就拜位立贊跪叩興各官行三跪九叩頭禮畢分班坐地率領軍民人等聽講畢各官散

記籍 雍正七年奉部文覆准凡州縣城内及大鄉村擇一寬閒潔靜之處設為講約所約正置二籍德業可勸者為一籍過失可規者為一籍直月掌之月終則以告於約正而授於其次每月朔日直月預約同鄉之人夙興會集於講約所俟約正及耆老里長皆至相對三揖衆以齒分左右立設几案於庭中直月向案北面立先讀 聖諭廣訓皆抗聲宣誦使人鵠立悚

聽然後約正推説其義剴切叮嚀使人警悟通曉未達者仍許其質問講畢於此鄉内有善者衆推之有過者直月糾之約正詢其實狀衆無異詞乃命直月分别書之直月遂讀記善籍一遍其記過籍呈約正及耆老里長默視一遍皆付直月收掌畢衆揖而退歲終則考校其善過彙册報於州官州官設爲勸懲之法有能改過者一體獎勵使之鼓舞不倦

鄉飲酒禮凡府縣每歲遵照會典正月十五日十月初一日於儒學行鄉飲酒禮

儀注 主府知府州知州如無正官佐貳官代位於東南大賓以致仕官爲之位於西北僎賓擇鄉里年高有德之人位於東北介以次長位於西南三賓以賓之次者爲之位於賓主介僎之後除賓僎外衆賓序齒列坐其僚屬則序爵司正以教職爲之主揚觶以罰贊禮者以老

成生員為之前一日執事者於儒學之講堂依圖陳設坐次司正率執事習禮至日黎明執事者宰牲具饌主席及僚屬司正先詣學遣人速賓僎以下比至執事者先報曰賓至主席率僚屬出迎於庠門之外揖入主居東賓居西三讓三揖而後升堂東西相向立贊兩拜賓坐執事者又報曰僎至主席又率僚屬出迎揖讓升堂拜坐如前儀賓僎介至既就位執事者唱司正揚觶執事者引司正由西階升詣堂中北向立執事者唱賓僎以下皆立唱揖司正揖賓僎以下皆揖執事者以觶酌酒授司正司正舉酒曰恭惟　朝廷率由舊章敦崇禮教舉行鄉飲非為飲食凡我長幼各相勸勉為臣盡忠為子盡孝長幼有序兄友弟恭内睦宗族外和鄉里無或廢墜以忝所生讀畢執事者唱司正飲酒飲畢以觶授執事執事者唱揖司正揖賓僎以下皆揖司正復位賓僎以下皆坐唱讀律令執事者舉律令案於堂中贊禮生引讀律令者詣案

前北面立唱賓僎以下皆立行儀禮如前讀畢復位執事者唱供饌案執事者舉饌案主賓前次僎次介次主三賓以下各次舉訖執事者唱獻賓主起席北面立執事斟酒以授主主受爵諸賓前置於席稍退贊兩拜賓答拜訖執事又斟酒以授主主受爵詣僎前置於席交拜如前儀畢主退復位執事者唱賓酬酒賓起僎從之執事者斟酒授賓賓受爵詣主前置於席稍退贊兩拜賓僎主交拜訖各就位坐執事者分左右立介三賓衆賓以下以次斟酒於席訖執事者唱飲酒或三行或五行供湯又唱斟酒飲酒供湯三巡畢執事者唱徹饌候徹饌案訖唱賓僎以下皆行禮僎主僚屬居東賓介三賓衆賓居西贊兩拜訖唱送賓以次下堂分東西行仍三揖出庠門而退

賓興禮凡三年鄉試舊例州官前期七日延集

錄科生員行賓興禮

儀注　先期儒學官將奉准督學錄科生員起具紅批呈送州官擇日具書柬延集科舉諸生至日結綵於大堂或明倫堂鼓樂設筵拜揖如儀州官與諸生簪掛花紅就坐州官儒學官東西僉坐諸生以次兩旁列坐酒五行或十行起由中門送出

送學禮　凡督學歲科取進文武新生舊例紅案發到州官送學肄業行送學禮

儀注　前期擇日傳集新生至日州官於大堂公座簪掛花紅諸生行庭參禮州官拱立答禮稟拜免由中門鼓樂導出州官率領諸生謁文廟行三跪九叩頭禮畢州官詣明倫堂與儒學官交拜行兩禮畢新生次見儒學官行四拜禮儒學官立受兩拜陪受兩拜

賓見禮州屬各官見知州照依頒定儀注行禮

儀注儒學見知州禮用晚生帖由中門進行賓主禮文移知州用牒儒學用牒呈州同見知州名帖行禮文移與儒學同吏目及土司官等從東角門進初見用履歷手本穿補服行庭參禮知州親扶免向上三躬常見用官銜手本打三躬坐次吏目等官東邊列坐知州西南隅坐待茶辭出向上三躬知州送至川堂再三躬出知州於次日用名帖看拜凡吏目等官打躬知州皆答拜文移知州用牌吏目等官用申文

案以上十三條俱遵照大清會典並節年頒行儀注開載其民間冠婚喪祭概不列入

論曰三代聖人之紀綱法度典章文物所以本諸身而布諸天下者甚設也而尤周密詳備於

典祀周禮大祝掌六祝之辭以事鬼神一曰順祝二曰年祝三曰吉祝四曰化祝五曰瑞祝六曰筴祝所以祈福祥求永貞順豐年遂時雨寧風旱彌烖兵遠辠疾也至於慶賀宣講賓興鄉飲一切大典皆宜畫一是以唐虞之世修五禮典三禮周宗伯掌邦禮治神人和上下夫禮有義焉有數焉失其義陳其數則禮爲虛文外心內心俱備乃可成禮我

朝典禮明備頒行天下有典有則執事之官秉禮

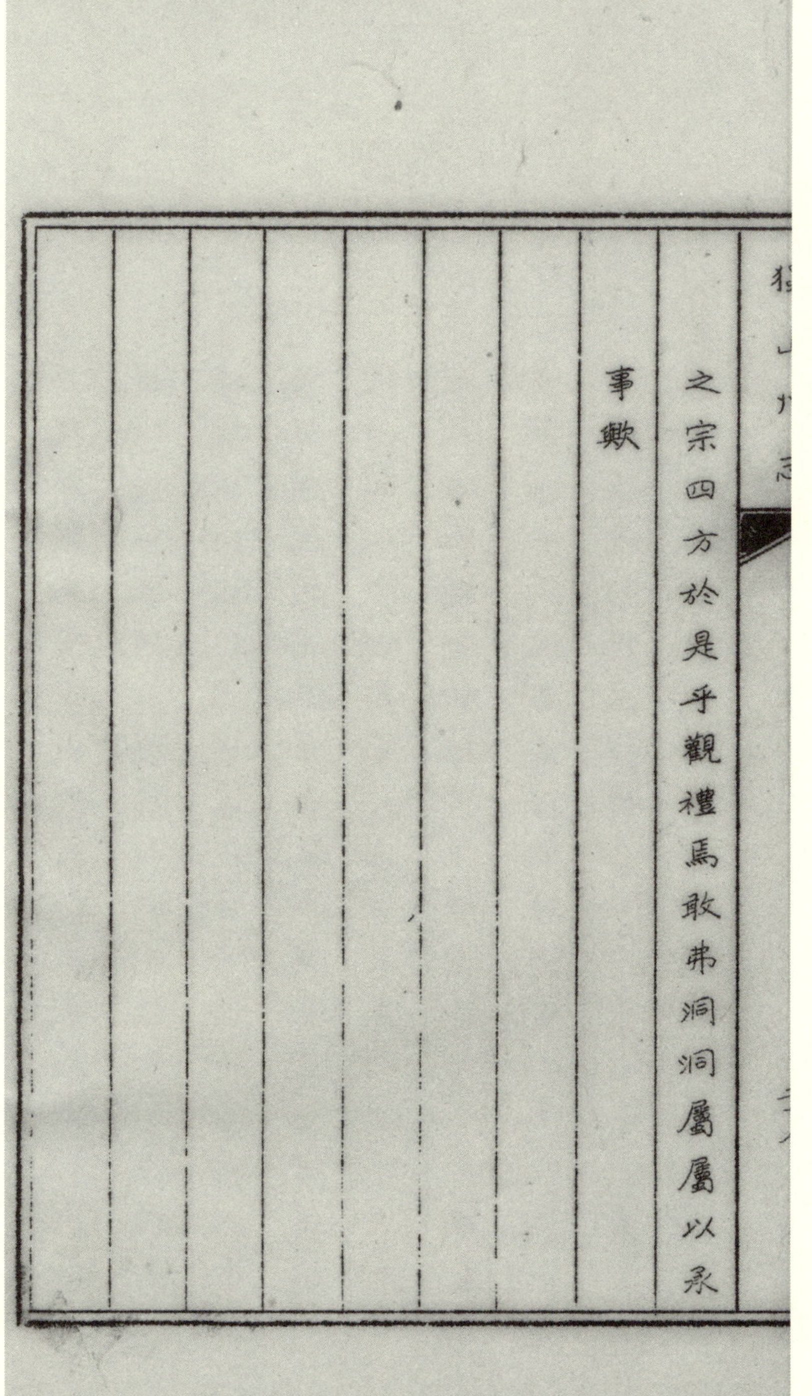

之宗四方於是乎觀禮焉敢弗洞洞屬屬以承

事歟

獨山州志卷之四

營建志

書院

昔程子得周子之道而北洛學於是乎大振龜山得程子之道而南閩學因之大成南安書院名曰道源爲周程志也東林書院名曰道南爲龜山志也方今

聖天子興賢育才㑹制軍撫軍以下至牧令丞倅凡有地方之責者莫不各即其境開設書院培植

多士蓋即踵宋時先儒書院之遺意而行之而
官爲之主則黨援之私無由而起而異同之見
不生法至善也各省皆因地命名黔以山得名
曰貴山書院匀以講學得名曰南皐書院獨山
趙公書院則以開學賢牧名之也多士肄業其
中其亦念先儒道脉相承奮發興起毋曰蕞爾
邊隅渺小其志焉可也志書院

建置

康熙三十八年冬州人於州署前建趙公祠五

間置州牧趙完璧牌位奉祀即因以爲講堂

四十四年

頒發文教遐宣匾額恭懸堂上

五十八年州人重修

乾隆二十二年州牧閻公鋭補修正房砌前後

圍牆前修捲洞門一座

二十五年州牧李雲龍增修左右廂房四間工房

蔡承詔經理工未竣而李牧離任該吏墊銀十八兩未領

三十一年州牧劉岱通體補修增鋪講堂地板

附義學

三脚坉義學一所，學房三間，左右廂房各一間，頭門一間。

經費

康熙三十八年，州牧趙完璧立義學，捐置牛角寨莊田二十餘畝，歲收債穀大斗七石，合倉斗一十六石，作掌教膏火。雍正間義學時廢時興，膏火借充生童考棚公用。

乾隆二十四年州人交爭田租鋪租有欲以充
歲貢廪糈者州牧閻公銑斷復充義學膏火
二十七年署州牧小格牒儒學訓導署學正李
廷諭管膏火
案牒文爲牒移耑管以收實效以垂永久事
照得前陞州趙公於康熙年間建立義學教
育人才捐置義田暨趙公祠鋪租皆以租息
爲師生束脩膏火之需惠至渥法至善也乃
日久漸湮多充他項公用雖有義學之名膏

獨山州志　三

火既圜不聞生徒絃誦之聲租息無存惟睹祠宇剝落之狀竟使前賢遺愛湮没不彰前任閻公因爭取訐訟遂將租息斷令修葺祠宇延請塾師洵屬一時盛舉然立法未盡周詳是以旋舉旋廢敝署州來蒞兹土檢閲斯卷採訪諮詢延請掌教諸生莫不踴躍樂從共勷其事但不籌畫規模綜名核實耑其董理之任恐終難垂之久遠也竊以膏火之存亡關義學之興廢且地方官正項糧賦是其

專責至於義學膏火事近瑣細况掌教為一州西席禮宜崇重薪水之資輒令州衙取領殊多簡褻合無移送貴學董理經徵隨時支給且借此頻相往來諸生更得時聞訓廸學業維新一舉而兩美具豈不善哉至如佃民債户恐呼應不靈屆期差催州牧責也每年除供義學束脩膏火外尚祠宇傾圮仍復取用貴學列入交代册歲底仍將收支各款開具四柱清册牒州查核則董理有法庶幾收

實效以垂永久矣
三十一年羣紳士修學項餘買南街三甲地一幅歲收租銀六兩增益膏火由學正謝庭薰訓導李廷諭牒知州劉岱詳准存案
三十三年正月黃信中納自置馬鞍鑾洗然納三寨田入義學歲收租穀十二石由學正謝庭薰訓導李廷諭牒知州劉岱詳准存案
十二月黃理中納自置外卜寨田入義學債穀十二石由學正戴一仁訓導李廷諭牒知州劉

岱詳准存案

三十四年正月黄璠納租置塘敬寨田入義學

債穀六石由學正戴一仁訓導李廷諭牒知州

劉岱詳准存案

二月鄢錦臣納自置塘必田四處債穀二石五

斗入義學由學正戴一仁訓導李廷諭牒知州

劉岱詳准存案

每歲仲春秋以租銀六兩備猪羊祭品祀趙公

每歲孟春州牧聘明師掌教以鋪租債穀作束

脩外留塘敵塘必二寨價穀爲諸生課前茅者
賞賚以示鼓勵其趙公祠歲修於租銀内取給
案詳文爲詳明續增義學田租以廣文教事
竊卑州於有明弘治七年改土設流至
國朝康熙三十八年設學康熙三十九年前牧
趙完璧設立義學捐置牛角寨田二圻每年
收市斗租穀七石以作膏火之費嗣是州士
民呈請詳准以趙完璧入名宦祠並建趙公
祠宇即作義學肄業之所其鋪面房租歲收

銀一十二兩，添作膏火，延蒙師課州民子弟無力讀書者，亦或延經師課讀。膏火不足之項，係生童自行輸致。掌教卑職到任後，又准儒學學正謝庭薰、訓導李廷諭查有諸生捐修都勻府考棚餘資，置買南街三甲鋪地一幅，每年收租銀六兩，合前項租約可得銀三十二兩。其義學掌教，於州城或都勻縣進士舉人中擇其善於啟迪者，延請課讀。而膏火仍屬不敷，係生童自行輸致。茲於乾隆三十三年正月二十日據生員黄瑢等呈稱生父黄信中在日以義學膏火不敷令生等將馬鞍寨田一圻零三角債穀四石九斗又鑾洗寨田二圻半債穀五石八斗二共租穀十石七斗捐作義學田生等遵命呈納所納是實計呈田契紙七張十二月二十日貢生黄璠等呈稱生父黄理中存日每有擴充義學膏火之意囑令生等將豐寧上司外卜莊一所債穀九石納入義學令遵命呈納以作膏火

之費中間不致虚納所納是實計外卜印劵
老契一張三十四年正月二十二日據貢生
黄璠呈稱竊本州義學膏火自趙公捐置牛
角寨田後璠父理中遺囑將外卜田擴充伯
信中遺囑將鑾洗田擴充俱已遵從具呈納
學令璠再四躊躇膏火尚覺不敷情願將璠
名下祖業塘敬莊一所債穀六石五斗納入
學中增益膏火所納是實計呈塘敬莊田印
劵一張本年二月初六日貢生鄢有韓呈稱

生父鄢錦臣遺囑願捐所置塘必田四坵價
租穀五石二斗地土山場界限各載契内納
入義學增益膏火令生遵父命粘連田契具
呈輸納所納是實計呈賣契税尾佃領共一
十四張等情由學先後牒呈到州准此竊查
義學之設原以造士而膏火不敷究屬有名
無實今據州屬紳士黄瑢等紛紛願輸莊租
共計市斗穀三十一石四斗合前銀穀年可
得銀九十四兩八錢每年延師已屬敷用惟

查從前舊有田租每經州牧撥修考棚暨出

貢賞賚公用若不詳明

憲臺批示立案誠恐年深日久仍舊借充别

項公用殊非仰體

大人廣敷文教整飭邊方之至意也卑職愚見

應將此項卷宗牒交儒學掌管仍經各州牧

隨時查明按季支給掌教膏火其生童月課

列前茅者賞給筆墨並修理趙公祠義學之

項亦於此項公同取給庶可垂之永久而邊

方人物佇見蒸蒸日上矣是否有當理合詳

請

憲臺俯賜查核批示飭遵

乾隆三十四年五月初四日奉

本府正堂陳　牌開乾隆三十四年五月二

十九日奉

布政使司布政使張　牌開乾隆三十四年

六月十四日奉

撫部院良　批紳士捐輸莊租以充義學膏

火之用殊可嘉尚既請交學掌管經州查明
備給每年膏火獎賞及修理義學之用應准
照行并載入州志以垂永久仍候
督部堂暨
學院批示繳又奉
提督學院陳　批該州建立義學經紳士等
樂善好施經費已足敷用自應設法稽查以
垂永久如詳交該學掌管該州隨時查明按
季支給義學各項之用此外公事概不得借

端開銷如有侵呑那移等情按律查究仰即

移學遵照可也仍候

督部堂暨

撫部院批示繳又奉

督部堂阿 批暨

各憲批與

撫部院批同

教條小學教人之法經史子集之事業文章茫乎浩乎固任人取携矣令先載五經源流後附朱子白鹿洞教條俾為師者知所以教而弟子知所以學邊方文教庶有裨焉

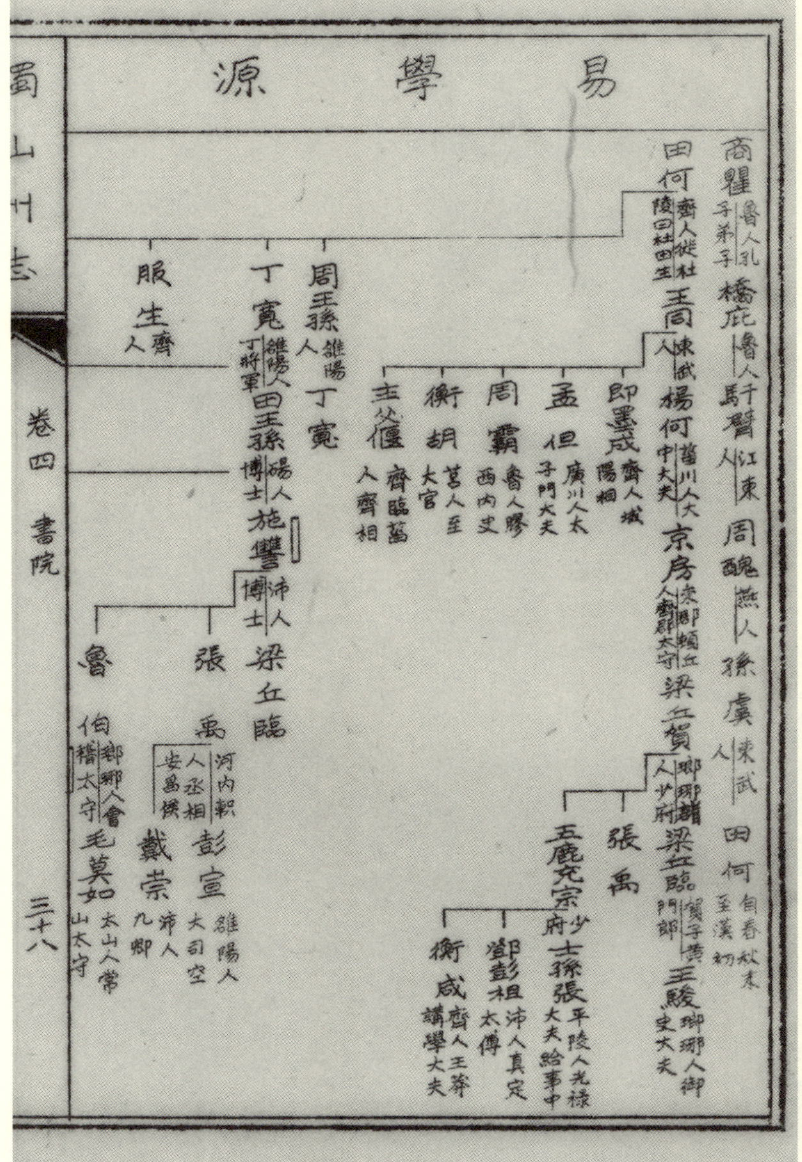

易學源

商瞿魯人孔子弟子　橋庇魯人子馯臂江東人　周醜燕人孫虞東武人　田何自春秋末至漢初

田何齊人從杜陵田杜田生　王同東武人　楊何菑川人太中大夫　京房東郡頓丘人魯郡太守　梁丘賀琅琊諸人少府　梁丘臨賀子黃門郎　王駿琅琊人御史大夫

張禹

五鹿充宗少府　士孫張平陵人光祿大夫給事中　鄧彭祖沛人真定太傅　衡咸齊人王莽講學大夫

即墨成齊人城陽相　孟但廣川人太子門大夫　周霸魯人膠西內史　衡胡莒人至大官　主父偃齊臨菑人齊相

周王孫雒陽人　丁寬雒陽人丁將軍　丁寬　田王孫碭人博士　施讎沛人博士　梁丘臨

服生齊人

張禹河內軹人丞相安昌侯　彭宣雒陽人大司空　戴崇沛人九卿

魯伯琅琊人會稽太守　毛莫如太山人常山太守

蜀山州志　卷四　書院　三十八

十

流之圖

- 項生（齊人）
  - 丁寬
    - 高相（沛人）
      - 高康（相子，為郎）
      - 毋將永（蘭陵人，豫章都尉）
    - 孟喜（東海蘭陵人，丞相掾）
      - 趙賓（蜀人）
      - 白光（東海人，博士）
      - 翟牧（沛人，博士）
      - 焦贛（梁人，小黃令）
        - 京房
          - 殷嘉（東海人，博士）
          - 姚平（河東人，博士）
          - 乘弘（河南人，博士）
      - 蓋寬饒（魏人，司隸校尉）
    - 梁丘賀
      - 邴丹（琅琊人，六百石）

費直（東萊人，單父令）——王璜（琅琊人）

漢興言易自田生　施讐孟喜梁丘賀曰施孟梁丘之學

京房明災異曰京氏之學　高相費直無章句曰高費

京房以焦贛即孟氏之學高相自言出於丁寬故皆

綴於派內費直則另為一派

今文

書學源

伏生 濟南人 秦博士
- 晁錯 潁川人御史大夫
- 張生 濟南人博士 — 夏侯都尉 魯人 — 夏侯始昌 都尉族子 昌邑太傅 — 夏侯勝 始昌族子 太子太傅
- 歐陽和伯 濟南千乘人 — 兒寬 千乘人御史大夫 — 歐陽和伯子 — 歐陽和伯孫 — 歐陽高 和伯曾孫博士
- 伏生孫 — 簡卿 未詳 — 夏侯勝
- 周霸 見前

夏侯勝 — 夏侯建 勝從兄子 太子太傅 — 張山拊 平陵人 少府
- 李尋 平陵人騎都尉
- 鄭寬中 平陵人光祿大夫給事中 — 趙玄 東郡人御史大夫
- 張無故 山陽人廣陵太傅 — 唐尊 沛人王莽太傅
- 秦恭 信都人城陽內史 — 馮賓 魯人博士
- 假倉 陳留人膠東相

周堪 齊人光祿勳
- 牟卿 北海人博士
- 孔光
- 許商 長安人四至九卿
  - 唐林 沛人九卿
  - 吳章 平陵人博士 — 云敞 平陵人更始時御史大夫
  - 王吉 重泉人九卿 非昌邑中尉
  - 炔欽 齊人博士

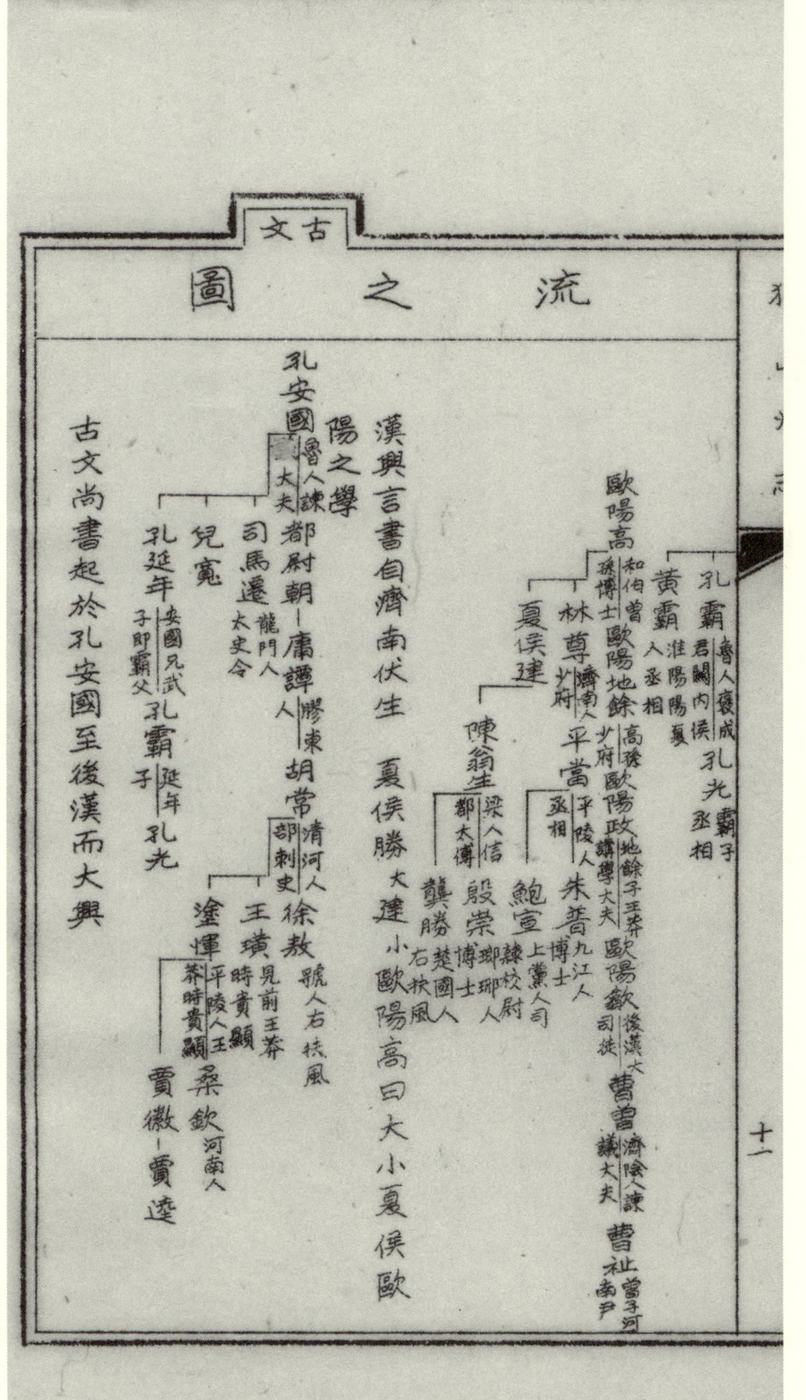
古文
流之圖
孔霸 魯人襃成君關內侯
孔光 霸子丞相
黃霸 淮陽陽夏人丞相
歐陽高
和伯曾孫博士
歐陽地餘 高孫少府
歐陽政 地餘子王莽講學大夫
歐陽歙 後漢大司徒
曹曾 濟陰人諫議大夫
曹祉 曾子河南尹
林尊 濟南人少府
平當 平陵人丞相
朱普 九江人博士
鮑宣 上黨人司隸校尉
夏侯建
陳翁生 梁人信都太傅
殷崇 瑯琊人博士
龔勝 楚國人右扶風
漢興言書自濟南伏生 夏侯勝 大建 小歐陽高曰大小夏侯歐
陽之學
孔安國 魯人諫大夫
都尉朝
庸譚 膠東人
胡常 清河人部刺史
徐敖 右扶風人號
王璜 見前王莽時貴顯
塗惲 平陵人王莽時貴顯
桑欽 河南人
賈徽
賈逵
司馬遷 龍門人太史令
兒寬
孔延年 安國兄武子卽霸父
孔霸 延年子
孔光
古文尚書起於孔安國至後漢而大興
十二

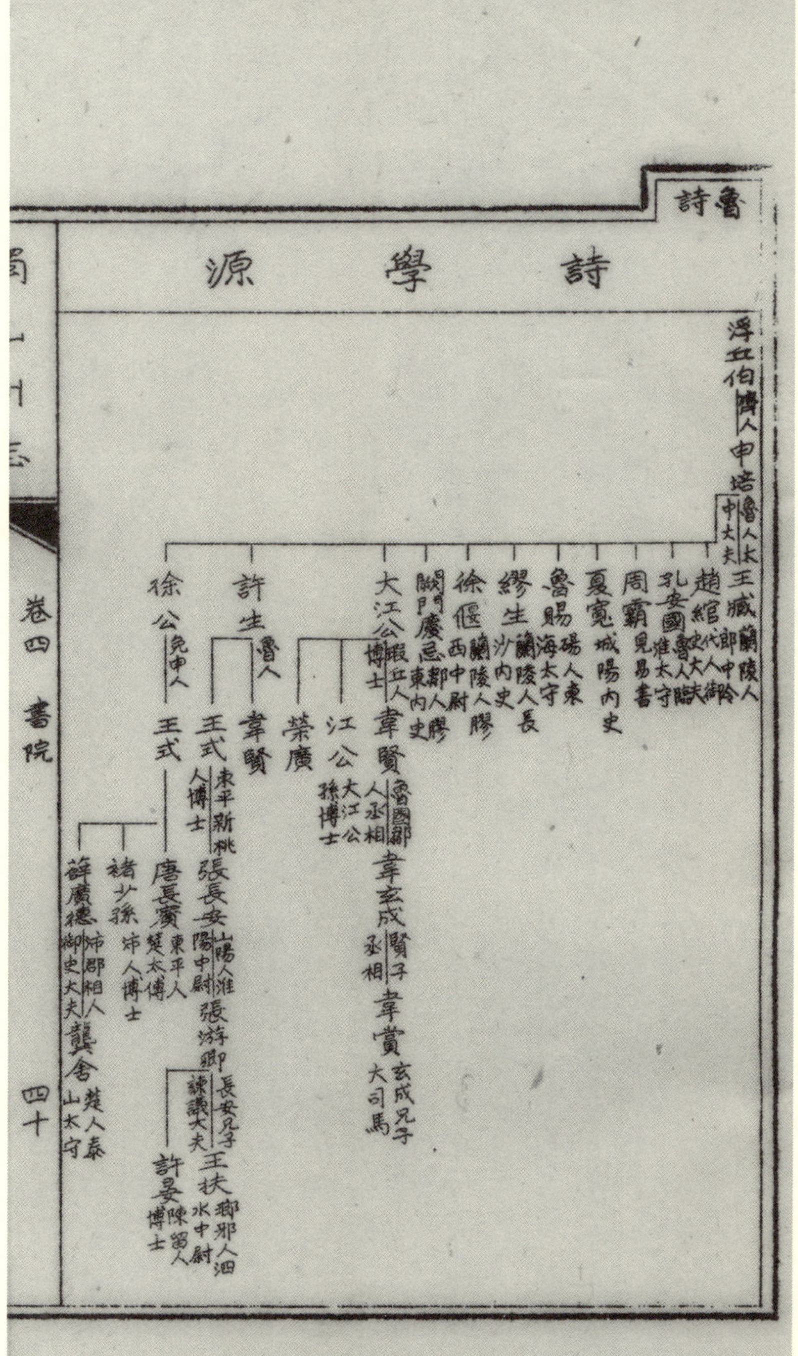
魯詩
詩學源
浮丘伯齊人
申培魯人太中大夫
王臧蘭陵人郎中令
趙綰代人御史大夫
孔安國魯人臨淮太守
周霸見易書
夏寬城陽內史
魯賜東海太守
繆生蘭陵人長沙內史
徐偃膠西中尉
闕門慶忌膠東內史
大江公瑕丘人博士
許生魯人
徐公免中人
韋賢魯國鄒人丞相
江公大江公孫博士
榮廣
韋玄成賢子丞相
韋賞玄成兄子大司馬
王式
王式東平新桃人博士
張長安山陽人淮陽中尉
張游卿長安兄子諫議大夫
王扶瑯邪人泗水中尉
許晏陳留人博士
唐長賓東平人楚太傅
褚少孫沛人博士
薛廣德沛郡相人御史大夫
龔舍楚人泰山太守
卷四　書院
四十

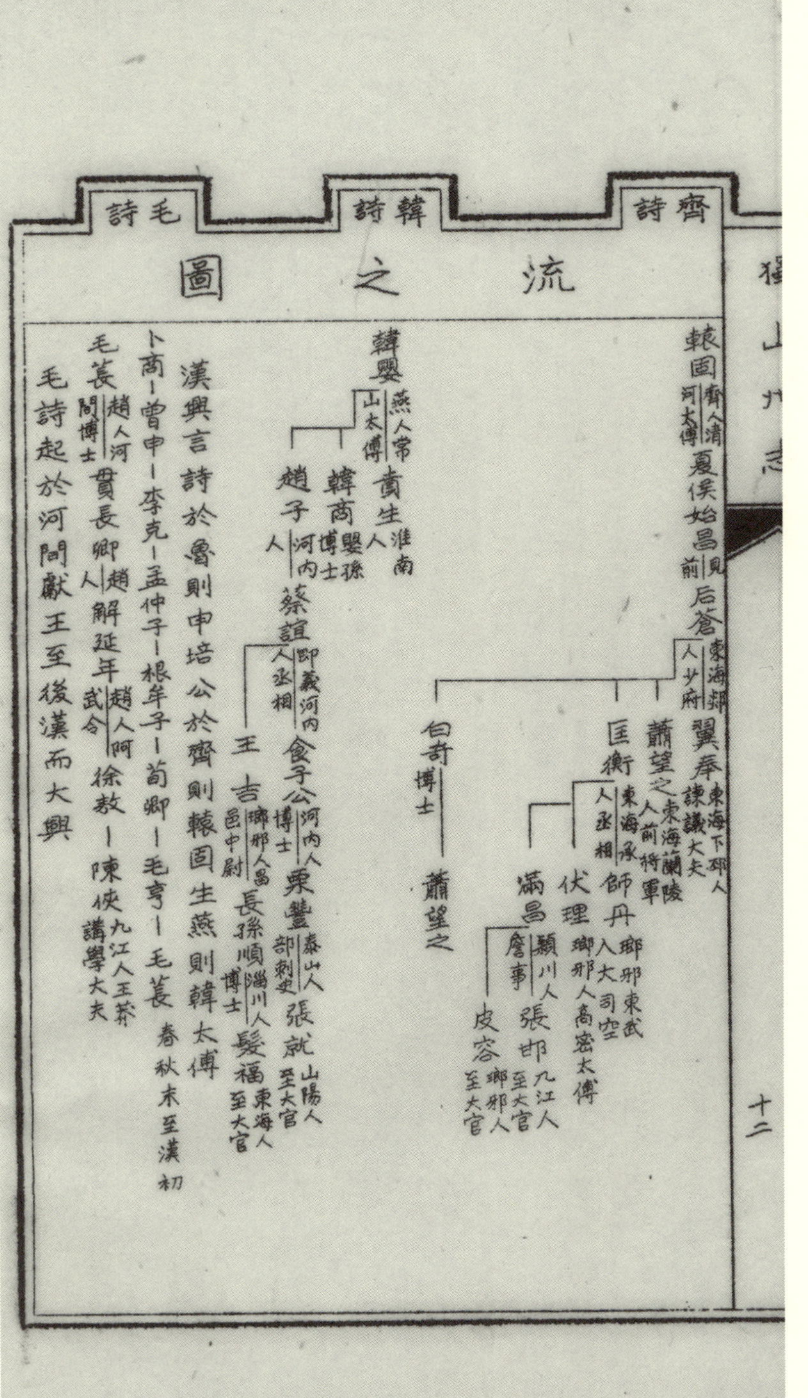
齊詩 韓詩 毛詩
流之圖
轅固(齊人清河太傅)—夏侯始昌(見前)—后蒼(東海郯人少府)
翼奉(東海下邳人諫議大夫)
蕭望之(東海蘭陵人前將軍)
匡衡(東海承人丞相)—師丹(瑯邪東武人大司空)
伏理(瑯邪人高密太傅)
滿昌(潁川人詹事)—張邯(九江人至大官)
皮容(瑯邪人至大官)
白奇(博士)—蕭望之
十二
韓嬰(燕人常山太傅)—賁生(淮南人)
韓商(嬰孫博士)
趙子(河內人)—蔡誼(河內人丞相)—食子公(河內人博士)—栗豐(泰山人部刺史)—張就(山陽人至大官)
王吉(瑯邪人昌邑中尉)—長孫順(淄川人博士)—髮福(東海人至大官)
漢興言詩於魯則申培公於齊則轅固生燕則韓太傅
卜商—曾申—李克—孟仲子—根牟子—荀卿—毛亨—毛萇 春秋末至漢初
毛萇(趙人河間博士)—貫長卿(趙人)—解延年(趙人阿武令)—徐敖—陳俠(九江人王莽講學大夫)
毛詩起於河間獻王至後漢而大興

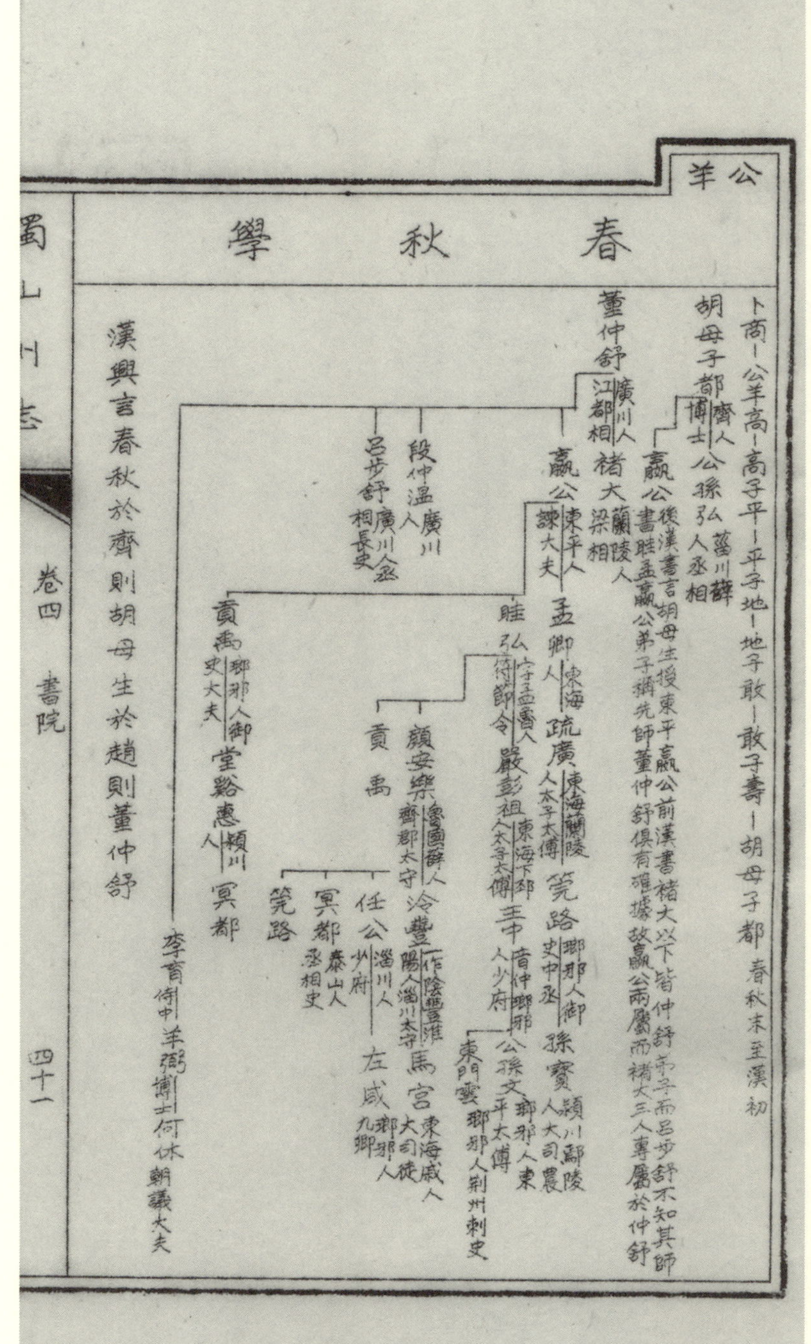

公羊

春秋學

卜商－公羊高－高子平－平子地－地子敢－敢子壽－胡母子都　春秋末至漢初

胡母子都　齊人博士

公孫弘　菑川薛人丞相

嬴公　後漢書言胡母生授東平嬴公前漢書褚大以下皆仲舒弟子而呂步舒不知其師書眭孟嬴公弟子稱先師董仲舒俱有確據故嬴公兩屬而褚大三人專屬於仲舒

董仲舒　廣川人江都相

褚大　蘭陵人梁相

嬴公　東平人諫大夫

段仲　溫人

呂步舒　廣川人丞相長史

孟卿　東海人

眭弘　字孟魯人符節令

疏廣　東海蘭陵人太子太傅

嚴彭祖　東海下邳人太子太傅

筦路　琅邪人御史中丞

王中　少府

孫寶　潁川鄢陵人大司農

公孫文　琅邪人東平太傅

東門雲　琅邪人荊州刺史

顏安樂　魯國薛人齊郡太守

貢禹

冷豐　一作陰豐淮陽人淄川太守

任公　淄川人少府

冥都　泰山人丞相史

筦路

馬宮　東海戚人大司徒

左咸　琅邪人九卿

貢禹　琅邪人御史大夫

堂谿惠　潁川人

冥都

李育　侍中

羊弼　博士

何休　朝議大夫

漢興言春秋於齊則胡母生於趙則董仲舒

蜀山川志　卷四　書院　四十一

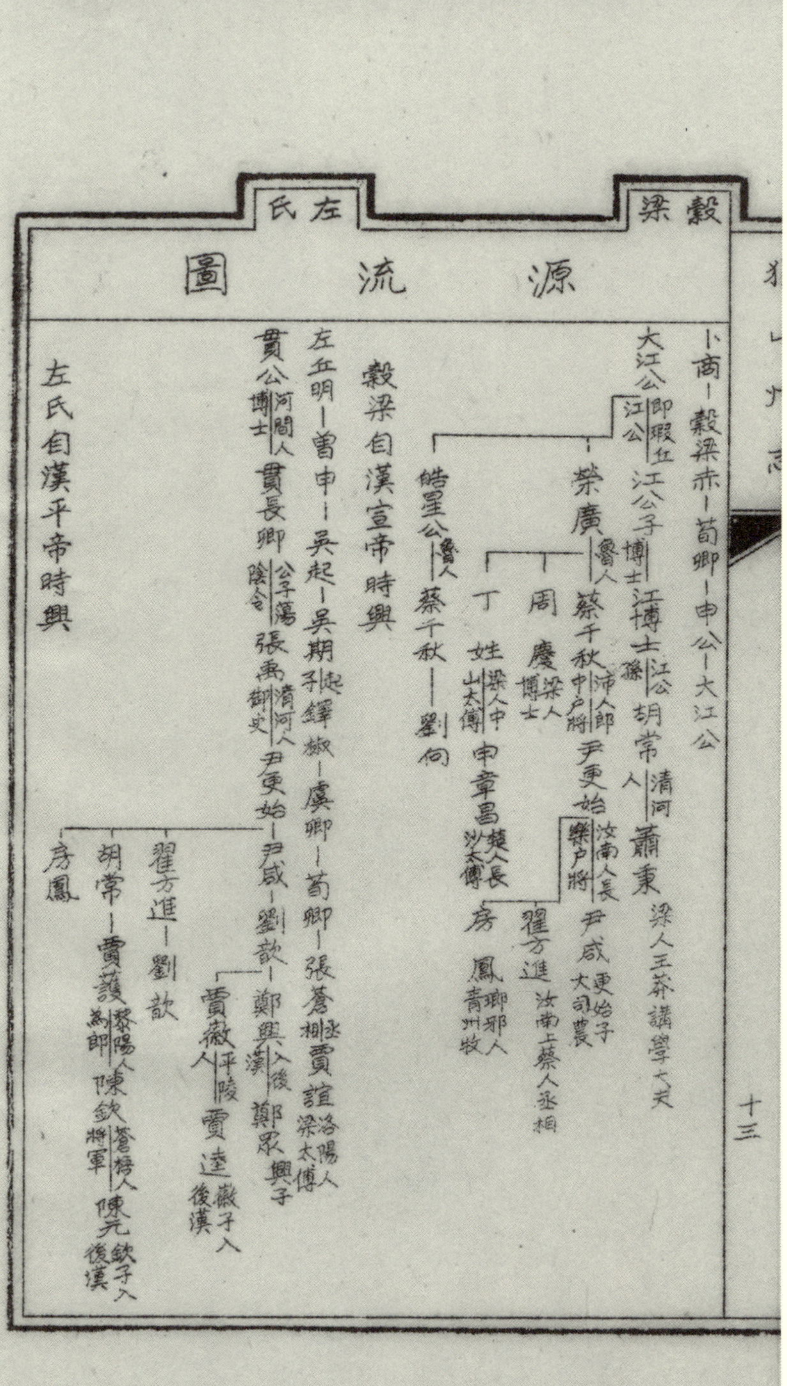
穀梁 左氏 源流圖
卜商—穀梁赤—荀卿—申公—大江公
大江公 即瑕丘江公—江公子 博士—江博士 江公孫—胡常 清河人—蕭秉 梁人王莽講學大夫
榮廣 魯人—蔡千秋 沛人郎中戶將—尹更始 汝南人長樂戶將—尹咸 更始子大司農
翟方進 汝南上蔡人丞相
房鳳 瑯邪人青州牧
周慶 梁人博士
丁姓 梁人中山太傅—申章昌 楚人長沙太傅
皓星公 魯人—蔡千秋—劉向
穀梁自漢宣帝時興
左丘明—曾申—吳起—吳期 起子—鐸椒—虞卿—荀卿—張蒼 丞相—賈誼 洛陽人梁太傅
貫公 河間人博士—貫長卿 公子蕩陰令—張禹 清河人御史—尹更始—尹咸—劉歆—鄭興 後漢人—鄭衆 興子
賈徽 平陵人—賈逵 徽子後漢人
翟方進—劉歆
胡常—賈護 黎陽人為郎—陳欽 蒼梧人將軍—陳元 欽子後漢人
房鳳
左氏自漢平帝時興
十三

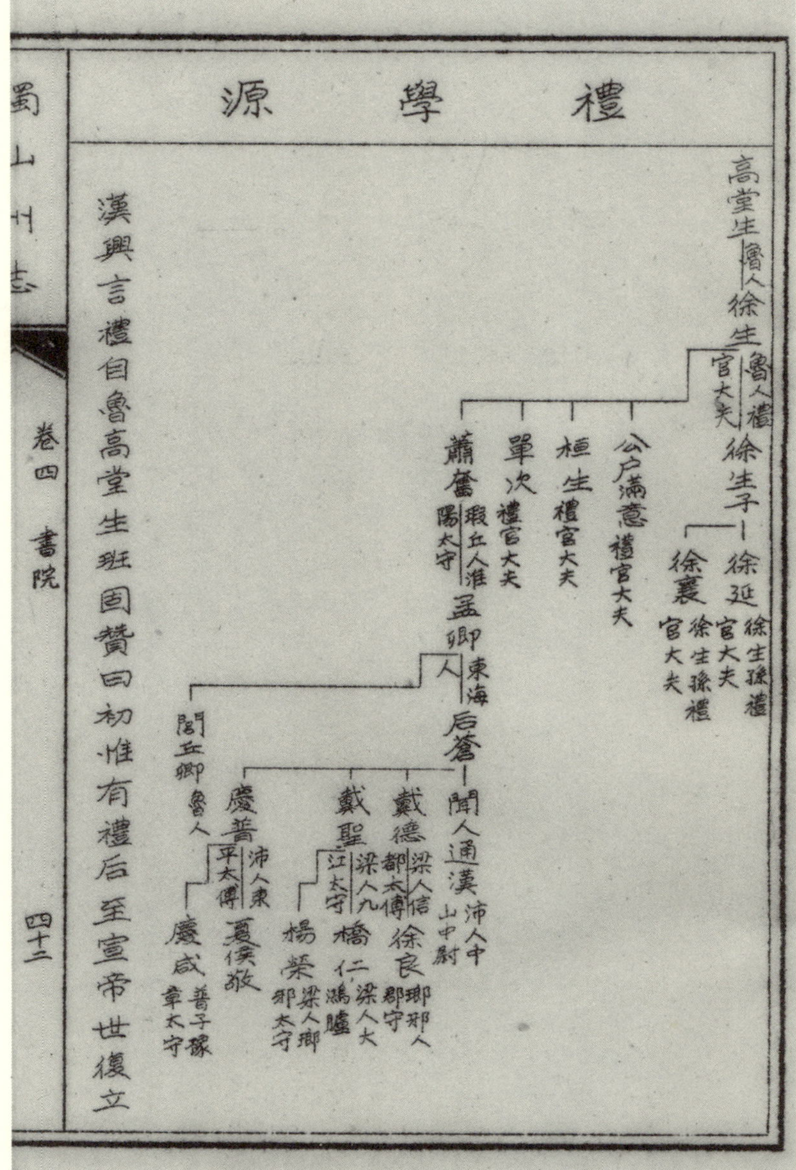

禮學源

- 高堂生魯人
  - 徐生魯人禮官大夫
    - 徐生子
      - 徐延徐生孫禮官大夫
      - 徐襄徐生孫禮官大夫
    - 公户滿意禮官大夫
    - 桓生禮官大夫
    - 單次禮官大夫
    - 蕭奮瑕丘人淮陽太守
      - 孟卿東海人
        - 后蒼
          - 聞人通漢沛人中山中尉
          - 戴德梁人信都太傅
            - 徐良琅邪人郡守
          - 戴聖梁人九江太守
            - 橋仁梁人大鴻臚
            - 楊榮梁人琅邪太守
          - 慶普沛人東平太傅
            - 夏侯敬
            - 慶咸普子豫章太守
        - 閭丘卿魯人

漢興言禮自魯高堂生班固贊曰初惟有禮后至宣帝世復立

大小戴禮平帝時又立逸禮

按前漢書高堂生傳禮十七篇今儀禮也此外更無他書至后蒼説禮數萬言蓋以講明儀禮傳至小戴所傳者即今禮記應是蒼説禮中所輯前代之書西漢立大小戴慶氏三家博士並未分儀禮禮記為二禮記正義鄭君六藝論云五傳弟子者高堂生蕭奮孟卿后蒼及戴德聖凡五此所傳皆儀禮也此語最明逸禮亦非今禮記周禮後出起於劉子駿成於鄭康成至後漢始區分三禮今止敘西漢時明白授受源流他不贅及蕭奮與公户滿意等皆徐生弟子漢書本文甚明鄭君論五傳不及徐生以其但為頌耳

流之圖

凡學者讀經書每易看成紙上閒談不知先民

即爲我身心説法方令

聖天子廣開科目原欲取經明行修之士非徒取士

子能記誦工文詞也爰本朱子白鹿洞學規教

之有所遵循切己體驗

父子有親　君臣有義　夫婦有别　長幼有

序　朋友有信

右五教之目

堯舜使契爲司徒敬敷五教即此是已學者

學此而已其所以學之亦有五焉具列如左

博學之　審問之　慎思之　明辨之　篤行之

右爲學之序

學問思辨四者所以窮理也若夫篤行之事則自修身以至處事接物亦各有要具列如左

言忠信　行篤敬

懲忿窒慾　遷善改過

右修身之要

正其誼不謀其利　明其道不計其功

右處事之要

己所不欲勿施於人

行有不得反求諸己

右接物之要

論曰黔省各郡邑義學始於康熙四十四年于

撫軍準

題請設立是以仰蒙

天章煥發輝煌學舍先是康熙三十八年獨山牧趙
公捐置義學田俾子弟入學肄業夫筮仕於苗
彝薈萃之區而知所先務如此其去後人思血
食斯邦宜哉閱今七十餘年乃有合門好義如
黄信中黄理中黄播其人者聯捐莊租又有鄢
錦臣所捐莊租雖少而亦屬好義是豈官斯土
者之所能口講而指畫俾之然哉蓋以趙公好
義之風倡之於前而師儒士大夫為之宣揚於
後其天性淳茂者氣相求聲相應不期其然而

然感發於不自禁也獨陽子弟際此雅意培養

之下努力小學經學理學其由善人而君子而

漸臻乎聖人之域者當自有其人矣

獨山州志
十七